ギリシア・ヘブライの倫理思想

Greek and Hebrew Ethical Thought

Seizo Sekine

関根清三

University of Tokyo Press

東京大学出版会

Greek and Hebrew Ethical Thought
Seizo SEKINE
University of Tokyo Press, 2011
ISBN 978-4-13-012059-3

まえがき

本書は、西洋の「倫理思想」を、古代の「ギリシア」と「ヘブライ」の二大源流にまで遡り、様々なテクストを読み解き、大本の内容を学ぶことを、主たる課題とする。しかし単なる歴史的概観がここでの終《つい》の課題ではなく、倫理の問題を考える要諦を突き止め、そこに示唆を得て現代に我々自身、倫理を省みる縁とすることも目指したい。

国際化が進み世界が一つに結び付けられつつある現代においては、善くも悪くも西洋化の同義語としての近代化の波が全世界に及んでいる。すなわち、科学的合理的精神や、自由主義ないし民主主義的な政治経済形態、また個人の尊厳と人権を尊重する姿勢などに代表される西洋思想が、現代世界文明の共通の基盤になりつつある。西洋の源流を辿ることは、あるいは広く世界的に拡がった「倫理思想」一般の、あるいは少なくとも西洋化の著しい現代日本の我々の「倫理思想」の、要諦を探索することに通ずるかも知れない。本書にはそうした期待と願いが込められているのである。

さて右に挙げた西洋思想の特徴は、そのまま西洋倫理思想の基礎となるものでもあろうが、では謂う所の「倫理」とは何か。「倫理」に当たる西欧語、ethics（英）、Ethik（独）、éthique（仏）が、ラテン語の ethica に由来し、それは更にギリシア語の ēthika に遡ること、また ēthika が ēthos の形容詞中性複数形であり、ēthos は元、「住み慣れた住みか」を指し、そこから集団のレヴェルでは「慣習、習俗」を、個人のレヴェルでは「性格、人柄」を意味すること、などはよく知られていよう。この伝統に従えば「倫理」とはすなわち、「慣習・性格に関わることどもの総称ということになる。こうしたギリシア語の語源に遡った「倫理」の説明は、古くアリストテレス（『ニコマコス倫理学』第二巻1章 1103a 18–19）なども示唆するところだが、そこで注目すべきは、単に自然に身についてしまった性格・慣習ではなく、意図的に善く形成され習慣化されるそれが、「倫理的（ēthikos）」と呼ばれるということである。

ギリシア語の伝統に対して、ヘブライ語には直接「倫理」に当たる言葉はない。しかしヘブライ人たちが、善い性格や習俗の形成に、ギリシア人に優るといえども劣らぬほど意を用いた民族であることは、『旧約聖書』を紐解く人が一致して認めるところであろう。二十世紀ユダヤ教の哲学者A・J・ヘッシェルは、「倫理」と相覆う概念として、旧約に多用されるミツヴァー（miṣwāh：命令）ないしトーラー（tôrāh：律法）を挙げ、それらが戒め、義務、善行、慈愛などと結び付いた表象であることを指摘する（『人間を探し求める神　ユダヤ教の哲学』一九五五年、第三五章）。ギリシアとの相違もここには明らかであって、ヘブライ人の倫理は人格神からの「命令」であり、宗教的法としての「律法」なのである。こうしてヘブライでは、神の戒めを遵守することが「倫理的」ということの本質となる（なお漢語の伝統における「倫理」の意味については、本書第Ⅱ部第8章1節、詳しくは和辻哲郎『人間の学としての倫理学』一九三四年、第一章第一節参照）。

このようにギリシアとヘブライに一面で共通し、他面で相異なる「倫理的なるもの」を、それぞれの多様な文脈に探り出し、解釈学的な手続きを経て、その様々な意味を読み解いて行くこと、それが本書の差し当たっての課題となる。その際我々が突き当たる困難は多岐にわたるが、なかんずく、（1）「倫理思想」のテクストの選定と、（2）そのイデオロギー的色彩の評価、といった辺りに蟠《わだかま》るように思われる（片山洋之介「倫理と倫理思想史」、星野勉、三嶋輝夫、関根清三編『倫理思想辞典』一九七七年参照）。

（1）に関しては、倫理について学的に語る著作のみが対象テクストとして選ばれるわけではないことに、先ず留意しなければならない。学問的に自覚されていなくとも、法令、文学、歴史等々のテクストに陰に陽に、その時代、その民族の「倫理思想」は反映されているはずだからである。するとテクストをどう解釈するか以前に、何をテクストとして採択するかの段階で既に、論者の解釈が含まれることとなる。ギリシアの場合を扱った第I部では、最初の倫理学の体系であるアリストテレスの『ニコマコス倫理学』を逸することはできない（第3章。加えて第Ⅲ部第10章）。また倫理を主たる関心事としている、ソクラテス、プラトンの哲学についても同様である（第2章）。問題は残された紙幅の中で、ソクラテス前の哲学者たちはデモクリトスなど倫理プロパーについて語っている思想家に絞って簡単に論じ、むしろホメロスの叙事詩やアイスキュロス以下の悲劇、あるいはトゥキュディデスらの歴史記述の中に倫理的章句を拾い出して行くか、あるいはソクラテス前の哲学者たちの相互に密接に連関した学的系譜を辿りつつ、そこに倫理思想の萌芽と展開の跡を探索するか、であろう。私は後者の道を選んだ。技術的な諸々の理由もあるが、最も本質的な理由は、後述するとおり、ギリシアとヘブライに通底する倫理思想のキーワードとして「驚き」に注目する私は、その原初の形をソクラテス前の哲学者たちの存在論に及ぶ哲学の営みに顕著に認めうると考えたからである。ここに論者の解釈が既に含まれていること、また叙事詩、悲劇、歴史などの分野について論じられなかった限界があること、を明記しておきたい。なおドイツの歴史家、J・G・ドロイゼンの『ヘレニズム史』（一八三六–四三年）以後、アレクサンドロスの即位（前三三六年）から三〇〇年にわたるギリシア史の衰亡期をむしろヘレニズム（ギリシア風文化）の名によって重視する見方も根強く、その場合倫理思想としてエピクロス学派、ストア学派、懐疑学派等が注目されることとなる。本書の紙幅はこれについて論及することも許さなかった。すなわち、第I部は「古典ギリシアの実践哲学」にテクストを限定しているのである。

ドロイゼンと同時代のイギリスの詩人・文明批評家、M・アーノルドは『教養と無秩序』（一八六九年）において、ヘレニズムをもう少し広い意味に取り、「ギリシア文化一般の本質にかかわる精神的基盤」とし、「ユダヤ教・キリスト教思想の源泉」としてのヘブライズムと対置させた。本書第Ⅱ部「古代ヘブライの宗教倫理」はユダヤ教の所謂《いわゆる》『聖書』、キリスト教の謂う所の『旧約聖書』をめぐって、その三つの部分「律法」「預言者」「諸書」から倫理に関わる最重要のテクストを選び出した。もとより「倫理」という言葉すら欠く旧約聖書において、倫理学的叙述は一切なく、倫理的断片が随処に鏤《ちりば》められているに過ぎないが、その意味を前後の一かたまりの文書の文脈の中に位置付けつつ読み解くことを試みた。「律法」からは「十戒」（第4章）、「契約の書」「申命記法」「神聖法典」（第5章）を、「諸書」からは『箴言』（第6章）、『ヨブ記』（第7章）、更に第Ⅲ部にかけて『コーヘレス書』（第8章）を、また「預言者」から『イザヤ書』と『第二イザヤ書』（第9章）を取り上げて論じた。特に第Ⅲ部「ギリシア・ヘブライ倫理の帰趨」の最初の二つの章では、その他の文書も含め、ヘブライの倫理思想の系譜と本質をめぐる一つのまとまった眺望を開くことに努めた。そのためやはりここでも紙幅に制約され、例えば「善悪の知識の木をめぐるアダム神話」（『創世記』二―三章）、「アブラハムのイサク献供物語」（『創世記』二二章）等々、その眺望の視野から逸れるが、倫理思想としての息吹《いぶき》を豊かに伝える幾つかのテクストを、割愛せざるを得なかった。しかし網羅的に広く浅く扱うよりも、少数でも要《かなめ》となる典型的なテクストに絞って、それらを少し立ち入って読むことにより、倫理思想の源流の眺望はよりはっきりと開けると考え、第Ⅰ部同様捨てるものは敢えて捨てたのである。本書で扱えなかったものについては、あるいは他日の課題として残し、あるいは既に別の機会に論じているもの（例えばイサク献供物語は拙著『旧約聖書と哲学』第一章、アダム神話については『旧約における超越と象徴』第四章、さらにはトゥキュディデスについては同書第三章緒論等々）の参照をお願いしたいと思う。

以上（1）テクストの選定をめぐる問題性について確認したが、（2）倫理思想のイデオロギー性についても一言触れておかなければならない。ここで言う「イデオロギー」とは、或る時代の特定の社会（階級）に固有の思想傾向の謂《いい》であり、しかもその特殊性を自覚すると否とにかかわらず、自らの土台となる社会の存在ないし利益を正当化するために普遍性を詐称するような観念形態を指す。倫理思想をめぐるテクストを解釈する場合に、その思想が多かれ少なかれイデオロギー的色彩を帯びているかもしれないと意識することは大切だと思われるが、その意識は両刃《もろは》の剣《つるぎ》となるのであって、或る思想をイデオロギーと批判する者自身も、一定の社会に組み込まれ、特定のイデオロギーから批判している可能性を意識する必要があるだろう（K・マンハイム『イデオロギーとユートピア』一九二九年）。例えば、アリストテレスが「幸福にあずかる可能性を奴隷にまで及ぼしはしない」と発言するとき、自らが属する自由民としての特権を維持することは自明の前提とされているようだし、第二イザヤがイスラエル民族の贖罪的意義を説くとき、自らがそこに沈淪していたM・ヴェーバーのいわゆる「パーリア民族状況」を「栄光化」し正当化する意識が働いていた可能性は高い。そしてそこにはその倫理思想の土台となる社会のエートスが見え隠れするとともに、それを論《あげつら》う解釈者の生きる、現代のエートスをも暴《あば》き出すこととなりうるだろう。すなわち、アリストテレスの奴隷差別を批判する者は、現代の民主主義的な、あるいは人権尊重を旨とするイデオロギーを独善的に自明の前提としているやも知れず、また第二イザヤの贖罪信仰を、宗教的意識を逆手にとったルサンチマン正当化の妄想と断ずる者は、自らの科学的合理主義的前提や強者の倫理そのものの当否と射程についても揺さぶる必要があるのではないか。或る思想を批判する者は、自らの思想の基盤に対する、そのような問い返しにまた、自ずと開かざるを得ないように思われるのである。言わば過去の倫理思想は現代のエートスを照らし出す鏡ともなり、過去の倫理思想の解釈は過去と現代の（共感的あるいは反感的）共鳴にまで至る可能性を含むはずなのである。これはH・G・ガダマー（『真理と方法』一九六〇年）も指摘するとおり、総じて解釈という事態が進んで負い遂げるべき課題であって、一方で解釈者は出来る限り客観的にテクストの意味を読み取る必要があるけれども、他方大胆に解釈者の地平からの読み込みを試み、テクストの地平との葛藤ないし融合の解釈学的経験にまで至ることを目指してよいし、また目指すべきであろう。「第Ⅲ部」や、本論を挟んで冒頭と末尾に置かれた「序論」および「結語」の考察は、敢えてそこまで踏み込んだ試論として、読者ご自身が現代のエートスについて考えるための叩き台としていただければ幸いである。

*

本書の原版を書き進み、改訂版のために筆を加えた、世紀をまたがった時代のわが国の倫理的状況は、決して明るいものではなかった。少年が殺人を犯し、少女が売春をして、何故いけないのかと嘯《うそぶ》き、大人もそれに答えられない。買春をするのが大人なら、彼らを育てたのも大人である。それら犯罪を取り締まるべき警察の無責任な応対は目を覆うばかりであり、不正の蓄財と保身に奔る政治家や役人が少なくないことは、公然の秘密となって久しい。学者や医者も怪しいものであって、儲け優先の製薬会社と結託し殺人ウィルスを撒き散らした上に、その非を認めない。司法は、加害者の人権ばかり擁護する弁護士に踊らされて、被害者の苦しみを思いやる感受性は永く失ったまま、犯した罪に見合う責任を加害者に取らせることをしないで来た。こうした制度が時代錯誤となっていると多くの人が思いつつ、その構造を改革させない構造が、社会の様々な場面で改革を阻んでいる。と言って単純に、法の厳罰化や道徳教育の復活を感情的に叫んでも、ポストモダニズム的な反論に足をすくわれる。曰く、道徳や法は、既存社会の利益享受者の利益を擁護し、その権力や社会システムを維持拡張するイデオロギーとして機能するのであって、その社会からの抑圧に違和感を感じ、そのシステムからはみ出てこれを否定する者の正当な問題提起を、こうした感情論は無視しているだけだ、と。現代の倫理学には、こうしたポストモダン的心性に染め上げられた相対主義・懐疑主義が浸透して、正義や規範について、気安く語れない風潮が瀰漫《びまん》しているのである。

このような時代、そのような社会に対して、古代の「倫理思想」の要諦は何かを語り掛けうるのであろうか。その要諦が歴史学的に確認される勘所の謂ばかりでなく、倫理そのものの根源をも指すと言いうるならば、——イデオロギー的独断になることを恐れつつも——それは時代・社会を超えて現代にも共鳴する可能性を秘めていると語り出したい誘惑に駆られる。実際、ソクラテスがアテナイ人に向けて、「君は……ただ金銭をできるだけ多く自分のものにしたいというようなことにばかり気を遣《つか》っていて、恥ずかしくないのか。評判や地位については気にしても、思慮や真実に関しては気にかけず、霊魂をできるだけ優れた善いものにするということに、配慮も思案もしていないとは」（『ソクラテスの弁明』29de）、と語り、アリストテレスが「大衆」について、「彼らは情念のままに生き、彼らに固有な快楽や、こうした快楽を生じさせる事物を追い求め、それらに対立する苦痛を避ける」だけだと嘆き（『ニコマコス倫理学』第十巻9章 1179b 13-16）、さらにはアモスが「正しい者に敵対し、賄賂を取り、貧しい者の訴えを斥ける」上層階級を弾劾し（『アモス書』五章12節）、イザヤが聖なる感覚を喪失した人間の罪に、「災いだ。滅ぼされる」と戦慄する限り（『イザヤ書』六章5節）、古代の人々の問題状況も本質的には決して現代のそれとさほど掛け離れていなかったようにも思われる。そしてそのような状況に向けて、古代の倫理思想の要諦は、先ず何よりも、我々が我々を超えたものによって生かされてあるという根源的事実に立ち帰り、そのことに対する驚きの感覚を取り戻すことを呼び掛ける。自然と歴史において働く、そのような超越的な働きを様々な事象の背後に感得し、それに働き掛けられていることの喜びと、働き掛けられている者同士の共生への晴朗な意志を養い育てよう。我々の予測を超えた他者に共感に満ちた驚きを抱き、我々の生来のエゴイズムが撥《はっ》無《ぶ》されて他者への生き生きとした関心が蘇ること自体に驚嘆し、さらには、理不尽な苦難の果てに、他者を愛しつつ死んで行った人の、その死の謎に驚愕しつつ、我々もまた愛することを始めよう。たとい生来の人間はむしろそうした愛に対して閉じ、自らの生存のために他の命を奪い、弱肉強食の争いを勝ち抜いて行かねばならぬ宿命的罪性を負ったものであるとはいえ、否むしろ負ったものであるからこそ、少なくともそれを超える道筋としての倫理をのっぴきならぬ問題として問い続けて行こう。倫理思想の要諦は、現代に向けてそう語り掛けてやまないように思われるのである。

そして、このような語り掛けは、ふつう現代の我々が倫理に対して取る、次の二つの態度の、いずれにも与《くみ》さない。すなわち、一つは、「人権」「思いやり」「平和」「民主主義」等を教える道徳教育やしつけの必要を声高に標榜しつつ、結局、既存社会のシステムの維持と再生産を主張する結果となって、そこから外れる人々の「人権」への「思いやり」を欠く矛盾した姿勢。換言すれば、むしろ社会の自己保存に個人を従属させる近代社会の論理や、モードへの同調を強いる情報消費社会の論理に居心地の悪さを感じ、嫌悪や憎悪を静かに培養させつつある人々の人権を思いやらないという逆説に対して、無感覚な態度である。もう一つは逆に、科学的ないし倫理的「真理」は様々な形で、権力や支配する力に染め上げられているといった批判で、押しなべて倫理についてポジティヴに語ることを封殺する態度。それ自体権力化したポストモダニズムの懐疑主義の理論に停滞する姿勢である。古代の倫理思想に我々が学ぶ上記の要諦は、そのどちらでもなく、時代民族の制約を負った個々の倫理的規範の相対性への眼差しと批判精神を持しつつも、それを超えた根源に回帰することによって、倫理についての感情論も失語症も、共に乗り越えて行くための、一つの方途を指し示していると言っては果たして我が田に水を引きすぎた物言いとなるであろうか（その詳細については、本論を参照されたい。なおこのように感情と理論の間に生じている分裂の見事な批判的分析と、教育の場面における両者の実践的和解についてのまた別の提案については、松下良平『道徳の伝達——モダンとポストモダンを超えて』二〇〇四年を参照）。

＊

最後に、本書の執筆の仕方について付言したい。本書はこれまで公にして来た著者の他の著作と比べて、顕著な形式的違いがある。それまでは、特に自分の専門の旧約聖書学の個別研究において、少なくとも二つの縛りから自由でなかったのである。

一つは、聖書が信者の正典であり権威であることと関わる。それに対して学問はこの権威を疑ってかかるところから始めねばならない。聖書の学問的研究は、歴史学的批判的視点を少なくとも潜り抜けていなければならない。私は批判した後、それでも残る啓示的力を再獲得するところまで行くことを目指すタイプだが、とにかく批判的視点がどこかになければ、説教や護教論になってしまう。つまり素朴に、素晴らしいテクストだ、と感激しているだけでは済まないという縛りがあるのである。

第二に、いくら自分の頭で考えた結論であっても、従来の研究史を紐解いて、既に言われているかどうかチェックしなければならない。既に言われていたら、それを発表することを諦めねばならない。あるいはいくら面白いテクストでも、研究史を超えられそうもなければ、研究対象とすることは放棄しなければならない。つまり研究は独創的でなければならない、という縛りもまた無視できないのである。

しかし本書のように、自分の専門を少し超えた、しかも概説的な書物の場合、この縛りから二つながら自由になることを敢えて自分に許しつつ、本書を書き進んだ。もちろん従来の研究に従う場合も、自分自身で逐一テクストを検討した上でのことであり、先学に学んだことと自説との区別は、自覚する限り努めて注で明記したが、殊更自分の独創ということにこだわることはしなかったのである。因みに倫理思想を論ずる上で重要なテクストであれば、かつて個別研究で論じたものを除外することにもこだわらなかったことも申し添えておきたい。より詳しい解釈や論証は個別研究をご参照いただくことを注でお願いし、その成果を再論することを厭わなかったのである。それらを厭いこだわっていては、虫食いだらけのまだら文様の概説になってしまうからである。また第一の縛りとの連関で言えば、批判的視点に囚われない心で、素朴に共感したことを読者にお伝えすること、こんな思想家がいて、こんな素晴らしいことを言っていますよ、と、自分が学んで驚いたことを読者にも分かり易い言葉で共有していただこうという気持ち、ここではそのことの方が大事なのではないかと考えた。元よりそれを、研究レベルを落とす遁辞《とんじ》とする積もりはないが、本書執筆の主眼と原動力がそちらにあったことは、一言付記しておきたいと思うのである。

*

本書は、もと『倫理思想の源流――ギリシアとヘブライの場合』と題されて、放送大学教育振興会から出版されたものである。二〇〇一年に原版がテレビの、二〇〇五年にはその増補版がラジオの、それぞれ講義教材として、また一般向けには、その英語版 *A Comparative Study of the Origins of Ethical Thought* が Lowmann & Littlefield から二〇〇五年に、それぞれ上梓された。今回、東京大学出版会から、その新版をという求めに応じ、全面的に補筆に努め、15章版を10章版に改訂した。種々の事情により、大幅な加筆は出来なかったが、前の版に既に書き込んでいた材料を並べ替え、幾つか重要な説明を加えることで、そこに隠されていた論理の筋が明瞭に浮かび上がって来たことは、著者にとって望外の喜びであった。望むらくは読者諸兄姉にとってもそうであればと、冀《こいねが》うのみである。担当の小暮明氏には、改訂にあたって種々お助けをいただいた。記して篤く御礼を申し上げたい。

この改訂によって本書が更に広く、倫理について学ぶ方たち、考える方たち、希望を捨てない方たちと、共に思索の喜びと苦しみを分かちあって行くことができればと希念しつつ、まえがきの筆を擱《お》くこととしたい。

二〇一一年新春

関根　清三

目次

第Ⅱ部　古代ヘブライの宗教倫理

凡例

1　主として第1章で取り扱うソクラテス前の哲学者たちの原典は、H.Diels-W.Kranz, *Die Fragmente der Vorsokratiker*, 3Bde., 1951-52 を用いた。翻訳に際しては、これを底本とする、内山勝利編『ソクラテス以前哲学者断片集』第Ⅰ－Ⅴ分冊、岩波書店、一九九六－九八年に依拠するところが多い。なお引用の後に＝Aとして付した番号は、Diels-Kranz ないし『断片集』の各哲学者の「生涯と学説」について集めたA項目の資料番号を指し、＝Bとして付した番号は、その「著作断片」を集めたB項目の資料番号を指す。

2　主として第2章で取り扱うプラトンの原典は、J. Burnet, *Platonis Opera*, 5 vols., Oxford Classical Texts を用いた。翻訳に際しては、これを底本とする、田中美知太郎、藤沢令夫編『プラトン全集』岩波書店、一九七四－七八年を参照した。特に『国家』篇については、その11巻の藤沢令夫訳に、そのまま従うところが多い。その他、『ソクラテスの弁明』については、全集の田中美知太郎訳の他に、三嶋輝夫訳（講談社学術文庫、一九九八年）、『パイドン』については、同じく松永雄二訳の他に、池田美恵訳（『世界の名著』第6巻『プラトン』Ⅰ、中央公論社、一九七八年）も参照した。

3　主として第3章および第10章で取り扱うアリストテレス『ニコマコス倫理学』の原典は、Aristotelis, *Ethica Nicomachea*, Recognovit brevique adnotatione critica instruxit I. Bywater, Oxford Classical Texts, 1894 を用いた。翻訳に際しては、これを底本とする、高田三郎訳（岩波文庫、一九七一－七三年）と、加藤信朗訳（岩波版全集、第13巻、一九七三年）に多くを負っている。また岩田靖夫『アリストテレスの倫理思想』岩波書店、一九八五年の中の訳語・訳文を踏襲した箇所もある。アリストテレスのその他の著作については、Loeb Classical Library の中の原典を用い、出隆監修、山本光雄編集『アリストテレス全集』岩波書店、一九六八－七三年所収の諸翻訳を参照した。

4　主として第4－9章で取り扱う『聖書』の原典は、旧約に関しては、K.Elliger-W.Rudolph,*Biblia Hebraica Stuttgartensia*, 1969-76 を、新約に関しては E. & E.Nestle-K. & B. Aland, *Novum Testamentum Graece*, Stuttgart 1993(27) を用いた。

翻訳に際しては、『新共同訳聖書』日本聖書協会、一九八七年を標準とし、適宜『新改訳聖書』日本聖書刊行会、一九七〇年、関根正雄訳『旧約聖書』教文館、一九九七年、更には岩波書店版の、『旧約聖書』Ⅰ－Ⅳ、二〇〇四－〇五年、『新約聖書』二〇〇四年の諸訳を参照した。

5　引用文中の傍点、〔 〕による注は、特にことわりのない限り引用者によるものである。

最後に、以上に掲げた、先学諸家の本文批評と翻訳の御業績に対する敬意と感謝の思いを新たにし、ここに記して篤く御礼申し上げたい。

序論 「驚き」

驚き

ギリシアとヘブライの倫理思想の源流の、言わば水源に「驚き」の思いがあることを確認するところから、本書の考察を始めたいと思う。「驚き」は、倫理学の基礎概念としては等閑に付されて来た。しかし倫理学が実践哲学である限り、哲学と同じくその始まりを「驚き」に持っていると見ることは、必ずしもそう突飛なことではないかと思う。実際、古代倫理思想の源流を探るとき、「驚き」の感受性の豊かさに我々は強い印象を受けるのである。

ギリシアにおける「驚き」

現存する文献の中で、哲学が驚きに始まると語った最初の人は、周知のとおりプラトンである。[1] 彼はその後期の対話篇『テアイテトス』の中で、ソクラテスをして次のように言わしめている。

> 驚き（thaumazein）の心こそ、知恵を愛し求める者の心なのだ。つまり、愛知（philosophiā 哲学）の始まりはこれより他にない。（プラトン『テアイテトス』155D）

これは、「知識とは何か」というこの対話篇の主題をめぐって提出される様々な見方に、若きテアイテトスが「驚き怪しみ（thaumazō）」「目がくらむ」と言ったことへの、答えであった。

また前世で見たイデアの想起について語る、中期の『パイドロス』篇でも、

> ほんの少数の霊魂たちは、何かかの世界にあったものと似ているものを目にするとき、驚嘆し（ekplēttō）、もはや冷静に自分を保っていられなくなる。（プラトン『パイドロス』250A）

と語られていた。これらと呼応するように、アリストテレスも『形而上学』の中で次のように述べる。

> 驚くこと（thaumazein）によって、人間は、今日でもそうだが、あの最初の場合にもあのように、知恵を愛求し〔＝哲学し（philosophein）〕始めたのである。ただしその初めには、ごく身近の不思議な事柄に驚きの思いを抱き、そこから次第に少しずつ進んで遥かに大きな事象についても疑念を抱くようになったのである。例えば、月の受ける諸相だの太陽や星の諸態だのについて、あるいはまた全宇宙の生成について。ところで、このような疑念を持ち驚きを感じる者は、自分を無知な者だと考える。それゆえに、神話の愛好者もまた或る意味では、知恵の愛求者〔哲学者〕である。というのは、神話は驚くべき不思議な事どもから成っているからである。したがって、正にその無知から脱却せんがために知恵を愛求したのであるから、彼らがこうした認識を追求したのは、明らかに、ただひたすら知らんがためであって、何らかの効用のためではな

かった。(アリストテレス『形而上学』第一巻第2章 982b12-21)

ここで「知恵を愛求し(=哲学し(philosophein))始めた」「あの最初の場合」とは、アリストテレスがすぐ後で(2)「哲学の創始者」とする、タレスに始まるイオニアの自然哲学を指す。ところがその自然学は、単に自然の原理を探求するだけでなく、自然を自然たらしめているものへの根源的な驚きによって人の生き方を模索する、勝義の倫理学でもあった。アナクシマンドロスは「無限者」の概念を発見し、それを「不正」「罰」「償い」といった倫理的概念との相関で考えた。クセノファネスは、非倫理的な擬人神観の蒙を突き、倫理的な神への畏れと驚きを「善」とした。また彼は、後のソクラテスの「無知の知」に比すべき、人間の分際についての見極めを持ち、そこから倫理的に「より善きもの」の不断の知的「探求」を語ったのである。こうした例はギリシアにおいては枚挙に遑《いとま》がないが、では翻ってヘブライにおいてはどうであろうか。

ヘブライにおける「驚き」

ヘブライの倫理思想は、実践哲学ではなく宗教倫理としてくるべきであろうが、ここにもギリシアのタウマゼインに比すべき「驚き」が根底にあることを剔抉《てっけつ》したのは、「まえがき」で言及したユダヤ教哲学者ヘッシェルである。(3) むしろ宗教も一定の信仰に立つ前に、原初の感情として驚きを失うとき形骸化するほかはないことに、ヘッシェルは注意を喚起した。(4) そしてその感情が、宗教倫理の根源でもあるはずなのだ。

例えば、預言者エレミヤは、倫理的な「行ない」に「応じて報いる」神の業を「驚くべき」こととして謳っている。

ああ、主なるヤハウェよ、あなたは大いなる力を振るい、御腕を伸ばして天と地を造られました。あなたが為し得ないような驚くべき（pālā'）御業は何一つありません。[5] あなたは恵みを幾千代に及ぼし、父祖の罪を子孫の身に報いられます。大いなる神、力ある神、その御名は万軍のヤハウェ。その謀《はかりごと》は偉大であり、御業は力強い。あなたの目は人の歩みを総て御覧になり、各人の道、行ないの実りに応じて報いられます。
（『エレミヤ書』三二章17–19節）

エレミヤ[6]がまた創造神話[7]を踏まえているとすれば、彼はアリストテレスの言う「神話の愛好者」として「驚き」について語ったということもできるであろう。ただヘブライの記者は、自然の生成・原理・創造といったことよりも、より歴史において「驚き」をリアルに感じたようである。「驚き」を表わすヘブライ語ペレー（pele'）の旧約聖書中全一二例、ないしその動詞形パーラー（pālā'）全七一例の用法を調べてみると、自然と関わるのはほんの数例であり[8]、後はほとんど歴史における神の業、なかんずく出エジプトの救済の出来事を指す。例えば、

我らは先祖と同じく罪を犯し、
不正を行ない、咎に堕ちた。
我らの先祖は、エジプトで、
驚くべき（pālā'）御業に目覚めず、豊かな慈しみに心を留めず、
海辺で、葦の海のほとりで反抗した。
彼〔ヤハウェ〕は、御名のために彼らを救い、
力強い御業を示された。……

彼らはたちまち御業を忘れ去り、その計らいを待たず
荒野で欲望を燃やし、
砂漠で神を試みた。
彼はその願いをかなえられたが、
彼はまた衰えを彼らの喉に送った。（『詩篇』一〇六篇6－8、13－15節）

このように、エジプトの奴隷状態からの脱出が実は神の「驚くべき業」であることを忘却するとき、人は宗教的反抗と倫理的退廃に陥るというのが、この詩人の訴えであるように見える。こうした訴えは、預言者がまた繰り返し語ったことでもあった[9]。

しかし神の驚くべき業は、本当にこの歴史を支配しているのだろうか。むしろ義人が滅び罪人が栄えるのが、この世の習いであり、倫理的応報は貫徹されず、神の働きなど見えず、驚くべきことは何一つないのではないか。こうしたニヒリスティックな問いを、ヘブライの人々も、後代の知恵文書記者を中心に、知らないわけではない。例えば、コーヘレスはこう語る。

悪人の行ないに対する報いを受ける義人がおり、
義人の行ないに対する報いを受ける悪人がいる。
私は言う、これもまた空である、と。（『コーヘレス書』八章14節）

総ての事は物憂い。……
日の下に新しいものは一つもない。（同一章8・9節）

こうした問い返しに対して、ヘブライ思想は全体としてどう答えうるのか。コーヘレスの知恵には既にギリシア思想の影響が色濃いが[10]、ヘブライはこうした先鋭な問いにおいてギリシア思想とどう交錯するのか。それでももし「驚き」ということが、古代の倫理思想の底流にあると言いうるならば、それはどのような意味においてなのか。そもそも「驚き」の対象は何であり、それが倫理の問題と、より具体的にはどう関わるのか。

本書の意図

こうした様々な問いを抱きつつ、以下、古代の倫理思想を紐解いて行くこととしたい。もちろん倫理思想の様々な姿を、「驚き」という一つの概念に強引に収斂させることが著者の本意ではない。本書の眼目は「まえがき」で既に述べたとおり、「ギリシア」と「ヘブライ」という現代に至る「倫理思想」の源流に、倫理の原初の形を読み解き、それをめぐる多様な思索を確認することにこそ、存する。ただその際、徒に両者の相違点を比較して多彩さを際立たせるよりも[11]、むしろそこに通底するものが相俟って現代に何を語り掛けるかを見究めることに、主眼を注ぎたいと思う。そして、両者の緩い共通項として、「驚き」ということに予め留意し、陰に陽にそこに立ち帰りながら、最後にその意味を改めて問うとき、現代の倫理学が忘れがちな源流の特質も、あるいは見えやすくなるのではないか。それがここでの見通しとなる。

序論はこの程度に留め、さっそく本論へ進むこととしたい。

注

（1）ヘシオドス『神統記』七八〇行にも、イリス（虹）がタウマス（驚き）の子だ、とする記述があるが、虹と哲学の関係は判然としない。
（2）アリストテレス『形而上学』一2、983b20-21。
（3）A. J. Heschel, *God in Search of Man. A Philosophy of Judaism*, 1955, p.45.［A・J・ヘッシェル『人間を探し求める神——ユダヤ教の哲学』（森泉弘次訳）教文館、一九九八年、六七頁。］
（4）Ibid., p.3ff.［同書、一四頁以下等々。］
（5）直訳すれば、「総てのことは、あなたから〔見れば〕、驚くに足らない」。普通、「あなたには何一つできないことはありません」（『新改訳聖書』）という風に意訳されるが、直ぐ後で述べるパーラー（pālā'）の用法、名詞形ペレー（pele'）の意味との関連を考えて訳した。
（6）『エレミヤ書』三三20-25。
（7）『創世記』一1-5、九9。
（8）上記『エレミヤ書』の他、『イザヤ書』二八29、『ヨブ記』三七11-14、ひょっとすると四二1-6。
（9）例えば、『ミカ書』七11-20、『エレミヤ書』三二20-24等々。
（10）Cf. C.F.Whitley, *Kohelet. His Language and Thought*, BZAW 148, 1979. 問題も多いが（例えば、拙著『旧約における超越と象徴——解釈学的経験の系譜』東京大学出版会、一九九四年、一一八頁以下を参照）N. Lohfink, *Kohelet*, NEB, 1980 等参照。
（11）こうした方向の研究の古典としては、本書も注で繰り返し参照する、Th・ボーマン『ヘブライ人とギリシア人の思惟』（上田重雄訳）新教出版社、一九五七年［Th. Boman, *Das hebräische Denken im Vergleich mit dem Griechischen*, 1954. 2. Aufl.］がある。

第I部

古典ギリシアの実践哲学

第1章　ソクラテス前の哲学者たち

実践哲学としての倫理学は、哲学とともに始まる。普通ソクラテス前の哲学者たちの中では、イオニアの自然哲学は倫理と関係がなく、デモクリトスになって初めてはっきりとした倫理が語られると考えられがちだが、私はイオニア哲学の中に既に、倫理学の重要な核となる思想を見出しうると考える。そのことは、本章の終わりに確認できるかと思う。

さて哲学の創始者タレスから、ソクラテスの同時代人デモクリトスに至る諸学者を、「ソクラテス前の哲学者たち」(1)としてくることは、既に学界の慣行である。ただ彼らをどう分類するかについては、説が分かれる。ここでは、大体出身地によって二分すると、年代区分ともほぼ合致するので、イオニア学派とイタリア・トラキア学派に分けてみたい。

すなわち、イオニア諸都市の一つ、ミレトスに現れた、タレス（Thalēs 前六二四–五四六年頃）、アナクシマンドロス（Anaximandros 前六一〇–五五七年頃）、アナクシメネス（Anaximenēs 前五八七–五四七年頃）の三人、後半生は南イタリアを中心に放浪生活を送ったが、出身はイオニアのコロフォン市であるクセノファネス（Xenophanēs 前五六〇-四七〇年頃）、加えて、イオニアのエフェソス生まれのヘラクレイトス（Hērakleitos 前五三五-四七五年）、彼らをイオニア学派として一まとまりとする。

また、南イタリアの植民都市エレアの人パルメニデス（Parmenidēs 前五一五-四五〇年頃）を筆頭とし、その影響下にある二人の哲学者、イタリアはシチリア島のアクラガスの人エンペドクレス（Empedoklēs 前四九〇-四三〇年頃）と、エーゲ海北岸トラキアの植民都市アブデラの生まれで各地を旅したデモクリトス（Dēmokritos 前四六〇-三七〇年頃）、彼らをまとめて、イタリア・トラキア学派と呼称したい。なおミレトスに近いサモス島の出身で、後に東イタリアのクロトンに移住したピュタゴラス（Pythagoras 前五七〇年頃-?）については、時代・地域ともに両学派にまたがるが、古来イタリア学派と呼ぶ慣例にしたがって、後者に加えることとする。

いずれにせよこのように分類すると、イオニア学派はほぼ前六世紀を中心に、イタリア・トラキア学派は前五世紀を中心に活動したこととなる。本章1-3節で前者について、4-7節で後者について、それぞれ学ぶこととしたい。

1　ミレトスの自然哲学者たち——タレス、アナクシマンドロス、アナクシメネス

小アジアの沿岸に位置するギリシアの植民地イオニアに、世界の始原について合理的に考える学者たちが紀元前六世紀に澎湃《ほうはい》として出現し、哲学はここに発祥したとするのが通説である。中でもイオニア諸都市の一つ、ミレトスに現れた、タレス、アナクシマンドロス、アナクシメネスの三人は、ミレトス学派、狭義のイオニア学派を形成し、その嚆矢となった。

タレスの「水」

タレスは、この学派の始祖であり、アリストテレスによって、「哲学の創始者」[2]と呼ばれている。天文研究に没頭し夜空を見て歩いていて井戸に落ち、《天空に夢中で、自分のことには気付かない》、と下女に笑われた話[3]や、逆に、天文学によってオリーブの豊作を予見し、冬の間にオリーブの絞り機を買い占めて、収穫時、高額で貸し付け大儲けしつつも、《哲学者だってやれば出来るのだが、本気でやるほどのことではない》、と嘯《うそぶ》いた話[4]など、ギリシア人がこの七賢人の筆頭[5]に帰する逸話には事欠かない。しかし著作はなかったようで、断片すら残っていない。彼の哲学的業績に初めて言及し、爾後の伝承[6]の元を記したアリストテレスも、「哲学の創始者タレスは、水（hydōr）だ、と言う」[7]との、謎のような一句を伝えているに過ぎない。

しかしニーチェ[8]のように、タレスの功績は全世界の原理が「水だ」と答えたことにではなく、そもそも全世界の原理が何か、という未曾有の問いを発したことにこそ存すると言い得るならば、更には、「タレスに自らを啓き来ったなにか」と「人間が突然出遭ったときの、驚畏と緊張の異様な沈黙のさ中に発せられた一語」が「水！」という発語だったと言い得るならば[9]、それは、アナクシマンドロスに受け継がれる哲学の灯火の、正しく着火されたことの証言となるだろう。

アナクシマンドロスの「無限者」

すなわち、「アナクシマンドロスは、タレスの弟子にして後継者となり、諸々の存在者の始原（archē）、つまり基本要素（stoicheion）は、無限なもの（to apeiron）だ、と言った。その際、始原という名称を用いたのは、彼が最初であった」[10]、と言われる。タレスは、我々を根底から存在せしめている「なにか」を問い、取り敢えず

「水」という有限者をもって答え、アナクシマンドロスが、相対的な世界の有限な我々を存在せしめているそのものとは、我々を超えた絶対的な無限者でなければならないことへと、思索を進めたと、これを解釈できるであろう。そしてそのような無限者を問うことが形而上学としての哲学の課題であるならば[11]、タレスはその嚆矢であり、アナクシマンドロスはこれを正しく継承展開したこととなるのである（アナクシマンドロスの弟子アナクシメネスはそれに対し、根源的実体として空気（aēr）という有限者を立て[12]、その濃縮化と希薄化の過程を宇宙の生成変化としたことによって[13]、タレスの段階に逆戻りしていると見なされる）。

さてアナクシマンドロスの断片は次のように続く限り、倫理思想の上からも注目に値するのである。

> 諸々の存在者は、それから生成がなされる当の源へと、必然の定めにしたがって滅び去らねばならない。なぜなら、それらの存在者は、時の秩序にしたがって、交互に不正に対する罰を受け、償いをするからである。
>
> （シンプリキオス『アリストテレス「自然学」註解』＝B1）

なるほど、シンプリキオスがこの断片に附した解説によれば、「四つの基本要素が相互に転化しあい、……対立しあうものどもが分離することによって生成がなされる[14]」、とアナクシマンドロスはあくまで自然学の議論をしていることになる。しかし地水火風という四つの基本要素（stoicheia）への言及は、後述のとおり、一世紀後のエンペドクレスからであって[15]、シンプリキオスの解説自体に問題があること、「不正」「罰」「償い」などの用語が物質よりも人間関係にふさわしいこと、そしてもちろん「存在者」の中に人間が含まれること、などを考え合わせると[16]、ここに少なくとも倫理的な類比が含意されていると見ることは不可能ではないように思われる。その場合、例えば乾燥が湿潤の領域を侵し続けるとそれ自身湿潤となって消滅するように[17]、あるいは死に行く人が生前に貯めた利得を、生き続ける人に対して残すように、「余分な利得の返済[18]」として、この自然界・人間界の勢力の均衡が保たれる、とアナクシマンドロスは見ていたことになるだろう。

アナクシマンドロスにおいて、もう一つ重要なのは、「無限なるものが神的なものである、とも考えている[19]」点である。ここには、次のクセノファネスにおいて画期的に展開し、ヘラクレイトスらへと受け継がれて行く哲学的神観の萌芽を見ることができるのである。

なるほどアウグスティヌスは、「彼〔アナクシマンドロス〕も、諸々の存在者の活動に神の知性を介在させることはしなかった[20]」としたが、それは、ヘブライズムの系譜を引くアウグスティヌスの神観が、哲学的無限者よりむしろ擬人的人格を問題としていたことを物語っているにすぎないように思われる。

2　クセノファネス

擬人神観批判

クセノファネスは、後半生は南イタリアを中心に放浪生活を送ったが、出身はイオニアで、広義のイオニア学派に帰せられる。実際ミレトスのイオニア学派の先達たちの影響は顕著であり、その自然哲学を神学的に展開した人と位置付けうるのである。

人間たちは、神々が〔人間たちがそうであるように、〕生まれたものであり、自分たちと同じ衣服と声と姿を持っていると思い込んでいる。（クレメンス『雑録集』= B14）。

エチオピア人は、神々は獅子鼻で色黒だと言い、トラキア人は、碧眼紅毛だと言う。（同上 = B16）

ホメロスとヘシオドスは、人の世で破廉恥とされ、非難の的とされる、あらん限りのことを神々に帰した。すなわち、盗み、姦通、騙し合い。（セクストス・エンペイリコス『諸学者論駁』＝B11）

こうしたクセノファネスの断片は、従来の擬人神観を鋭く批判したものである。アナクシマンドロスが指摘したとおり、神々が有限な人間を超えた無限者である限り、人間との類比で神を思い描くことは、正しくないはずである。また更に遡って「タレスも、万物は神々に満ちている、と考えた」[21]のであり、「アナクシメネスは、空気が神であり、無際限かつ無限なものである、と考えた」[22]と言い得るならば、加えて後述の通りヘラクレイトスも結局、神の知の探求者であったとすれば、総じてイオニアの自然哲学者たちは「自然の原理」としての神について語っていたことになる。[23]その伝統の中にあってクセノファネスは、自覚的にその神観を純化展開し、人間が自分に象《かたど》って神を捉える伝統に対する革命的な「否」を宣言した人なのである。

では、擬人神観に代えて彼が持ち出して来た神観とは、どのようなものであろうか。

クセノファネスは、神が一者にして非物体的であることを説きつつ、こう主張している、「唯一なる神は、神々と人間どものうちで、最も偉大であり、その姿においても思惟においても、死すべき者どもと少しも似ていない」。（クレメンス『雑録集』五109＝B23）

〔神は〕労することなく、心の想いによって、総てを揺り動かす。（シンプリキオス『アリストテレス「自然学」註解』23, 19＝B25）

〔神は〕常に同じ所に留まっていて、少しも動かない。ある時はここへ、ある時はかなたへ、と赴くことは、

彼にふさわしくない。（同上 23, 10 = B26）

なるほどこの神は依然「姿」を持ってどこかに「留まり」、この世の事物を「揺り動かす」意味で、相対物と相対的関係を形成している。その限りでは、真に相対を絶した絶対者理解には至っていない。しかしここにはアリストテレスの「不動の動者」[24]を予感させる神観が暗示され[25]、ホメロスやヘシオドスの非倫理的な神観に対して画然とした進展が認められることもまた明らかであろう。ではこうした進展は、倫理思想の上では何をもたらしたであろうか。

神への畏敬と知的探求

「盗み、姦通、騙し合い」などとは無縁な神々の発見によって、神への畏敬の念が発見されたことが、先ず大切な点であろう。

先ずは敬虔な物語と清らかな言葉の数々をもって、神を讃えまつるのが、思慮ある人らのなすべきこと。……常に神々に心を傾け、畏《かしこ》みを忘れぬのが、善いこと。（アテイナイオス『食卓の賢人たち』XI462C = B1）

そしてその神が「思惟」と「想い」において優れた存在である限り、人もそれに少しでも倣って、肉体よりも精神、体力よりも知恵を重んずべきこととなる。

優れた知恵より体力を尊ぶのは、正しいことではない。（同上 X413F = B2）[26]

ただ神ならぬ人は、探求によって知恵を増して行くほかはない。

まことに神々は、始めから総てを死すべき者どもに示しはしなかった。人間は、時とともに、探求によって、より善きものを発見して行く。（ストバイオス『自然学抜粋集』I 8, 2 = B18）

人の身で、確かなことを見た者は誰もいないし、これから先も、知っている者は誰もいないだろう。——神々についても、私の語る総てのことについても。仮にできるだけ完全に本当のことを言い当てたとしても、彼自身がそれを知っているわけではない。総てのことに思惑が付きまとっているのだ。（セクストス・エンペイリコス『諸学者論駁』VII 49 = B34）

ここには、ソクラテスの「無知の知」に比すべき[27]、人間の分際についての見極めがある。人間を真に超えた神の発見は、人間の知の有限性についての洞察をもたらし、しかもその洞察が、相対主義の諦めに停滞することにではなく、「より善きもの」の不断の「探求」へと人を促すとしたところに、倫理思想史におけるクセノファネスの、画期的意義が認められるのである。

3　ヘラクレイトス

万物を操る叡慮

ヘラクレイトスは、イオニア学派の最後を飾る人だが、イオニア学派の先輩クセノファネスや、次章で見るイタリア学派の同時代人ピュタゴラスらを、その博識のゆえに批判している。

博識は洞察力を与えない。もし与えるものならば、ヘシオドス、ピュタゴラス、更にはクセノファネス、ヘタカイオスも、洞察力を持ったことだろう。（ディオゲネス・ラエルティオス『哲学者列伝』IX1＝B40。なお B35 も併照）[28]

洞察力は現象についての雑多な知識によってではなく、現象を貫くものへの知恵によって獲得される。

知とはただ一つ、万物を通して万物を操《あやつ》る叡慮に精通していることなのである。（同上＝B41）

では、ヘラクレイトスの言う「万物を操る叡慮」とは何か。その解釈は必ずしも簡単ではない。ヘラクレイトスのあだ名「暗い人（skoteinos）[29]」は、他を批判する性格の陰気さ故ばかりでなく、アリストテレスをしても理解困難と嘆かしめた[30]、その表現の難解さ故につけられたものなのであろう[31]。

万物流転

プラトン[32]が、「万物流転（panta rhei）」の思想をヘラクレイトスと結び付けて以来、こうした標語で彼の中心思想をくくり、「万物を操る叡慮」の当体とする傾向があるが、この表現自体、現存の彼の断片には残っていない。確かに、

同じ河の流れに、我々は足を踏み入れているし、また踏み入れていない。我々は存在しているし、存在していない。（文法家のヘラクレイトス『ホメロスの比喩』24＝B49a）

という断片は、鴨長明の『方丈記』冒頭、「ゆく河の流れは絶えずして、しかも、もとの水にあらず。よどみに浮かぶ泡《うたかた》は、かつ消え、かつ結びて、久しくとどまりたるためし無し」を想起させ、特に日本人は万物流転・

諸行無常の思いをここに読み込みたくなる。しかしこの断片の解釈は争われている。すなわち、流れは変化しつつも「同じ河」であることの方に強調点があるとする解釈、「同じ河の流れ」が絶えず別のものとなっている事態に、後述する「対立物の一致」の思想を見る解釈等[33]。たといこの断片が万物流転を説いているとしても、これを彼の中心思想というには、用例が少な過ぎる。彼に帰せられる長短一二六の断章中、この思想を暗示するものは、この断片の他に、その変型と思われる二つの短い伝承[34]を数えるに過ぎないのである。

対立物の一致

では再び問おう。ヘラクレイトスの言う「万物を操る叡慮」とは何か。

先に批判していた博識家のうちヘシオドスに関して、ヘラクレイトスは追い討ちをかけるように、次のような批判も加えている。

> 最も多くの者の教え手たるヘシオドス――彼は最も多くのことを知っていると思われているが――、その彼にして昼と夜がよく分かっていなかったのだ。すなわち、両者は一つなのである。（ヒッポリュトス『全異端派論駁』IX 10 = B57）

ヘラクレイトスの他の断片、「上り道と下り道は一つにして同じ[35]」とか、「生と死、目覚めと眠り、若さと老いも実は同じ。なぜなら、これが転じてあれとなり、あれが転じてこれとなるのだから[36]」などを参看すると、この「昼と夜」についても、「本来同じ一つであるはずのものが全く正反対の相としてわれわれの世界に現象してくる……という洞察[37]」が語られていると見ることができるであろう。いわゆる「対立物の一致」の思想である[38]。万物の一見相反する諸現象についての雑多な博識は見逃しているが、実はその「対立」を超えて「一致」するもの、諸現象を貫いて「普遍的なもの」がある。とすると、それを認識することこそ「万物を操る叡慮」だ、と一先ず考えられるのではないだろうか。

続いて「普遍的なもの」をめぐる次の断片が注目に値する。

普遍的なもの（すなわち、共通のもの）に従わなければならない。しかし、この理《ことわり》（logos）[39]こそが普遍のものであるというのに、多くの人々は、自分独自の思慮を備えた積もりになって生きている。（セクストス・エンペイリコス『諸学者論駁』Ⅶ113＝B2）

さて「万物を操る叡慮」の、「操る」主体は神と解すべきであるとする[40]と、この「普遍」の「理」と、神との関係が更に問われなければならない。クレメンスの解説によれば、

ヘラクレイトスが……暗々裡に言わんとしているのは、万物を司っている「理」すなわち神により、火が空気を介して、世界秩序形成の種子たる湿ったものへと転ずる、ということである。（『雑録集』Ⅴ105＝B31）

ヒッポリュトスはこの間の事情を更に総括して、次のように述べる。

確かにヘラクレイトスは、万有は分割されうるものにして分割されざるもの、生成したものにして生成せざるもの、死すべきものにして不死なるものだ、と言い、またそれは永遠の理であり、父にして子であり、公正なる神である、と言っている。「私にというのではなく、この理に聞いて、それを理解した以上は、それに合わせて、万物は一であることに同意するのが、知というものだ」というのが、彼の言葉である。（『全異端派論駁』Ⅸ9＝B50）

神の知恵

このように見て来るならば、「万物を操る叡慮」とは、ロゴスとしての神の知恵であり、雑多に現象する万物の根底を貫く唯一のものの認識ということになるだろう。その唯一のものとは「火」である、ともヘラクレイトスは敷衍しているが、[41]そうした自然学的な現象物の説明よりも倫理学的に重要なのは、ヘラクレイトスが、現象を現象たらしめている根源について問うことこそ、博学を超えて大切なことだとした点である。そしてその根源こそ実は、彼の批判したクセノファネスに通ずるような、神の知であり、不断の探求の対象だったのである。

魂の限界は、それに行き着こうとして、たといあらゆる道を踏破しても、見出せないであろう。それほど深い理（logos）を、それは持っている。（ディオゲネス・ラエルティオス『哲学者列伝』Ⅸ7＝B45）

私は自分自身を探求した。（プルタルコス『コロテス論駁』20.1118c＝B101）

後者の断片は、「自分自身を知ること、健全に思慮を働かせることは、万人に付与されている」[42]とも通じ、注釈者の指摘するとおり、[43]デルフォイのアポロン神殿に掲げられてあった碑文「汝自身を知れ（gnōthi seauton）」と共鳴する。そして、これを終生の課題としたソクラテスを先取りする[44]ヘラクレイトスの哲学の道行きが、他を批判し傲岸孤高の一面を持ちつつ、他面、「見出せない」「魂の限界」を知った「無知の知」の謙虚を併せ持つことが知られるのである。彼の人と哲学そのものが、「対立物の一致」であった。

そしてそれは、哲学の源であったイオニア学派が、タレスの驚異に始まり、アナクシマンドロスの「無限者」の発見、クセノファネスの擬人神観批判を経て、ヘラクレイトスのこの、神の知と人の無知の対比に至るまで、一貫して、超越とそれに対する驚異の思いに駆られて、人の生き方、すなわち、倫理を問い続けたことを告げることとなるだろう。我々は一先ずここに、ギリシアの倫理思想の淵源を認めうるように思うのである。

4　パルメニデス

あることの分析

パルメニデスはその独創的な「あること（＝存在）」の分析によって、二十世紀のハイデッガーの存在論に至るまで影響を与える驚くべき射程を有し[45]、ギリシア哲学史を画する存在となった。ただ倫理思想の観点から見ると、後のデモクリトスのような多彩な内容は含まないので、ここでは彼の存在分析の要点とその倫理思想史上の意義のみ摘記するに留めたい。

あるもの（のみ）がある、と語り且つ考えねばならない。なぜなら、それがあることは可能だが、無があることは不可能だから。（断片6＝B6）

あらぬものがあるとは、決して証されないであろう。（断片7＝B7）

もちろん、あることがあるとも証明はされない。「存在は、絶対の所与として、ただ了解され語られるだけである」[46]。しかしあらぬことはあり得ず無意味なことだから「探求の道」から「遠ざけよ[47]」というのが、パルメニデスの出発点となる。ではあることの探求から、何が見えて来るであろうか。

あるものは、不生にして不滅である。……またそれはあったことなく、あるだろうこともない。今あるので

ある。（断片８＝B8 の3, 5 行）

あるはあらぬものから生成したのではない。あらぬはあり得なかったからである。しかし逆にあるがあるから生成したとしても、あるはあるでなかったという自己矛盾に陥る。したがって、あるは生成したものではないことが知られるのである。またあるはあらぬになり得ぬし、あるでなくなるという自己矛盾にも陥れぬとすると、あるの消滅もまたあり得ない。こうしてあるは不生不滅であることが分かる。そして不生不滅だということは、あるにとって過去未来といった時間が意味をなさないということである。あるとは「今ある」の謂だと言われる所以である。(48)

さらにまた、あるものは、分かつことができない。総てが一様であるから。……それは動くことなく……その場に確固として留まる。（断片８＝B8 の22, 26, 30 行）

こう言えるのは、あるが一様でなく、運動するものなら、或るあるは別のあるより、あるの程度が異なり、或る程度あらぬこととなって、やはり自己矛盾が生ずるからである。こうしてあるは、不生不滅、等質不動の「譬えて言えば、真ん丸い球の塊のようなもの(49)」という結論に至るのである。

ハイデッガーによる存在と思惟の解釈

こうしたあるについての一連の洞察を、パルメニデスは女神からの啓示として語っているが、啓示の始めの部分で「思惟すること（noein）はあること（einai）と同じである」（断片３＝B3）という、有名な言い方をしている。これは普通、思惟によって存在が規定されるという、カント的な主観的実在論を先取りした言葉だと解されるが、そうではないと喝破したのが、ハイデッガーであった[50]。ハイデッガーによれば、こうした主観的実在論は結局、技術（理性）による自然（存在者）の支配という、人間至上主義の世界観に行き着くのであり、これこそ現代世界を荒廃させている考え方である。そこにおいては、存在者は人間に利用されるべき用材（Bestand）に過ぎず、これが存在忘却（Seinsvergessenheit）という事態にほかならない[51]。そしてハイデッガーはパルメニデスのこの断片の真の意味は、こうした存在忘却の立場の表明ではあり得ないと言うのである[52]。この断片をハイデッガーのように、「了解〔聴従〕と存在は交互に相関的である[53]」と訳すことの当否について今は問わない[54]。「思惟することはあることと同じ」と、素直な意味にとっても、必ずしも主観的実在論の表明と解する必要はないのである。「もともと『理性』と訳される〝nous〔nūs〕〟の働き〝noein〔思惟すること〕〟には、日常的なギリシア語の用法でも、『外観を通して正体を見破る閃き』、そういう意味での『直覚知』という色彩があり、パルメニデスにおいては、この働きが『感覚的現象を超えて事物の真なる本性を直接に把握する力』として特に重視されているのである。……断片三は、このこと、すなわち、『理性〔的思惟〕によって把握されたもののみが真に存在する』ということを、語っている[55]」と解しうるであろう。実際、この断片が収められているパルメニデスの哲学詩（後世が『自然について』と名付けた）が、世界を流動変化する多様なものと感じる感覚の「臆見（doxa）」と、その虚妄を超えて、真の存在が不生不滅な球体であることを洞見する理性の「真理（alētheiē）」とを対比している（B1, 29-30行など）限り、この解釈の妥当性は動かないように思われるのである。

5　エンペドクレス

『自然について』

エンペドクレスは二つの長大な哲学詩、『自然について』と『浄め』を著したが、現在はほとんど散逸して断片を残すのみである。前者は、パルメニデスの存在理解を踏まえつつ、感覚を重んじて自然学的原理を探索し、後者は、オルフェウス・ピュタゴラス教団との親近性を窺わせつつ、神秘的な魂の遍歴を描いたものと考えられる。

前者の断片12は、明らかにパルメニデスの存在の真理を受け継いでいる。

まことに、全くあらぬものから生成することは、ありえない。
またあるものが全く消滅することも、起こりようもなく、聞いたこともない。（断片12＝B12）

このように究極の実在は不生不滅だが、しかし現実の世界は生成消滅しているように感覚される。この感覚の経験を蔑《なみ》した点でパルメニデスを批判するエンペドクレスは[56]、感覚の世界を説明するために、究極の実在を多元的に考え直そうとする。それが、地、水、火、風の四元素論である[57]。万物はこの不生不滅の四つの「根（rhizōmata）」の混合と分離によって生滅するのである。その際、

これら〔地、水、火、風の四元素〕は、永遠に交替し続けてやむことがない。
あるときは、愛（philie）[58]の力により、総ては結合して一つとなり、

あるときは、争いのもつ憎しみ（neikos）のために、逆にそれぞれが離ればなれになりながら。（断片17＝B17）

こうして愛が支配する調和の時期から、次第に憎しみへの移行期を経て、憎しみが支配する争いの時期、また愛への移行期と、四つの時期が永遠に交替するとエンペドクレスは思い描いていたようである。(59)

『浄め』

エンペドクレスのもう一つの著作『浄め』では、彼自身憎しみによる争いによって罪を犯し、輪廻転生の罰に処せられていると語られる。

過ちを犯して自らの手を殺生《せっしょう》の血に汚した者、
更にまた、争いにしたがって、偽りの誓いを誓った者が、
永生の命を分け与えられた神霊（daimōn）たちの中にあれば、
それらの者は、至福の者たちの許を追われて、一万周期の三倍をさ迷わねばならぬ。
その間を通じ、死すべき者どもの、ありとあらゆる姿に生まれ変わり、
苦しみ多き生の道を、次々と取り替えながら。……
我もまた今は、かかる者らの一人、
神の御許を追われて、さ迷える者。
ああ、狂わしき争いを信じたばかりに。（断片115、3-8, 14-14行＝B115）

ここでは、輪廻転生する自己が倫理的責任を負う同一の主体として持続するように考えられているはずだが、先の『自然について』の四元素論では、生きとし生けるものは「これらのもの（四元素）から生まれ出……これら（四元素）のみが存在し、相互に駆け抜けて別の姿と成る」[60]と言われていた。つまり、同一の主体は解体して四元素に還元するかのようなのである。後者は肉体の次元を、前者は魂の次元を考えているのだろうか、あるいは、著作年代のずれによる思索の進展があるのだろうか、残された断片だけからは、推測の域を出る議論は不可能なように思われる。ただ倫理思想の上から重要なのは、『自然について』で言われていた自然学的な愛と憎しみの力が、『浄め』において、憎しみが惹起した争いによる罪の意識へと、またそれを――どのようなプロセスによってであれ――償おうとする倫理的責任の自覚へと、更にはまたそこから展望される愛の調和への復帰の眼差しへと、具体化されている点であろう。そしてそうした愛の至福への復帰が、流血・肉食を避け[61]、「神の御許」にある宇宙の真相を観想する[62]ことによって可能となるとされ、オルフェウス・ピュタゴラスの宗教との親近性の中で語られる点[63]が注目されるのである。

6　ピュタゴラスとピュタゴラス派

ピュタゴラスは、時代的にも前六世紀の生まれで、出身もイオニアのサモス島だが、後に南イタリアに移住しそこで活躍しているので、慣例にしたがってイタリア学派に数える。しかし何れにせよその詳細は分からない。東イタリアのクロトンの地で、輪廻転生を信じ魂を浄化するための戒律を遵守する宗教結社を興したが、この結社は秘密主義で、開祖を始めとし、その後一世紀にわたるピュタゴラス派の人々は、著作を公にしなかったため、その詳細、またオルフェウス教団との関係なども、謎に包まれたままなのである。魂の浄化のために、戒律や密儀の実践だけでなく、数学・音楽・天文学などの学問研究に従事したこと、為に開祖は特に、驚くべき博学の人として知られること、輪廻思想・宇宙論などは後のプラトンとその後継者たちに多大な影響を与えたらしいこと、などが推測されるが、倫理思想としては、特段見るべきものは残されていないように思われる。

7　デモクリトス

「笑い屋」

デモクリトスは、ソクラテスと同時代の人である。自然学、医学、数学、植物学、音楽理論、倫理学など多方面の知識と著作で知られたが、現在は断片を残すのみである。それら諸学の修練のために、インドからギリシアを経てエチオピアまで旅行したが、アテナイでソクラテスと交流した確たる記録はない[64]。その博学のゆえに『知恵（sophiā）』とも、また人々がくだらないことに熱中しているのを笑っていたので『笑い屋（gelasinos）』とも、あだ名された[65]。「暗い人（skoteinos）」ヘラクレイトスのように、世人を真っ向から批判したのではなく、これを陽気に笑いのめしたところに、「上機嫌（euthȳmiē[66]）」を身上とするデモクリトスらしさが窺われる。西洋の絵画もこの「笑い屋」を好んで描いているが、嘲笑うのではなく、可笑しげに微笑んでいる図が多い（例えば、ヴェラスケスの「デモクリトス像」）。

デモクリトスの広汎な学的遺産のうち、タレスに始まったイオニアの自然学を、その後二世紀を経て締めくくる側面と、また同時代のソクラテスから半世紀後のアリストテレスに至る、倫理学の端緒を開く側面とに、ここでは特に焦点を合わせたい。

図1-1　デモクリトス　ヴェラスケス筆　パリ，ルーヴル美術館蔵

原子論

イオニアの自然学は、パルメニデスにおいて不生不滅、等質不動の存在の発見に至ったが、エンペドクレスは四元素（あるいは同時代のアナクサゴラス〔Anaxagoras 前五〇〇—四二八年頃〕——紙幅の関係で割愛する——は無数の種子〔spermata〕）の離合集散という仮説によって、生成消滅する感覚の世界を掬い取ろうとした。しかしパルメニデス的な思惟に徹底して沿いつつ、感覚の世界を捉え直すことは不可能なのだろうか。デモクリトス（あるいはその師と言われるレウキッポス〔Leukippos 前四三五年頃〕——但し資料が少ないので、その学説の詳細は不明である——）はこの問いに、原子論をもって答えたのである。すなわち、不生不滅であるばかりでなく、等質不動でもあるはずの究極的実在は、等質ではない元素や種子ではなく、等質の「原子（atomon, atoma）」への分割によって、現象世界に蘇生するというのである[67]。すなわち原子は等質であるが、それらの形状、向き、配列[68]によって、無数の差異ある現象の生滅として感覚されることになるのである。この点でデモクリトスは、パルメニデスの「真ん丸い球の塊[69]」を原子に解体し、更に「無があることは不可能[70]」と考えたパルメニデスと袂を分かって、原子の運動の場としての「あらぬ（無・空虚）はある（有）に劣らずある[71]」と主張するのであった。

では虚空に原子が飛び交う宇宙は、何のために如何にして出来《しゅったい》したのか。しかしそうした「目的となるものについて、デモクリトスは論ずることをせず、自然が関わっている総ての事柄を必然（anankē）に帰している[72]」。

あるいは「デモクリトスは……それ（宇宙世界）を偶発と偶然（tychē）によって生み出しているように思われる」[73]。いずれにせよデモクリトスは原因や目的を敢えて論じないで[74]、唯物論的な運動に万有を帰したのである。

上機嫌

こうした目的なき必然論に、倫理の入り込む余地はないかに思われようが、実際はデモクリトスは倫理を非常に重視した人である。確かに彼の自然学と倫理学の両者の間にあまり体系的連関がないのは事実である[75]。しかし前者は物質をめぐる議論であり、後者は魂をめぐる議論として、また別様の結構を有すと考えたのか、あるいは目的なき人生においてこそ、無秩序と混沌から免れる指針が必要と考えたのか、いま詳《つまび》らかとしないまま、いずれにせよ、残された断片の多くがそれへと捧げられている、倫理的考察へと進んでおきたい。

幸福と不幸は、霊魂にかかっている。幸福は、肥えた家畜に存するのではなく、黄金に存するのでもない。霊魂は、神霊（daimōn）の住まうところ。（ストバイオス『倫理学抜粋集』II 7, 3i = B170, 171）

肉体よりも霊魂についてより多く配慮することが、人間にはふさわしい。というのも、霊魂の完全さは、肉体の悪を正すが、理性のない肉体の強さは、霊魂を何らより善くはしないから。（ストバイオス『精華集』III 1, 27 = B187）

こうした断片では、原子の必然的な離合集散による物質の生滅とは別の次元として、霊魂の次元が想定され、しかもそれがダイモーンとの関連で語られ、それへの「理性」的な「配慮」ともども、ソクラテスを思わせる倫理思想を予感させるのである。しかし残された断片が偏っているためか、あるいはデモクリトスの元来の関心が限局されていたためか、これまた詳らかにしないが、この予感は外れる。残りの倫理的諸断章から窺われるのは、ソクラテス＝プラトン的な徳をめぐる飽くなき問答と探求ではなく、格言風な人生知の提要だけである。具体的には、アリストテレスの先駆けとなるような中庸論と、原子論ともどもヘレニズム期のエピクロス派が継承した「平常心（ataraxia）」的な理想の提示である。後者を、「笑い屋」デモクリトスはより積極的に「上機嫌（euthȳmiē）」と呼ぶのである。

人間にとって最も善いのは、できるだけ上機嫌で、またできるだけ不機嫌でなく、人生を送ることである。そしてそれが実現するのは、人が死すべきものどもに快楽を見出さない場合である。（ストバイオス『精華集』Ⅲ1, 47＝B189）

人間たちが上機嫌になるのは、適度の快楽と均衡の取れた生活によってである。不足も過剰も変化を被りやすく、霊魂に大きな動揺をもたらしがちである。だが、大きな振幅で動揺する霊魂は、決して安定もせず快活でもない。……自分を幸福であると考えなければならない。というのも、そう考えるならば、君はより快活に暮らすだろうし、少なからぬ欠陥、つまり妬み、嫉妬、敵意などを、人生から締め出せるからだ。（同書Ⅲ1, 210＝B191）

勇敢な人とは、敵に打ち勝つのみならず、快楽にも打ち勝つ人のこと。それに対し、国々を支配しても、女たちには隷属する者もいる。（同書Ⅲ7, 25＝B214）

食事や飲酒や性愛において、度を越し、腹から快楽を得る者にとっては、総て快楽は短く、儚く、苦痛は数多い。（同書Ⅲ18, 35＝B235）

このように「上機嫌」は、飲食や愛欲の快楽を過度に享受するとき失われる。「上機嫌」の勧めは「中庸」の勧めと結び付くのである。

適度の財産で上機嫌である（euthȳmeō）人は幸福であり、多くのものに不機嫌な人は不幸である。（同書IV 39, 17＝B286）

度（to metrion）を越すならば、最も喜ばしいものでも、最も喜ばしくないものとなるだろう。（同書III 17, 38＝B233）

正しく法にかなった行為に向かう上機嫌な（euthȳmos）人は、うつつにおいても夢においても朗らかで健やかで、また憂いがない。他方、正義を省みることもなく、然るべきことを為すこともないならば、その人にはそうした総ての事柄が、その何かを思い出す時、不快となり、そして恐れを抱いて、己をののしる。（ストバイオス『倫理学抜粋集』II 9, 3＝B174）

こうした倫理的な勧めは更に、教育の重要性の指摘と結び付く。現代にもそのまま通用するような、これらの断章を掲げ、デモクリトスの思想の他端を確認して終わりたい。

徳に向けての教師としては、励ましと言論による説得を用いる人が、法と強制を用いる人より優れているように思われる。というのも、法によって不正から遠ざけられている人は、隠れて罪を犯すのが当然であるが、説得によって然るべきことへと導かれる人は、隠れてもあからさまにも、何か外れたことはしないのが、当然だから。それゆえ人が、理解と知識によって正しく行為するならば、勇敢で同時に真っ直ぐな人となるのだ。（同書II 31, 59 = B181）

総てのうちで最も悪いことは、若年の教育における安直さである。というのも、それが、邪悪さの源である諸々の快楽を産み付けるからである。（同書II 31, 56 = B178）

異民族のような仕方で、子供たちがたるんで、労苦をいとうならば、彼らは文字を学ぶこともないだろうし、音楽も競争も、またとりわけ徳を包括するところのもの、つまり畏怖すること（aideisthai）も、学ばないだろう。というのも、特にそれらのものから畏れ（aidōs）は生ずるのが常であるから。（同書II 31, 57 = B179）

ここでは「驚き（thaumazein）」に通ずる「畏怖（aideisthai）」こそが、「徳（aretē）を包括するところのもの」とされていることが、最後に注目されよう。これは自己への恥の感情とも解されうるが[76]、むしろ自己を超えるものへの驚きの感受性に基づく畏れの思いと解するのが自然であろう。ディールス＝クランツはそれ故Ehrfurcht の訳語を与えている[77]。この意味での「畏怖」「畏れ」の用例は他に残されていないが、デモクリトスの「徳」は、上の引用にあるとおり、「勇敢で同時に真っ直ぐ」であること[78]、更には「人々に善行を施そうとする」[79]意志などを指す。「神の似像（eidōlon）」からの「善い」「啓示」を「祈り求める」[80]ことを知っていたデモクリトスは、勇敢、正直、善意などの徳が根本的には、そうした神的なものへの「畏怖」に発することを、ここで示唆していると解されるのである。

注

（1）「ソクラテス以前の哲学者たち」と言い慣わされるが、「ソクラテス以前」というと、ソクラテスを含むと解されるので、本書では「ソクラテス前」と呼ぶこととする。
（2）アリストテレス『形而上学』第一巻3、983b20-21＝A12。なお以下、＝AないしBとして付した番号等については、本書巻頭の凡例1を参照。
（3）プラトン『テアイテトス』174A＝A9。このタレスの姿は、プラトンが描く「上の方を眺めやって、下界のことをなおざりにする」「狂える者」（『パイドロス』249D）としての哲学者の姿（本書第2章参照）を彷彿とさせる。
（4）アリストテレス『政治学』A11. 1259a9-18＝A10。
（5）プラトン『プロタゴラス』343A、ディオゲネス・ラエルティオス『哲学者列伝』Ⅰ22以下＝A1等。
（6）セネカ『自然研究』Ⅲ14p. 106, 9＝A15等。
（7）アリストテレス『形而上学』一3、983b20-21＝A12。
（8）ニーチェ『悲劇時代の哲学』1。
（9）井上忠『根拠よりの挑戦』東京大学出版会、一九七四年、一五一–一六頁。
（10）シンプリキオス『アリストテレス「自然学」註解』24, 13＝A9, B1。
（11）アリストテレス『形而上学』四1。
（12）同書、一3、984a5-7＝A4。
（13）シンプリキオス前掲書、24, 26＝A5。
（14）同書、A9。
（15）内山勝利編『ソクラテス以前哲学者断片集』（以下『断片集』と略記）第Ⅰ分冊、岩波書店、一九九六年、一六五頁、註（2）。
（16）「存在者」は一旦存在するようになると、束の間の現前で満足できなくなり、永続的に存在しようとすることが、アナクシマンドロスの言う「不正」の意味だという、ハイデッガー「アナクシマンドロスの言葉」『森の道』の解釈が想い起こされる。なお岩田靖夫『西洋思想の源流』放送大学教育振興会、一九九七年、八四–八六頁併照。
（17）アリストテレス『気象論』B1, 353b6-11、アエティオス『学説史』Ⅲ16, 1等＝A27参照。
（18）岩田前掲書、八三頁。
（19）アリストテレス『自然学』三4、203b13＝A15。
（20）アウグスティヌス『神の国』Ⅷ2＝A17。
（21）アリストテレス『魂について』一5、411a8＝A22。
（22）キケロ『神々の本性について』Ⅰ10, 26＝A10。
（23）岩田前掲書、八七頁。
（24）アリストテレス『形而上学』十二6、7、8、1071b4-5, 1072a25, 1073a32-34。
（25）岩田前掲書、八九頁。
（26）因みに、プラトン『ソクラテスの弁明』36DE併照。
（27）プラトン『メノン』80D併照。
（28）因みに、『断片集』プロタゴラス断片80-84も比較せよ。
（29）同書、A1a,3a。

(30) 同書、A4。
(31) 荻野弘之『哲学の原風景　古代ギリシアの知恵とことば』日本放送出版協会、一九九九年、八四頁。
(32) プラトン『テアイテトス』152DE, 160D, 179D、同『クラテュロス』402A = A6。
(33) 『断片集』第Ⅰ分冊、三三二 - 三三三頁の訳注（1）参照。
(34) 同書、B12, 91。
(35) 同書、B60。
(36) 同書、B88。
(37) 荻野前掲書、九四頁。
(38) 他にも『断片集』B23, 50, 51, 62, 67, 103, 106 等参照。
(39) 「尺度・比率」「規則・秩序」「言葉・教説」等、文脈によって多義的な意味を持つ。『断片集』第Ⅰ分冊、三三一頁、B45についての訳注（1）、三三三頁、B50についての訳注（2）、荻野前掲書、九五–九六頁等参照。
(40) 『断片集』第Ⅰ分冊、三三〇頁、B41についての訳注（1）参照。
(41) 同書、B30, 31, 63-67、A1, 5 等参照。
(42) ストバイオス『精華集』Ⅲ5, 6 = B116。
(43) 『断片集』第Ⅰ分冊、三三八頁、B101についての訳注（1）、荻野前掲書、九八–九九頁等。
(44) プラトン『パイドロス』229E。
(45) 岩田前掲書、一〇三–一〇四頁。
(46) 同書、一〇一頁。
(47) 『断片集』第Ⅱ分冊、岩波書店、一九九七年、B6。
(48) 井上忠『パルメニデス』青土社、一九九六年、一七五 - 一七七頁は、5b-6a 行を、「『有る』は、いま、ここに一挙に、全体が、一つの、融合凝結体として有るわけだからである」と訳し、「『有る』の開披は……ただただいまのこととしてなのである」とする。
(49) 断片8 = B8 の43 行。井上前掲書、二四〇頁によれば、「要するに『有る』は、〈わたし〉の『思い』として、時間線をもつ生滅事実の地平を拒否し、『運命』の縛りに寄って、『いまここに』〈立ち現われ〉、生滅地平の雑多雑色に対して、同質・同一性、不可分、不動な融合凝結の天地を現前させる。しかもそれは固死せる球体ではなく、根拠の自己同一機制によって、その内奥、真ん中の中心から『縛られ』の隅々にまで力漲り続ける、どこから見ても完璧な球型として自己モデル化されつつ、根拠との自己同一を証しする〈わたし〉の言語空間以外ではない」。
(50) M.Heidegger, Einführung in die Metaphysik, 1953, S.104f.［ハイデッガー『形而上学入門』（川原栄峰訳）理想社、一九六〇年、一七四頁］
(51) M.Heidegger, *Vorträge und Aufsätze*, 1954, S.25. なお渡邊二郎『ハイデッガーの存在思想』勁草書房、一九八五年（第二版）、四七七 - 四八〇頁参照。
(52) 岩田前掲書、一〇三頁。
(53) »Zusammengehörig sind Vernehmung wechselweise und Sein«（Heidegger, ibid., S.111.［前掲訳、一八五頁］）

（54）詳しくは、渡邊前掲書、四〇五 - 四一五頁参照。
（55）岩田前掲書、一〇〇 - 一〇一頁。
（56）『断片集』第Ⅱ分冊、一三三頁、B3 についての訳注（2）（7）など参照。
（57）断片17＝B17。
（58）philie は philiā と同語。断片17、18、20などでは、philie だが、断片19その他ではむしろ philotēs が使われる。
（59）『断片集』B27 以下のシンプリキオスの解説等参照。
（60）同書、B21。
（61）同書、B128, 136, 137。
（62）同書、B129, 131, 146。
（63）同書、第Ⅱ分冊、一三〇頁、B129 の注（1）参照。
（64）同書、A1、36。但し 37。
（65）同書、A2, 40。
（66）同書、B189 等。
（67）同書、A1の44, A37-64。
（68）同書、A38。
（69）同書、B8。
（70）同書、B6。
（71）同書、B156。
（72）アリストテレス『動物発生論』E8, 789b2-4＝A66。
（73）シンプリキオス前掲書、327, 24＝A67。
（74）むしろプラトンの『パイドン』やアナクサゴラスの「理性」を持ち出すまでもなく、そこまで論ずるのが、ギリシアでは一般であった。岩田前掲書、一一〇頁参照。
（75）岩田前掲書、一一一頁。
（76）『断片集』B264 参照。
（77）H. Diels＝W. Kranz, *Die Fragmente der Vorsokratiker*, Bd. Ⅱ 1951, S. 181.
（78）ibid., B181。
（79）ibid., B248。
（80）ibid., B166。

第2章　ソクラテスとプラトン

1　ソクラテス

ソクラテスについての資料

ソクラテス（Sōkratēs 前四七〇–三九九年）自身は、一行も書き残していない。彼を主人公にして約二七の対話篇を物した弟子のプラトン（Platōn 前四二七–三四七年）も、どこまでソクラテスの口を借りて自分の哲学を語っているのか、必ずしも判然としない。しかしプラトンの思想が色濃く出ている中期・後期対話篇に比べ、初期対話篇はソクラテスの言説をかなり忠実に再現していると考えられる。中でも『ソクラテスの弁明』と『クリトン』を手掛かりにして、ソクラテスの思想の核心と思われるものだけでも、ここでは押さえておきたいと思う。

プラトンの比ではないが、他にもソクラテスについて書き記している資料として、クセノフォンの『ソクラテスの思い出』、アリストファネスの『雲』、アリストテレスの『形而上学』等がある。彼らの筆に照らしても史的事実と認め得るのは、ソクラテスがアテナイの街角で人々と哲学的問答をかわし、為に、「青年に有害な影響を与え、国家の認める神々を認めない」[1]という咎で、前三九九年死刑に処せられた、という点である。それと呼応する上記対話篇のソクラテスの語りは、ソクラテスその人の思いを伝えている可能性がかなり高いと見てよいであろう。

無知の知

『ソクラテスの弁明』によれば、デルフォイのアポロン神殿の巫女が、「ソクラテスより知恵のある者はいない」という託宣を下した。ソクラテスはそのことを伝え聞いて、「思い迷った」[2]という。[3]なぜならソクラテスは「自分が知恵のある者なんかではないと自覚」[4]していたが、「神がまさか嘘を言う」[5]とも思えなかったからである。そこで彼は、自他ともに知恵ある者と認める政治家、詩人、職人を訪ね、彼らと問答した結果、彼らは「知らないのに何か知っているように思っているが、わたしは、知らないから、その通りにまた、知らないと思っている。だから、つまり、このちょっとしたことで、わたしの方が知恵があることになるらしい」[6]と、気付いた。謎のような神託の意味をソクラテスは次のように解釈するに至ったのである。すなわち、「人間たちよ、お前たちのうちで一番知恵のある者というのは、ソクラテスのように、自分は知恵に対しては実際何の値打ちもないのだということを知った者」[7]に他ならない、と。言わばこの「無知の知」の逆説を、人々に知らせるのが自分に与えられた神命だと悟ったソクラテスは、以後知恵あるかに思っている人々と対話し、これを論駁することに余念なく、「公私いずれのことも行なう暇がなく、ひどい貧乏をし」[8]、また論駁された人々の「敵意」と「中傷」にさらされるに至った。[9]

以上が、アテナイの法廷に告訴されたソクラテスがその弁明演説の中で語る、自己の対話活動の出自と帰趨なのである。若きプラトンは、傍聴席でその一部始終を見守りながら、ソクラテスの刑死後しばらくして、その記録を公にした。それが『ソクラテスの弁明』であると考えられる。

善についての知

それにしても、「知らない」と言いながら、ソクラテスは多くのことを知っているではないか。政治家も政治について、詩人は詩、職人は技能について、やはり知っているはずである。それでも、人間一般が知らないというのは、では何についてなのであろうか。

その答えは、『弁明』における政治家との対話の後に暗示されている。「我々のうちのいずれも、美にして善なること（kalon kagathon）については、何一つ知らない[10]」というのである。善なることは美しいというのがソクラテスの理解である（後述『クリトン』48B等参照[11]）から、倫理思想の視点からは今、こうした善について知らないので、これを知ろうとするのが、ソクラテスの全対話活動の眼目であったと要約してもよいであろう。そしてたといその活動をやめれば命を助けてやると言われようと、彼は「知を愛すること（philosophein、すなわち哲学）」をやめない、と明言する。

> アテナイ人諸君、わたしは決して知を愛し求めることをやめないであろう。……君は知恵と力において偉大な国家の民でありながら、ただ金銭をできるだけ多く自分のものにしたいというようなことにばかり気を遣《つか》っていて、恥ずかしくないのか。評判や地位については気にしても、思慮や真実に関しては気にかけず、霊魂をできるだけ優れた善いものにするということに、配慮も思案もしていないとは。（プラトン『ソクラテスの弁明』29DE）

要するに、善とは何かを知ろうとする対話活動によって、霊魂をより善きものにするための配慮をすること。それが、ソクラテスが生涯をかけた哲学の営みの課題だったのである。そしてこの課題を遂行するにあたって、ソクラテスはいわゆる「反駁的対話（elenchos）」を繰り返した。すなわち、倫理的善、つまり、勇気、節制、正義、知恵などの徳とは何か、それが徳と言われる所以は何か、を対話相手に問い、その答えを論駁し、それに代えてソクラテス自身の持ち出す答えも更に自ら論駁し、結局答えのない無知の闇に対話は終結するのが一般であったのである。ここでソクラテスが「知らない」ということの意味がよりはっきりする。それは結局、「倫理的真理に関する……断片的知識の究極の根拠を知らない[12]」ということなのである。すなわち、対話相手はソクラテスの「産婆術[13]」によって、善とは何かについて、断片的知識を引き出されはするのだが、これら「断片的知識の相互連関を見透して、全体を体系化できない[14]」。その限り、ソクラテスもその対話相手も、善の本質を本当に言い当てたことにはならない。ソクラテスが繰り返し、無知の知へと戻って来ざるを得なかった所以は、ここにあると考えられるのである。

ダイモニオン

こうした反駁的対話が、常識を覆す否定的結論に至って、「弱論を強弁し[15]」、「青年に有害な影響を与え[16]」るものと危惧されたことは、想像に難くない。また実際、若者が哲学的な何故、を連発して、それに対する唯一究極の答えがないことを盾に取って、善き伝統をも徒に覆した積もりになり、何の事はない自堕落な生活を正当化し、欲望のままに振舞うようになる、そのような危険性が哲学にはまとわりついていることは、後に中期プラトンが、『国家』篇第七巻など[17]で正当にも指摘するとおりである。従って、ソクラテスが「青年に有害な影響を与え」たというのは、ソクラテスの理性主義者の側面に対する、世人の或る意味では讒訴であるが、或る意味では何らかの程度正当な告発だったとも考えられよう。いずれにせよ彼に対する訴状は、彼の神秘家的側面にもまた向けられていた。曰く、「国家の認める神々を認めない[18]」、と。この点についてはどうであろうか。

ソクラテスはこの訴えを「ぜんぜん神を認めていない[19]」という意味に取り、しかし自分はかねがね「ダイモニオンを認めてこれを教えている[20]」。ところが「ダイモニオンを、我々は神ないし神の子と考えている[21]」。とすれば、自分が神々を認めていないなどという訴えは全く不当だ、と反駁するのである[22]。to daimonion とは、超自然的・霊的存在者を表す daimōn に由来し「ダイモーン的な」の意の形容詞 daimonios の中性形の名詞化であり、ソクラテスは、その実体を詳《つまび》らかとしないが、何か神的なものを、このように注意深く呼んでいるのである。とすると、これは謂わゆる民間信仰的な「国家の認める神々」とは似て非なる哲学的な超越者理解であって、アテナイの人々の危惧と告発は、この点でも必ずしも全く見当外れな讒訴とは言えないかも知れない。

いずれにせよダイモニオンは、「子供の頃から……一種の声となってわたしに顕れ、いつでも、わたしが何かしようとしているとき、それを差し止めるのであって、何かをせよと勧めることは、決してない[23]」、とソクラテスは語っている。ところが驚くべきことに、今回の裁判においては、ダイモニオンは一度もソクラテスを差し止めることをしなかった[24]。とすると、これは「善いものだということを大いに期待できる[25]」。不当な死を与えられるのは「災悪の最大なるもの[26]」と普通考えられるけれども、ソクラテスは、一生の間常々そうして来たように、終わりに際してもこの神的なものに聞き、従容として死に就こうとするのである。デルフォイの神託によって起動させられたソクラテスの哲学の活動は、人間に向かってその倫理的善を問うベクトルと、超越的なものの声を聴き、それを解読するベクトルとが、拮抗するところに、その真骨頂があったことが知られるのである。そこには、プラトンによって普遍概念の実体化としてのイデア論（後述）が思弁される前の、より直截的な超越体験が息づいているように思われる。

正義の貫徹

超越体験に裏打ちされた『弁明』のこの終わり方は、ソクラテスが、己の幸福（eu-daimoniā）に関して「善い希望を抱いて」(27)いるかのようで、読み手にむしろ明るい印象を残すだろう。それに対し、死刑宣告から処刑に至る間に、老友クリトンが脱獄の勧めをするのに対し、これを拒否する『クリトン』篇では、人間的ロゴスにしたがって公共の正義を貫徹しようとする、ソクラテスのもう一つの厳しい側面を伝えて、また別の意味で印象深い。

ここでソクラテスは、「大切にしなければならないのは、ただ生きるということではなく、善く生きる（eu zēn）ということなのだ(28)」という「原則（logos）(29)」に立ち帰り、「その『善く』というのは、『美しく』とか『正しく』というのと同じ(28)」であることを確認する。ところが、「不正というものは……醜悪であり(30)」、「たとい不正な目にあっても、世の多数の者が考えるように、不正の仕返しをするということは(31)」、醜悪であり善くないことだから、「決して行なってはならない(32)」、と断ずるのである。こうして、ソクラテスが生涯をかけて探求して来た倫理性が見事に貫徹される。しかも復讐を是とするギリシアの伝統的正義観(33)を覆す、「驚くべき革新性(34)」が、ここには同時に示されているのである。

自然哲学との対比

こうしたソクラテスの倫理思想の位置付けについて、ソクラテス、あるいはむしろプラトン(35)の視点から付言しておこう。プラトン中期の対話篇『パイドン』は、ソクラテスの最期についてまた別の観点から叙述したものだが、ここでプラトンはソクラテスをして、自身の知的遍歴を回顧させている。すなわち、ソクラテスは若い頃、自然学に興味を持ち、宇宙万物が生成存在消滅する原因を探ろうとした。そして「それが最善であるような仕方で万物を秩序づけている[36]」ものを探りあてようとして、アナクサゴラスの書物を紐解いた、というのである。しかしここで彼は大きな失望を味わった[37]。この著者は「事物を秩序づける原因を知性に帰することもなく、空気とかアイテールとか水とか、そのほか沢山のくだらないものを原因としていた[38]」からである。また別の著者たちについても、プラトンはソクラテスをして次のように語らしめている。

ある人は……大地が天空に支えられているとなし、またある人は、……空気が下から台のように支えているのだとする。彼らは、万物が現在、そのおかげで可能な限り最善の状態に置かれている、その力を探究することもせず、それが何か神的な強さを持っていることを考えてもみないで、それよりももっと強力な、もっと不死な、もっとよく万物を統合するアトラスを、いつか発見できるだろうと思い込んでいるのだ。善にして適正な〔結合する〕力こそが真に事物を結び付け統合しているということを、彼らは考えてもみないのだ。

（プラトン『パイドン』99BC）

注釈者が指摘するとおり[39]、この「ある人」とはエンペドクレス、「またある人」とはアナクシメネス、アナクサゴラス、デモクリトスらを指すと考えられるが、前六－五世紀の自然学者たちが総じて、事物の「真の原因[40]」ではなく状態の説明しかしていない、というのが、ここでのソクラテスの批判となる。

それに対して、ソクラテスが問題とした「真の原因」とは、何故そうであるかの理由である。例えば、今ソクラテスは、毒杯をあおろうとして牢獄に座っている。何故そうなのか、を腱を緩めて膝を曲げているからだ、と外側から状況説明してみても、それは真の内的理由を言い当てたことにはならない。むしろ国法にしたがって判決に従うことが善いと判断したということが、彼が牢獄に座している理由であり、「真の原因」と言うべきであ

図2-1　天空を支えるアトラスの像　ナポリ国立考古学博物館蔵

ろう[41]。そしてこの、自然の状態の説明ではなく、「真の原因」、しかも人間の善と関わる原因へと探究の方向を転換したことこそ、ソクラテスの一大功績であったと考えられる。それによって「哲学は天空から人間界へ呼び下ろされ[42]」、それまで自然界へ向かっていた理性が、初めて人間の内面を見詰めるようになった。このように、哲学史上ソクラテスを位置付けることも可能であろう[43]。

もちろんソクラテス前の哲学者たちを、このように十把一絡げに否定することは、前章の考察がこれを明らかにしたとおり、行き過ぎかも知れない。倫理思想史の観点から見るならば、倫理を超越との関連において問うた点で、彼らはソクラテスの先駆となる功績を多々残していると言うべきであろう。彼らとて「万物が現在、そのおかげで可能な限り最善の状態に置かれている、その」「神的な」「力を探究[44]」したことについては、もはや縷説を要しないであろう。しかし彼らの議論と関心が、ともすれば人間の倫理を離れた自然へと向かうことが多かったこともまた事実である。少なくとも倫理を哲学者の全関心を占有する対象とした点に、倫理思想史におけるソクラテスの画期的な意義があったと考えることができるであろう。

2　ソフィスト

このソクラテスの倫理学的関心と、自然学者以来の超越への眼差しを継承展開したのが、弟子のプラトンであ

図2-2 『ソクラテスの死』 ダヴィッド筆 ニューヨーク，メトロポリタン美術館蔵

るが、ここでプラトンへと進む前に、ソフィスト（sophistēs）について一言触れておかなければならない。彼らは、ソクラテスと同時代ないしプラトンの時代にさしかかって、つまり前五－四世紀に特にアテナイで活躍した知識人（sophistēs は、専門的知識〔sophiā〕を有する知者〔sophos〕とほぼ同義）であり、諸都市を遍歴し、青年たちに弁論術（rhētorikē）をはじめとする知識や技能を教えることを職業とした。プロタゴラス（Protagoras 前五〇〇頃－四〇〇年頃）、ゴルギアス（Gorgias 前四八四頃－三七五年頃）、トラシュマコス（Thrasymachos 前五－四世紀）の三人が特に有名であり、プラトンの対話篇にしばしば登場するが、[45] 今はその中期対話篇『国家』第一巻でソクラテスと正義論を戦わすトラシュマコスを典型的な例として、その言説の一斑を押さえておきたい。

トラシュマコスの強者の正義論

『国家』篇のトラシュマコスは、「正義とは、強い者の利益にほかならない」[46]と主張する。[47] なぜなら、「支配階級は自分たちの利益に従って法律を制定し[48]、「自分たちの利益になることこそが被支配者たちにとって《正義》なのだと宣言し、これを踏み外した者を、法律違反者、不正な犯罪人として懲罰する[49]」のだから。

この主張に対して、『国家』篇におけるソクラテスは次のように反論する。技術というものは、技術者自身を益するものではなく、技術の対象を益するものである。例えば医術は医者自身を益するものではなく、患者を益するのである。同様に政治術は支配する政治家ではなく、政治術の対象たる被支配者、つまり支配される民衆の方を益するはずだ、と[50]。

これに対して、トラシュマコスの応答は意表を突くものであった。「教えてくれないか、ソクラテス、あなたには一体乳母がいるのかね[51]」。その真意を図りかねるソクラテスにトラシュマコスは畳み掛けるように言い放つ。「あなたに乳母がいるなら、そうやって鼻水たらしているのをほったらかしておかないで、拭いてやったらよさそうなものだと思うからだよ[52]」。要するにトラシュマコスは、羊飼いが己の利益を度外視して羊自身のために羊を肥やしているかのようなソクラテスの議論は、青臭い「お人好し[53]」の偽善的言辞[54]に過ぎないと見るのである。そしてそれは、最大の支配者であり、「最も完全な不正[55]」を犯す独裁者の場合を考えればはっきりするという。彼らは「他人のものを一挙にごっそり奪い取る[56]」。けちな詐欺師や盗人が一つ一つ奪い取れば罰せられるが、一挙に総てを奪い取った独裁者は、自分に隷属させた民衆からむしろ賞讃さえ受けるのである。こうして正義とは、略奪する独裁者すなわち強者の利益にほかならない、とトラシュマコスは再び主張するのである[57]。

ソフィストの説得術

この後、この主張はソクラテスの「反駁的対話《エレンコス》」で論駁されて行くが、今その詳細については割愛する。ただ一つだけソクラテスとトラシュマコスの対話を引用しておくと、「君は今、真実について思ったとおりを語っている」というソクラテスの言葉に、トラシュマコスは、「私が本当にそう思っているかどうかが、どうしてそんなに問題なのかね。それよりさっさと言説そのものを論駁すればよいではないか」[58]と応ずるのである。これは、先の「乳母」発言のように、意表をついて相手を言い負かそうとするトラシュマコスの態度ともども、対話相手と共に真実を探り出そうとするのでも、あるいは自分が真実と確信していることを語るのでもなく、ただ相手を言い負かすことにソフィスト的な説得術の関心が集中していることを露呈した言い方と言えよう。[59]

いずれにせよこのような説得術としての演説や討論の見事な手本を残しているのがゴルギアスであり[60]、またこうした説得至上主義の背後にある価値相対主義の有名な定式化が、プロタゴラスの「人間が万物の尺度である」[61]という命題であることも付言しておこう。また価値判断に関して相対主義的な態度が優勢な現代では、こうしたソフィストの再評価の趨勢[62]があることにも注目しておきたい。しかしここでは、価値の基準が、人間のノモス（nomos、法・慣習）にあるのではなく、フィシス（physis、自然）にあって絶対的だとする、ソクラテス＝プラトンの議論の方向に戻って、その帰趨を見定めておくこととしたい。[63]

グラウコンの問題提起

プラトンは『国家』篇二巻以降で、ソフィストではないがなかなかの論客であり、自らの兄にあたるグラウコンをして、トラシュマコス流の正義論を先に進めさせ、この問題の再検討を試みている。グラウコンはソクラテスに「好意を持ち励ま」[64]して、表面上の説得ではなく真実をこそ追究する「味方」[65]であるけれど、ギュゲスの指輪という印象的な物語を引いて、ひょっとするとトラシュマコスの言うことは真理ではないか、という立場から出発するのである。

3　ギュゲスの指輪

正義の起源論

《誰でも不正を働いて利益を得たいのだけれど、それを社会的に認めると自分も不正を働かれて損害を被る。世人の多くは、不正を加えるだけで不正は受けないようにする力がないので、妥協策として、不正も加えない代わりに不正も受けないような法律を制定し、それを正義と呼ぶようになったのだ。これが正義の起源だが、実は大方の人の本音は、不正を加えるだけで不正は受けないようにするのが最善だという点にある》(66)。――先ずこのようにプラトンはグラウコンをして、トラシュマコスの主張を変奏して述べさせる。実際トゥキュディデスの伝えるペロポネソス戦争におけるメロス島民虐殺を正当化するアテナイ側の言い分から(67)、『ゴルギアス』篇において「力こそ正義」を説くカリクレスの強者の倫理(68)に至るまで（現代の我々は加えて、優勝劣敗の古代的貴族的価値判断をヘブライズム・キリスト教の奴隷的ルサンチマンが転倒させてしまったとするニーチェの『道徳の系譜』・善悪の起源をめぐる推論(69)も想起するであろう）、こうした弱肉強食をこそ元来の正義とする議論は、「耳がつんぼになるほど聞かされる」(70)ところである。ところがこうした正義起源論の正当性は、人にギュゲスの指輪を与えてみさえすれば分かる、とグラウコンは更に論じ進む(71)。

透明人間に成ったなら

ギュゲスはリュディアの羊飼いだったが、ある日地震に遭い、裂けた大地の穴の中に死体を発見した。そしてその指から黄金の指輪を抜き取り、自分ではめて、これを内側に回すと姿が見えなくなり、外側に回すと姿が現れることに気付いた。そこでギュゲスは姿を隠して、王宮に忍び込み、王妃を寝取り、王を殺害して、王位についたという。この物語を語ったグラウコンは、この指輪をはめた人は例外なく次のように振舞うという主張を紹介するのである。

> なお正義にとどまって、あくまで他人のものに手をつけずに控えているほど、鋼鉄のように志操堅固な者など、一人もいまいと思われる。市場から何でも好きなものを、何恐れることなく取って来ることもできるし、家に入り込んで、誰とでも好きな者と交わることもできるし、これと思う人々を殺したり、縛《いまし》めから解放したりすることもできるし、その他何事につけても、人間たちの中で神様のように振舞えるというのに！——こういう行為にかけては、正しい人のすることは、不正な人のすることと何ら異なることなく、両者とも同じ事柄へと赴くことだろう。（『国家』第二巻 360BC）

正義の人と不正の人のどちらが幸福か

このことこそ、「不正の方が正義よりもずっと得になる、と総ての人間が考えていることの[72]」「動かぬ証拠ではないか[73]」、と「この説の提唱者は主張する[74]」、とグラウコンは語る。ではこの主張が本当に正しいかどうか、それを吟味することが、我々の課題だとグラウコンは考え、その吟味の仕方としては、極度に不正な人と、極度に正しい人を対置し[75]、そのいずれがより幸福か[76]、を問うということをせねばならない、と述べるのである。極度に不正な人間とは、不正を犯しつつ発覚しないように振舞うため、正しい人だという評判を得ている人間のことである。それに対し、極度に正しい人からは、正しいという評判も取り去らなければならない。なぜならそういう評判を得ているなら、正義自身のためではなく名誉のために正しい振りをしているのかも知れず、純正に正義の人とは言えなくなるから。そこで極度に正しい人とは、何一つ不正を働かないのに不正であるとの評判をうけ、果ては「鞭打たれ、拷問にかけられ、……磔にされ」[77]ても、死に至るまで堅忍不抜に正義の道を行く人でなければならない。この極度に正しい人の描写によってプラトンは、不正な裁判の果てに処刑されたソクラテスをイメージしているだろうことは、想像に難くない。[78]こうした二人を対置し、そのどちらが本当に幸せかが問われなければならない、というのがグラウコン＝プラトンの問題提起となる。

この先鋭な問題に対し、『国家』篇はどのような解答を与えているであろうか。以下、『国家』篇には様々な論点が配置され、それらがまた本篇本来の主題である国家論と交錯して展開し、その議論の方向は決して見えやすいものではないけれど、九巻の叙述を中心にプラトンの答えは、次の三つの次元において呈示されていると解することができよう。すなわち、（1）国制のあり方との類比における答え（第九巻4－6章）、（2）霊魂の機能の三区分に基づく答え（第九巻7－8章）、（3）快楽論に基づく答え（第九巻12－13章）、である。九巻以外の関連箇所も参照しつつ、順にその答えの大綱を押さえておこう。

（a）国制との類比における答え

極度に不正な人間の代表は、独裁者（僭主、tyrannos）である。彼は権力によって総てを奪い取りながら、隷属する民衆から正義の人と賞讃されさえするからである。さて国制には、王制、優秀者支配制、名誉支配制、寡頭制、民衆支配制、僭主独裁制の六つの形があるが、[79]このうち最も惨めで不幸なのが独裁制であることは明らかである。[80]なぜなら民衆が、自由ではなく隷属状態にあるから。[81]とするとこれと類比的に、個人においても独裁者が最も惨めで不幸ということになるだろう。彼は絶え間ない欲望に隷属し、それでいて常に満たされず、また反逆を恐れて恐怖や苦しみに苛まれ続けるからである。[82]それに対して、王制と優秀者支配制は、望ましい国制の形として一つのものにまとめられるが、これが最も幸福な国制である。[83]とするとこれとの類比において、個人においても、霊魂の最も優れた部分が王となって、霊魂の最もたちが悪く気違いじみた欲望的部分を支配している、最も正しい人こそ、最も幸福な人ということになる。[85] これが件《くだん》の問いに対する、国制のあり方との類比におけるプラトンの答えの大筋となる。

(b) 霊魂の機能の三区分に基づく答え

さて霊魂の最も優れた部分と最もたちの悪い部分といった区分は、第四巻一一－一五章で論じられていた霊魂の三区分の議論[86]を前提としている。それによれば、霊魂は次の三部分から出来ているというのである。すなわち、

(a) 霊魂の善について熟考する、理知的部分[87]
(b) 善悪についての判断とは無縁の、欲望的部分(食欲、性欲など)[88]
(c) 善悪についての信念に基づいているが、霊魂にとって何が最もよいかの熟考には拠らない、気概的部分(憤慨、誇り、恥、名誉欲など)[89]

である。この三区分説に、よりはっきりと沿うのが、プラトンの第二の答え方となる。

霊魂の中で理知的部分が支配的な人は、知を愛する人であり、欲望的部分が支配的な人は、欲望が金銭によって遂げられるので[90]、利得を愛する人となり、気概的部分が支配的な人は、名誉を愛する人である。[91] ところが、知を愛する人も、利得を得なければ生きていけないし、努力すれば自ずと名誉を得るので、後二者の快楽を経験する。ところが後二者は、知を獲得する快楽を知らない。したがって快楽の経験という点で、知を愛する人が最も優っている。加えて彼の経験は後二者より思慮に基づき言論によってなされるが、経験と思慮と言論に基づく判定こそ最も真実である。すると知を愛する人が快いと判定することが、最も真実である。以下の論理はプラトン

の叙述では省略されているが、この（b）の答え方も件の問いに対する「論証」に数えられている限り、当然ここには次の含みがあると解される。すなわち、知が快いというのは真実であって、知を愛する正しい人こそ最も幸せであり、逆に利得を愛する不正な人こそ最も不幸せである、との含みである。

（c）快楽論に基づく答え

第三の答えは、快楽論と関わる。快楽の反対は苦痛だが、快楽と苦痛の間には、快苦のない霊魂の静止状態がある[93]。苦痛を味わっているときは、その静止状態が快いものに見え、快楽を享受しているときは、快楽が止んだ静止状態が苦しいものに思われる[94]。本当に快でも苦でもないものが、快や苦のようになり、しかもなるというのは運動なのに、これは元来静止状態だったはずだ。要するにこうした快苦の中間は、一見快や苦のように見えるというだけで、真実の快苦を含まない[95]。

さて霊魂の欲望的部分が優勢な人は、欲求不満の苦痛を満たすことによって快苦の中間状態にまで行ったところで、それを快楽と見間違っているだけである。彼らは知的な「確実で純粋な快楽を味わったことがない」ので「餌をあさったり交尾したりして」、それが快楽だと勘違いしている[96]。それらは「真実の快楽の幻影であり、陰影によってまことらしく仕上げられた書割《かきわり》の絵のようなもの」にすぎないけれど、「強烈なものに見え、気違いじみた欲情を愚かな人々の心に生みつけて、この幻影目当てに人々をして相闘わせることになる」[97]。また霊魂の気概的部分が優勢な人々も、名誉心・勝利への渇望・怒りに駆られ、気概的部分の欲求を満たす快楽は得ても、それは真実の快楽ではなく、しかも相互の闘争へと至る[98]。それらに対して、「霊魂の全体が知を愛する部分の導きに従っている場合には、最も真実な快楽を享受することができるのである」[99]。こうして欲望に支配された独裁者こそ最も不快な生活を送り、霊魂の理知的部分が優勢な、優秀支配制における哲人王こそが最も快い生活を送ることになる。後者の受ける快楽は前者の七二九倍だという計算まで付されて、この第三の答えは結ばれるのである[100]。

ギュゲスの物語再考

グラウコンが極度に不正な人と対置した、迫害を受ける極度に正義の人の姿は、この九巻のソクラテス＝プラトンの語りでは、必ずしも一貫して保持されてはいないが、重要なのはその点ではない。重要なのは、あのギュゲスの物語が果たして人間性の真実を語っているか、ということである。すなわち、人は誰でも透明人間になったなら、「他人のものに手をつけ」てやりたい放題のことをする、というのが本当だろうか、という問題である。そしてその答えは以上の論述から明らかであろう。最も不正な独裁者とは、非理性的なエロースと権力の欲望を、何の抑制もなく追い求める人間である。エロースの欲望にとりつかれた人は、『ゴルギアス』篇のソクラテスの譬えを用いれば、「ひび割れた甕《かめ》のように」「夜となく昼となく満たさなければ、極度の苦痛を味わう[101]」こととなり、また「疥癬《かいせん》にかかった人」のように「掻きたくてたまらず、掻きながら一生送りとおす[102]」こととなって、言わば霊魂の三つの部分のうち、欲望的部分が肥大化し調和を失った、一種の病人なのである。また独裁者は不正によって権力を手中にしたのだから、他人から信用されないし、また権力の座についてからは今度は自分が不正によって蹴落とされることを常に恐れ、他人を信用しない。このような混乱と不安、苦痛と猜疑に満ちた生活の、どこが幸福なものであろうか。なるほどプラトン自身も認めるとおり、「各人の内には或る種の恐ろしい、猛々しい、不法な欲望がひそんでいること、それは、立派な品性の持ち主と思われている人々とても例外ではないこと、そして夢の中では、この恐ろしい欲望が顕在化すること[103]」などは、真実であろう。しかしそうした霊魂の非理性的な怪物を理性によって飼い馴らし、霊魂の調和と平安を得ることが、正義の哲人の生き方であり、彼はたといギュゲスの指輪を得ても、どうしてこの真に幸福な境涯を捨てて、不法な欲望の奴隷の境遇に身を落とすはずがあろうか。これが、ギュゲスの物語に対する、プラトンの解答の要点と考えられるのである。

以上、本章ではソクラテスからソフィストを経て、自ずとプラトンの思想へと進んで来たが、ソクラテスとプラトンの思想をより正確にはどこでどう分離して考えるのか。また最後に言及した「正義の哲人の生き方」として、プラトンはより具体的には何を考えているのか。また正義は、他のギリシアの元徳、勇気、節制、知恵などとどういう関係にあるのだろうか。そうした諸点を、プラトンに改めて焦点を合わせ、その様々な対話篇に目配りしつつ問い進むこと、更にはそれらを通して、ギュゲスの物語の問題提起に対するプラトンの解答の射程について再考すること、それらを次節以下の課題としたい。

4　プラトンとその対話篇

プラトンの略歴

本章1節から2節への移り行きで確認したとおり、ソクラテス前の自然学者以来の超越への眼差しとソクラテスの倫理学的関心とを併せて継承展開したのが、プラトンであった。彼はペロポネソス戦争（前四三一－四〇四年）の初期にアテナイに生まれ、戦争中に青少年時代を送った。戦争終結後「三十人政権」の寡頭政治（前四〇四－三年）、師ソクラテスの刑死などの激動を経て、以後十数年、遍歴時代を過ごす。前三八〇年代にアテナイに学園「アカデメイア」を興し、学頭としての運営と哲学の仕事に没頭する。八〇歳で亡くなるまで倦むことなく愛知の営みを続け、初期・中期・後期に分けられる約二七の対話篇を残した。本節以下では、このプラトンの思想に焦点を合わせ、その倫理思想史における独自の地歩を確認したい。

中・後期対話篇

具体的には、前節までに引き続きプラトン中期の代表作『国家』篇の正義論・徳論について再考し、他の中期対話篇（『パイドン』『パイドロス』『メノン』[104]『饗宴』等）、更には後期対話篇（『テアイテトス』『フィレボス』等）なども参照しつつ、エロース論、イデア論、霊魂不滅説などの核心とそれら相互の結び付きへと進んで、プラトンの倫理思想全体の鳥瞰図を描くことを目指したい。そしてそのことを通し改めて、前節の末尾に指摘したとおり、ギュゲスの物語に対するプラトンの解答がどこまで妥当性を有するのか、その射程を探りたいとも思うのである。

これらの対話篇は、主役は大抵ソクラテスになっているが、実際はプラトン自身の見解を述べていると考えられ、しかも彼の見解は、本章1節で参看した初期対話篇における史的ソクラテスの見解と、しばしば対立するように思われる。それでもプラトンがソクラテスという人物を対話篇の主役とし続けたのは、これらの対話がソクラテスの中心思想を擁護していると考えたためだろうが、実際には、その擁護のためにプラトンは、元来のソクラテスの思想をかなり改変しつつ、新しい思想を紡《つむ》ぎ出していると解し得るのである[105]。

5　徳と幸福

徳と幸福

ソクラテスによれば、人は、正義を行なえば、必然的に普通の意味で幸福になるのである。前節までで見た『国家』篇の第一巻には、そうしたソクラテスの考えの残滓があるが、二巻から九巻ではプラトンは、「正しい人々は不正な人々よりは幸福だ[106]」、という比較級の命題の方ばかり論じていた。つまり、正義が、普通の意味での幸福という、善い報いを必ずしも伴わないことを、ソクラテスに対立するとはいえ、プラトンの冷静な現実認識は無視することができない。しかし正義は、そうした意味での幸福をもたらすと否とにかかわらず、為さねばならぬのであり、それを為すこと自体が不正を為すことより、勝義の幸福をもたらすのだ、というのがプラトンの主張と考えられるのである。

この根底にあるのは、人間が誰でも目指すのは幸福（eudaimonia）だとする、英語で言うeudaemonism（幸福主義）的発想である。この点は、プラトンはソクラテスから継承するのである。そして徳が正当であると証明するためには、徳を為す人の幸福が何らかの意味で保証されることを示さねばならない、とプラトンは考えている。次のように言われる。

> 正しい人間については、たといその人が貧乏の中にあろうと、病の中にあろうと、その他不幸と思われている何らかの状態の中にあろうと、その人にとってこれらのことは、彼が生きている間にせよ、死んでから後にせよ、最後には何か善いことに終るだろうと考えねばならぬ。なぜなら、進んで正しい人になろうと熱心に心がける人、すなわち、徳を行なうことによって人間に可能な限り神に似ようと心がける人が、いやしくも神から等閑《なおざり》にされるようなことは、決してないのだから。（プラトン『国家』十巻、613AB）

問題はここで言われる「善いこと」すなわち、幸福の意味である。それは「貧乏」や「病」など普通には「不幸と思われている何らかの状態」においても成就する事態のようにも思われるのである。ではプラトンの所謂その勝義の「幸福」とは何なのだろうか。

この点を問い進むために、我々は予め、プラトンが理性と欲望の関係についてどう考えているか、その点を押さえておかねばならない。

理性と欲望

プラトン初期の『プロタゴラス』という対話篇の中で、恐らくこれは史的ソクラテス自身の考えと思われるが、ソクラテスはこういう意味のことを語る。あること（x）が他のこと（y）より善い、と思いなしている人は、決してyを選ばない、というのである。[107] それに対してプラトンはしかし、こうした思いなし（doxa、臆見）と選択の結び付きを信じない。例えば、健康のために酒を飲む（x）より、飲まない（y）方が善いと思いなしていても、欲望に負けてyを選び、飲んでしまうことがある。こうした理知に反する欲望の強さということをソクラテスは考慮に入れていない、というのがプラトンがソクラテスに対立するもう一つの論点と考えられる。[108] この論点をプラトンは『国家』篇などで展開するわけだが、そこから更に霊魂の色々な部分を分けて考えることになる。

> 一方の、霊魂がそれによって理《ことわり》（logos）を知るところのものは、霊魂の中の「理知的部分」と呼ばれるべきであり、他方、霊魂がそれによって恋し、飢え、渇き、その他もろもろの欲望を感じて興奮するところのものは、霊魂の中の非理知的な「欲望的部分」であり、さまざまな充足と快楽の親しい仲間であると呼ばれるのがふさわしい。（『国家』四巻、439D）

霊魂三分説

こうしたソクラテス批判の視点を更に一歩進めて、プラトンは本章第3節で見たとおり、霊魂の理知的部分、[109] 欲望的部分、[110] 気概的部分[111]を分ける霊魂三分説を主張するに至ったと考えられるのである。[112] すなわち、徳が純粋に認識に関わるというソクラテスの見解は、霊魂のうち、理知的でない部分を認めない間違いだ、というのがプラトンの考えとなるように思われる。そして霊魂の三つの部分と、ギリシア人のいわゆる「四元徳」とが密接に関わってくるというのが、プラトンの更なる理解となる。

非 - 理知的な徳の諸側面

すなわち、ギリシア人が最も重要な徳と見なす四つの「徳」、知恵（sophia）、勇気（andreia）、節制（sōphrosynē）、そして正義（dikaiosynē）のうち、知恵、節制、勇気はプラトンによれば、個人の霊魂の三部分それぞれの正しい機能と同一視され、そしてそれらの均衡が取れている人が、全体として正義の人だと考えられているのである。(114)

例えば勇気という徳は、「何が真に恐るべきものかについて、法律により教育を通して形成された考え方を保持し」(115)、忍耐をもってそうした考えを貫徹させる徳である、と言われる。ところが、霊魂の気概的部分が憤慨して然るべきなのに、謂れのない恐れによって憤慨しようとしないときには、この勇気の徳によって、霊魂の気概的部分が守られ、正しく憤慨することが可能となる。(116)

また節制の徳は、「様々な快楽や欲望を制御し」(117)、そして霊魂の欲望的部分に正しい位置付けを与えるものである。(118)

第三に知恵の徳は、霊魂の気概的、欲望的部分の適正な欲求を探り、理知的部分の適切な知識を要求する。(119) そして最後に正義の徳は、霊魂のそれぞれ三つの部分が、それぞれの課題を正しく遂行することを要求するものだというのである。(120)

このようにプラトンは、勇気における忍耐の要素、節制における秩序付けの要素等を扱うに際して、霊魂の気概や欲望の部分に着目する。ソクラテスは、初期対話篇『ラケス』や『カルミデス』などで、徳の中の非 - 理知的な要素に一旦言及しつつも、それを議論から落として行き、特に『プロタゴラス』篇に顕著なとおり、徳は全て煎じ詰めれば知恵に帰一すると考えた。[121] それに対して、『国家』篇等中期対話篇以降のプラトンは、こうした非‐理知的要素を掬《すく》い取ろうとする点でソクラテスと袂を別つのである。そして霊魂の理知的部分だけでなく非‐理知的部分の様々な特徴を、各種の徳と結び付けるのである。徳は相互に異なり、またそれぞれの徳に固有の訓練と行為が必要だということを、プラトンは特に後期の『ポリティコス』篇で強調している。

6　徳と正義

徳同士の相互作用

それでもプラトンは、次の点ではソクラテスに同意する。つまり、総ての徳を有している人が初めて一つの徳も持てるのであって、徳は相互に作用し合うという点である。[122] この点についてプラトンは、「霊魂」の「内的な行為」という、第四元徳、すなわち正義、をめぐる議論に基づいて説明している。[123] 以下、行為によって表される普通の意味での「外的正義」と区別して、人の霊魂の正義を「内的正義」と呼び分け、プラトンの徳と霊魂に関する議論を、もう一度整理し直しておこう。

「内的正義」は、霊魂のもっぱら理知的部分と関わる知恵、気概的部分と関わる勇気、欲望的部分と関わる節制など他の徳とは異なる。むしろ霊魂全体の理知的部分と非‐理知的部分の固有の関係を形成する徳と言えるだろう。すなわち、理知的部分の知恵に導かれて、霊魂のそれぞれの部分がそれぞれの課題を果たすように促すのが、「内的正義」の仕事なのである。[124]

例えば、霊魂の欲望的部分が過度に、金をもうけようとしたり、肉体的快楽を貪ろうとして、節制から逸脱するとき、理知的部分がそれは正しくないと判断し、また気概的部分が理知的部分の判断に勇敢に従って、こうした欲望に霊魂が支配されないように戦う。つまり人が霊魂の各部分を秩序付けて自らを支配し、調和を持った人間になるよう、そのことの配慮をするのが、霊魂の「内的正義」の仕事となるわけである。(125) このような意味で正義という徳は、知恵、勇気、節制といった他の徳を統合する働きを担うこととなる。

ひょっとすると人は、「内的正義」なしに、例えば罰を恐れて、表面上は勇敢な、あるいは節度ある、行為をすることもできるだろう。つまり「外的正義」の形だけ整えることは可能であろう。しかし正当な理由からそれらの行為を欲することができるのは、霊魂の各部分が適切な秩序を持っているときだけ、すなわち、「内的正義」が為されているときだけだということになる。(126)

正義の弁護

ここまで論じてくると、プラトンの所謂勝義の「幸福」とは何か、という、件の問いの答えも見えて来るであろう。それは、「内的正義」に基づき霊魂の調和と平安を得た状態と、定義できるように思われるのである。そして前章で見た「ギュゲスの指輪」の物語に対するプラトンの解答も結局のところ、このような意味で「内的正義」に基づく真の幸福を得た正義の哲人が、これと抵触するような、エロースや権力の欲望を満たし、〈外的不正〉に陥りがちな、普通の意味での幸福を、欲するはずがない、というものであったことが知られるのである。透明人間になったならば、人は誰でもしたい放題のことをする、それが人間の真実の姿だ、などというのは、内的正義に基づく真の幸福を知らない欲望的人間の戯言に過ぎないということになるだろう。

しかし次の点は、ここで改めて問うておく必要があるだろう。すなわち、こうした様々な欲望を満たすことなく、普通の意味での幸福を放棄する人は、結局不正な人に、よいようにあしらわれ、不利益を被るだけではないのか、それが果たして正義と言えるのだろうか、と。そしてこれは正に、『国家』篇第一巻でソクラテスの対話相手のソフィスト・トラシュマコスが危惧していた問題でもあったのである。[127]

お人好しの本尊のソクラテスよ、正しい人間はいつの場合にも不正な人間にひけをとるものだということを、次のようなことから考えてみるがよい。……正しい人間と不正な人間とが互いに契約して、共同で何かの事業をするとしたら、その共同関係を解くにあたって、正しい者の方が不正な者よりもたくさんの儲けにあずかることは、決してないだろう。正しい人の方が、決まって損をするのだ。（プラトン『国家』一巻、343D）

確かにこれは、行為によって表わされる正義、つまり「外的正義」に向けての疑問である。しかし「内的正義」を持った人が「外的正義」を自ずと実行するとプラトンが考えている限り、[128]両者は密接な関係にあるのであって、結局正義は正しい人に外的不正をもたらし、それが彼にとって善であるかどうか疑わしいことになるのではないか（問いA）。この点は決して蔑ろにできない問題のように思われるのである。そしてこの点に答えるためには、そもそも「内的正義」を持った人が何故「外的正義」を実行するのか（問いB）、また内的正義がもたらす究極の幸福とは、より具体的にはどのようなものなのか（問いC）、が明らかにされなければならないだろう。しかしプラトンは『国家』篇ではこれらの点を十分明らかにしてはいないのである。これらの点に答えようとしているのはむしろ、『国家』篇と同じ中期の対話篇『饗宴』（あるいは『パイドロス』）の、愛（erōs）についての議論、そしてまた後期の『フィレボス』篇の快楽についての議論なのである。ここで更に、プラトンのエロース論、さらには快楽論へと目を転じて、考察を補っておく必要がある。

7　愛と快楽

愛についての理論

プラトンの『饗宴』篇は、アテナイの悲劇作家アガトンの館で、一夜催された祝宴の模様を伝えるものだが、その宴の趣向として、出席者一人一人がエロースを讃える演説をする。そしてその最後に立ったソクラテスは、次のように語るのである。

「恋の働きとは、いったい何なのだろう(129)」。自分に恋の手ほどきをしてくれた女預言者ディオティマに聞いたところによれば、「それは、肉体的にも精神的にも美しいものの中に出産することなのである。(129)」。ところで何故出産を目指すかと言えば、「死すべきものとしてこの世にあるものにとって、出産は永遠不死にあずかることだから(130)」ということになる。そしてそれは、不死にあやかる神的なものであるから、醜いものとは調和せず、美しいものへと近づいて出産分娩するのだと、言われる(131)。

さてプラトンは、この不死にあずかる出産ということを、個人の同一性という問題にも類比的に当てはめている(132)。一人の人は生涯の間に様々に変化する。その性質も個性も、また記憶も目的もみな変化する。しかしこのように変化し、やがては死すべき人間自身が、忘却されがちな知識を復習によって新たな記憶へと生まれ変わらせることによって、不死なる同一性へとあずかって行く。個人の中においてすら、不死への熱意というものが存する、とこれを解することができるだろう。

しかし他者に向かって、より強くこの不死への熱意は燃え盛る、とプラトンは考える。肉体的には「現身《うつしみ》の子供(133)」の出産への熱意、また「それより遥かに偉大な(134)」熱意として、精神的に「知恵など諸々の徳(135)」を身ごもって、霊魂の美しく立派な者に向かって生み残したいという熱意、それが人間にはある、というのである。すなわち、エロースの道は、「年若いうちは、美しい一つの肉体に向かうところから始め[136]」、次いで「いずれの肉体の美も他の肉体の美と同類であること[137]」に気付いて、「一個の肉体に恋こがれる恋の、あの激しさを蔑《さげす》み軽んじ、その束縛の力をゆるめ」るに至る[138]、と言われる。そしてその段階に至るとむしろ「霊魂のうちの美は肉体の美よりも尊いと見[139]」、「霊魂の立派な者[140]」に恋することへと進む。そして先ず「諸々の知識へと彼を導き[141]」、更には彼が個々の美しさではなく、「美しさの大海原に向かい、それを観想し、力を惜しむことなく知を愛し求めながら、美しく壮大な言論や思想を数多く産み出し[142]」、そして究極的には「美を対象とする唯一特別の知識を観取する[143]」段階にまで至ること、そのことを意図するのである。そして、

> 色々の美しさを順序を追って正しく観《み》ながら恋（erōs）の道をここまで教え導かれて来た者は、今やその究極目的に向かって進んで行くとき、突如として、本性驚嘆すべき（thaumastos）、或る美を観取するにいたる。（プラトン『饗宴』210E）

ここでも古代の倫理思想に通底する「驚き」が語られるわけだが、その驚くべき「美」とは、「それ自身が、それ自身だけで、独自に、唯一の形相を持つものとして、永遠にあるもの[144]」であり、「諸々の、それ以外の美しいものは生成消滅していても、かの美の方は、何ら増大減少せず、いかなる影響もこうむらない[145]」、そのような美のイデアにほかならない。そしてこう結論付けられるのである。

> この地上の諸々の美しいものから上昇して行って、かの美を観はじめるとき、その者は、およそ究極のものに達したと申せましょう。（同書、211B）

フィチーノの注釈

この肉体の恋から精神の恋への飛躍に関連して想い起こされるのは、ルネッサンス期のプラトニスト、マルシリオ・フィチーノの注釈である。フィチーノは、コシモ・ド・メディチの庇護のもとに、初めてプラトンの全著作をラテン語に翻訳し、西欧世界に紹介した人文主義者だが、プラトンのエロース論注釈(146)の中で、次のように語るのである。すなわち、恋は「苛酷で苦しいもの」であり、「恋する者は既に死者である」、と。これは、意表をつく言い方だが、その意味は、こう敷衍説明される(147)。すなわち、恋する者はもはや一人で生きられず、常に恋人のことを思い続けている。ところが、既に独立に思考作用を営めないような精神は、もはや自力で生きていない、つまり死んでいるも同然である。しかし精神的な死を一度経験することによって、人は精神の存在に改めて気付き、そうして精神化された人間は、それまで日常的に見過ごしていた事柄に対する精神の目が開けて、鋭敏な感受性という恵みを与えられるというのである。恐らく美のイデアへの精神的な志向も、こうした肉体的な恋によって精神の死の危険を経験した、代償として与えられる恵みなのだというのが、フィチーノのエロース理解となるように思われるのである。

さてソクラテスに対し、このような「苛酷で苦しい」恋心をいだいた若者の一人に、美青年アルキビアデスがいた。アガトン邸での『饗宴』で、ソクラテスが自らのエロース論を美しく語り終え、宴が最高潮に達したところへ、このアルキビアデスが酩酊して乱入してくる。そして酔った勢いでソクラテスへの屈折した思いの丈を語り、それがソクラテスがその前に語っていたイデアへの恋心に極まるようなエロース論の真実性を裏書きする内容となって、この『饗宴』篇は見事な結構を結ぶのである。

エロース論の結論

いずれにせよ、ソクラテス、プラトンのエロース論[148]から導き出される結論として、いま倫理思想の観点から特に次の三点に注目しておきたい[149]。

（1）人と人との間の愛についてのこうしたソクラテスの評価は、プラトンの倫理思想においても重要な役割を果たしている。哲学者は、正義と美のイデアを、そして究極的には善のイデアに目覚める[150]。善き物事が善いのは、この善のイデアに基づくのである。ところが諸々のイデアに目覚めると、哲学者自身の生活だけでなく、また他の人々の生活にも、それらのイデアを再生産したいという欲求が生まれる[151]。哲学者は「支配権力を積極的に求めることが最も少ない人間[152]」ではあるけれども、この他者への愛のゆえに、「内的正義」の清らかな境涯に敢えて留まることをせず、理想の国家の統治者となって、他の人々にも善のイデアを再生産することを自ら欲するのである。そしてそれは「内的正義」からの逸脱ではなく、むしろその貫徹となると考えられる。

（2）こうした愛についての考えによって、霊魂の正しい人がなぜ他者に関心を抱くかの理由が呈示される。すなわち、霊魂の正しい人々は、相応しい人々に霊魂の正しさを再生産したいから、彼らに対して関心を抱くのである。霊魂の正しい人の「内的正義」は差し当たって、自らの将来についての関心であり、彼自身を益する。しかも彼が彼の「内的正義」を他者の中に再生産したいなら、他者の利益のためになされうる最善のことを彼はすることになる。霊魂の正しい人々は、他者に対するこの関心を持っているので、彼らは当然普通の意味でも、利他的行為をする正しい人だと主張できるだろう。それゆえプラトンは、「内的正義」の弁護が、「外的正義」の弁護にもなる、と主張するのである。なぜ「内的正義」の理知的な思慮が、「外的正義」を命ずるのか、すなわち行為によって表わされる他者への正義を命ずるのか、という懸案の問い（前節の問いB）に対する答えが、ようやくここに確認されるのである。

しかも「外的正義」として表わされた行為は、相手の非 - 理知的で不正な欲望に徒に追従するものではなく、霊魂の理知的な部分に対して、これを益するように働くものである。先に言及したアルキビアデスは肉体的な欲望を抱いてソクラテスにさそいかけるが、ソクラテスは何もせず、むしろ知への愛へとアルキビアデスをいざなうのである。こうした単なる欲望への追従の否定といった点をよりはっきりと言表しているのは、アリストテレスだが（特に10章参照）、前節で確認したような『国家』篇のトラシュマコス流の疑問（問いA）に、『饗宴』篇のプラトンは、必ずしもしからず、と答えているように思われるのである。すなわち、内的正義の探求は外的正義を蹂躙することにならないか、という疑問に対して、必ずしもそうではない、なぜなら、外的に不正な行為をしかけられて、唯々諾々とそれに従うのが、内的正義の人の取る態度ではないから、と答えているように思われるのである。

斯くして、『国家』篇の「内的正義」と「外的正義」の関係をめぐる疑問――「内的正義」を持った人が何故「外的正義」を実行するのか、また内的正義を多とする人は外的不正を被る人ではないか――は二つながらにして、『饗宴』篇において、一先ずその解答を見出すのである。

（3）更なる疑問――内的正義がもたらす勝義の幸福とは何か、という問いC――に対しても、それは突き詰めたところ、イデア、なかんずく善のイデアの観想であると、答えられることとなろう。このイデアについては、次節でその問題点ともども包括的に考察を加えることとするが、ここではその前にまだ、幸福を快楽論の視点から洗い直しておくことも必要であろう。

快楽と幸福

本章5節で見たとおり、正しい人々は不正な人々より幸福だ、と主張するプラトンは、『国家』篇第九巻で、正しい人は最も快楽を有する、とも語っている（本章3節（c）参照）。しかし彼は初期の『プロタゴラス』篇における ソクラテスのように、快楽＝善という単純な快楽主義[153]に戻るわけではない。プラトンによれば、霊魂の理知的部分は、それ固有の快楽を有するのであった[154]。そしてこの理知的部分の快楽は他の二つの部分――欲望的部分、気概的部分――の快楽より優れている。なぜなら欲望的、気概的部分の快楽は、「陰影でまことらしく仕上げられた〔舞台の〕書割の絵のような[155]」、偽りの快楽であるのに対して、理知的部分の快楽は「真実」で「純粋[156]」な快楽だから、と語られていたのである。欲望的、気概的部分の快楽は、快楽の対象の性質に、あるいは快楽についての偽りの思いなしに汚染されているので、真の幸福の要因たり得ない[157]。

この快楽についての分析は、後期の『フィレボス』篇において、一層展開される。そこでの重要な論点も、以下の三点にまとめて、顧みておきたい[158]。

（1）知性を欠いた快楽から成る人生は、原始的な動物の生であって、人間の生とは言えない[159]。本来の理知的活動の要素を含まぬような人生は、理知的存在としての人間が生きるに値しないものにすぎない。

（2）価値ある快楽を選び、そうでない快楽は避けるために必要なのは、知恵である[160]。悪い事柄の快楽を享受する者は、その結果のゆえではなく、それを享受するということ自体のゆえに、より悪くなる。つまり快楽の結果よりも、快楽それ自体に、価値判断が入って来るのである[161]。

（3）プラトンは幾つかの快楽のタイプについては、その偽りゆえに批判している。そうした快楽は偽りの思いなしに基づいており、それが快楽の価値を減じているというのである[162]。ある場合に人は、実際にはxは起こらないのに、xの快楽を期待してxを楽しもうとすることがある[163]。また別の場合、誤りはもっと複雑である。快適でも苦痛でもない生活を、苦痛がないからというだけで快楽と思い込むこともあるというのである。[164] 間違った快楽についての長い議論が展開されるが、要するにここでプラトンが示唆したいのは、知恵の導きのない快楽三昧の生が、善い生に至り得ないということにほかならない。

『フィレボス』篇の主たる議論は、『国家』篇で当たり前と考えられていた主張を根拠付けようとするものである。つまり、最善の生の基準としての理性に照らすと、なぜ或る特定の生き方を他の生き方より善いと判断できるのか、また特に、こうした基準が、欲望の満足のためにだけ捧げられた生を、なぜ排除するのか、を『フィレボス』篇は示そうとするのである。このように、善の構造について抽象的な問いを立てることにおいて、『フィレボス』篇は、次のアリストテレスの先駆となったと位置付けられる。[165]

8　霊魂とイデア

霊魂と肉体

いずれにせよ、快楽には偽りの快楽と真実の快楽があり、後者は、肉体の欲望を離れた、霊魂の理知的活動にこそ存するというのが、プラトンの基本の考え方となる。これは本章1節で見たように、肉体やその所有物よりも、霊魂のことを気遣え、と勧めるソクラテスの考え方と呼応し、そして霊肉二元論的な思想へと展開していく。プラトンによれば、人間は知性および思考力と同一視され、知性は不死だから、人間も不死であるとされる。肉体が物質的・知覚的で死すべきものであるのに対し、霊魂は非物質的、非知覚的で不死なるものなのである。霊魂は、感覚なしにイデアを知ることができ、イデアを好む。また霊魂は知覚され得ず、また破壊できない。そし

図2-3　アルキビアデス　悦楽の中からアルキビアデスを引っ張り出すソクラテス．レニョル筆　パリ，ルーヴル美術館蔵

てこの霊魂の理性的な知力によって、非理性的で肉体的な衝動や欲望を支配すべきだというのが、プラトンの強い信念なのである。(166)

さらに、この霊肉二元論的考え方を受け入れるとき、次のような二種類の倫理的結論が出て来ると、プラトンは考える。(167)

(1) 徳を形成しつつ、肉体から解放されるとき、我々は最終的に到達したい理想の状態に至る。ある種の人々は、物質的な利益があるから、表向きは勇敢だったり節制したり正しい行為をしたりする。しかし彼らは徳の「見せかけ」を有するに過ぎない。それに対して哲学者は、そうした見返りなしに徳を行なう。彼らは、徳がもたらすこの世的損益には頓着しないからである。そしてそれこそが真の徳なのである。(168)

(2) 哲学者は物質界に起こることに、あまり関心を持たない。というのは、彼らはイデアの観想に集中しているからである。(169)

プラトンへの問い

しかし我々はここで、素朴に次の点を問うてもよいだろう。すなわち、人は果たして純粋に理知的な霊魂なのだろうか、と。プラトンは、ソクラテスに対する批判にもかかわらず、やはり人間を知力と同一視しがちであり、結局それ以外の能力を等閑に付すこととならないか。しかしこうした人間観には疑問が残るのではないだろうか。たとい非理性的な衝動を取りまとめる理性が、人間の本質だとしても、だからといって、人間が衝動も欲望も持たない、純粋な知性だけであり得ないこともまた明らかだからである。(170)

以上、本章3節で見たギュゲスの物語による問題提起に対するプラトンの解答の妥当性について、他のテクストに視野を広げつつ、様々な方向性を持つプラトン思想の奥行きと射程を測って来たのだが、ここに至って余りに厳しい霊肉二元論・現世否定的な考え方に違和感を覚える人が多いのではないだろうか。その思いの幾つかを箇条書き風に列挙すると、以下のようになろうかと思われる。

まず勝義の幸福が内的正義の実現であり真の快楽であって、また理性的な霊魂の調和であるとしても、それはあくまで究極目的に過ぎない。それに至る以前に、人が様々な小目的を抱えて生きることを、等閑に付して済むのであろうか。

またプラトンは、独裁者のような極度に不正な人間の欲望といった極端な場合だけを想定するが、そうした極論ではなく、例えば飲み食いし愛するように、普通の市井の人間の倫理として、当たり前に追求し、それを満たせば消え、また新たに芽生えるような、そういう日常的でささやかな欲望をも、そう一概に否定し無視して済むのだろうか。

それは結局肉体の蔑視、知性一元論という、偏った人間の捉え方に淵源し、あるいは帰着するのではあるまいか。

あるいは、こうした現世と肉体を否定する厳しい禁欲的な教えに対して、肉体を持って現世に生きる者として、あるいは少なくとも霊と肉の総合として生きざるを得ない、ありのままの人間を捉える、そのような倫理思想があってもよいのではないか。

プラトンの倫理思想の探求は、詰まるところ、こうした諸々の問いと共に、自らの立場の選択を、読者に迫るもののように思われる。すなわち、究極目的のために、小目的を放擲すべきか、あるいは逆に究極目的など設定しないで小目的の達成にのみ意を用いるべきか、はたまた両方の目的の調停を考えて、両者の適切なバランスをこそ模索すべきか、その択一である。

ともあれこうした問いと難点については、プラトン自身、陰に陽に気にしていたようにも読めるのである。例えば『国家』篇第十巻[171]でプラトンは、霊魂は肉体が生きている限り、非理性的部分を持つが、肉体が死ねばそれらの部分を脱ぎ捨てることを示唆する。そしてそのような示唆を通して、第四巻の霊魂の三区分（本章3節、5節参照）中、理性的部分のみを、不死の信念と結び付けようとする。また同じく中期の『パイドロス』では、「天空高く翔け上が」ってイデアに向かう、「翼のそろった完全な霊魂[172]」ではなく、「翼を失った」霊魂においては、霊魂でありながら非理性的欲望を持つ、と考える[173]。

不死の霊魂の構造について、プラトン自身このように色々な説明を試み、現実の観察に矛盾しないよう、試行錯誤を繰り返しているようにも見えるのである。しかし終始、不死の霊魂のイデア観想による理性的調和という究極目的のために、この世の肉体的なものを捨象して行こうとする姿勢は、基本的に変わらないように思われる。

しかし我々はこうした厳しい現世否定的な考え方に付いて行けないからといって、これを否定しても仕方がない。それに従うと否とにかかわらず、ここでは、こうした徹底的な考え方の行き着く先と、その肯定的な側面とを、見定めておきたいと思うのである。

霊魂不滅説とイデア論

本章1節で見たとおり、ソクラテスは霊魂の不滅を信じて、アテナイの民衆の讒訴を引き受け従容として死についたわけだが、弟子のプラトンはその霊魂不滅について信じるだけでなく哲学的に証明しようと試みている。そしてその際重要な位置を占めているのは、イデア理解である。プラトンの倫理思想の様々な側面について論じて来たが、最後にその根底にある霊魂不滅説とイデア論の関係についてまとめ、その全体的な評価を定めて、結びに代えたいと思う。

イデア論との類比における霊魂不滅の証明は、中期の『パイドン』篇に詳しく出てくる。先ずそこでの議論の骨子をさらっておこう。

プラトンは先ずソクラテスをして、次のように言わしめている。「純粋な美そのもの、善そのもの、大そのもの、その他、総てそのようなものがあるという前提……に同意してくれるなら、霊魂が不死であることを示すことが出来ると思う[174]」、と。「そのもの」とはイデアを指すと言ってよい。そして対話相手たちはこの前提を認める。次に「美の臨在と言うか、共有と言うか、総ての美しいものは美によって美しいということ」に、「僕は単純に……そして恐らく愚直に固執する[175]」、と言われる。このようにして議論は始まるが、要するにプラトンがここで言いたいのは、イデアとそれが臨在するこの世の諸物との違いが何か、である。この世の諸物、例えば「シミアスは、ソクラテスより大きいが、パイドンより小さいと言う場合、シミアスの中に『大』と『小』の両方があると言っていることになる[176]」。同様に美しいものも相対的には醜くもなるだろうし、善いものが悪くなることもあるだろう。この世の物は相対的であり変化し、矛盾を孕んでいるのである。しかし美そのものが、美であると共に醜であったら、それは美そのものとは言えなくなってしまう。善のイデア、大のイデア等々についても、同様である。とするとこの世の事物に対するイデアの排他的な特色は、「自分と反対の性質になろうとは決してしない」[177]という点にあるということができるだろう。このように論じた後、プラトンの議論はかなり問題含みとなるが[178]、先ずはそのまま大筋をたどってみよう。

雪は冷たさというイデアを分有するが、「熱さを受け入れて、雪であり続けることはない。……つまり雪は、熱さが近づくと、退散するか、消滅してしまう」[179]。火と冷たさの関係も同様である。要するにプラトンはここでは、イデアならぬ雪や火なども、「自分と反対の性質になろうとはしない」と主張するのである。こう論じて、いよいよ霊魂不滅の証明へと進む。

先ず、肉体が生命を持つのは、肉体の中に霊魂が生じるからである、と言われる[180]（この議論の背景については後述）。ところが生命のイデアを分有する霊魂は、生命に反するもの、つまり死を[181]、絶対に受け入れない。先の雪との類比で言えば、霊魂は、死が近づくと「退散するか、消滅する」はずである。ところがこれが、消滅することはあり得ない。なぜなら生命の原理である霊魂は不死だから[182]。とするならば、霊魂は死が訪れると不滅のまま、この世を退散するに過ぎないこととなる。こうして霊魂の不滅が証明された、とプラトンは結論するのである[183]。

『パイドン』篇の中でプラトンは、霊魂不滅の証明をこの他にも都合三つ試みており[184]（①生から死への運動を補う、死から生への生まれ変わりの運動があるべきだとすれば、霊魂は不滅なはずである。②知が想起によるとすれば、霊魂は前世から不滅なはずだ[185]。③完全なものと同様霊魂は不可視的だから、完全なものと同様不滅なはずである）[186]、イデア論との類比における上述の証明も、これらを補完する一つの試論に過ぎない、と位置付けるべきかも知れない。

また霊魂が生命の原理だというのは、研究者の指摘するとおり、霊魂を表わすギリシア語psychē、ヘブライ語rūah、ラテン語anima、spiritusなどが何れも元来「息」を意味することと呼応しているのである。[187] すなわち、「息をする」ことが「生きている」ことの印である限り、霊魂=息を当然生命の原理と考える、そのような古代的発想に則っているのである。

しかし、仮にこうした全体の文脈の含蓄や、現代人とは異質の思考枠が前提とされていることを認めたとしても、次の諸点だけでもこの証明の信憑性は危うくされているように思われる。すなわち、この世の事物に対してイデアだけは「自分と反対の性質になろうとは決してしない」と最初言いつつ（先ほどの要約では省略したいくつかの限定を実際には設けているとはいえ）、結局この世の事物である雪や火なども「自分と反対の性質になろうとしない」と主張される点、そしてまた霊魂の不死を前提にすれば、その不滅を導き出すことは容易であろうが、この前提そのものの当否が充分に検討されてはいない点、等々である。

イデア論の難点

このようにイデア論との類比における霊魂不滅の証明は、必ずしも十全の説得力を持たないように見えるのだが、それはそもそもイデア論そのものの問題性と関係して来る。イデアだけが「反対の性質」にならないものなのか否かが曖昧だったが、曖昧なのはその点だけではない。先に「美」「善」「大」「その他、総て」についてイデアがあるように語られていたが、「醜」とか「悪」といった否定的価値についてもイデアはあるのだろうか。また「人間」「馬」といった自然物から、「髪の毛」や「汚物」といった不完全なものに至る、「総て」にイデアがあるのだろうか。この点についてプラトンは、どの対話篇においても明確には規定していないのである。[188]

加えて、いわゆる「第三人間論」の問題がある。例えばソクラテス、プラトンなど多くの人が「人間」（Ⅰ）

と呼ばれるとき、彼らに共通する人間そのものとして「人間」のイデアが措定される。このイデアも「人間」(Ⅱ)と呼ばれる。するとⅠとⅡに共通するイデアとして「人間」(Ⅲ)が措定され、更にそれらに共通するイデア(Ⅳ)(Ⅴ)……という風に無限に増殖して行く。こうして一旦イデアを措定すると、イデアの数は無限に増えて行くという問題が生ずる。[189] これは、アリストテレスが『イデアについて』の中で用いた議論だと報告されているが、実はプラトン自身、「総て」にイデアがあるのか、という先の問題ともども、後期への過渡期の作品である『パルメニデス』の中で先取りし、考慮ないし苦慮している問題なのである。[190]

倫理学の問題に限定しても、『ニコマコス倫理学』の中でアリストテレスはプラトンのイデア論を、例えば次のような観点から批判している(詳しくは次章参照)。

(1)「善」は、性質、関係、場所など様々なカテゴリーにおいて語られるから、普遍的なイデアではありえない。

(2)たとい善のイデアがあるとしても、それについての知識が、機織りや大工の技術をどれだけ改善するかを詳らかとしない。

このうち(2)の点は微妙だが、イデアを自覚した人は他者への配慮に目が開くので、己の技術を少なくとも善く用いることができるようになる、という点にプラトンの真意はあるように思われる。そしてそれは倫理的に重要な論点と言うべきであろう。

それに対し(1)は、第三人間論と結び付ければ、次のような批判となるだろう。すなわち、「善のイデア」は普遍概念であって、その普遍概念を実体化してはいけない、という批判である。「人間」はソクラテスやプラトンに共通の普遍的本質だが、それが人間「そのもの」として個々の人間を離れて存在しなければならないとする理由はないし、そう仮定すると人間のイデアは無限に増えて行かざるをえない。量について「適度が善い」と語られる場合と、時間について「好機が善い」と語られる場合に、共通の「善」のイデアを措定する必然性はないし、それを措定すると善のイデアは無限に増えて行くだけである。そしてこれは、近代的に言えば、「普遍概念の実体化」という誤謬を犯しているという批判となるであろう。[191]

イデア論の超越性

このように見てくるならば、イデア論の何が批判さるべきか、が明瞭になって来たはずである。従来それはその後の西洋思想を支配する二世界論ないし二元論の淵源として批判される傾向があった。つまりイデア界とイデアを分有する世界、理性によって把握される見えない世界と、感覚によって捉えられる見える世界の二元論である。[192]前者は超越存在の世界、後者は生成変化の世界とも言い換えられる。この発想は、人間に関しては、霊魂と肉体の心身二元論として類比的に論じられた。そして感覚に引かれて生成変化をさ迷う運動を避け、できる限り肉体の欲望を殺し、純粋に霊魂となって不変の超越へと向かうのが、哲学者の生き方として称揚された。[193]「哲学とは死の練習（meletē thanatū）」[194]と言われる所以である。そしてこうした現世と肉体を否定する厳しい禁欲的な教えに対し、肉体を持って現世に生きざるを得ない、ありのままの人間の復権を企図した倫理学、それが『ニコマコス倫理学』だったという側面はあるだろう。しかしアリストテレスも『ニコマコス倫理学』末尾の第十巻においては、この世界を越えた超越的な善ないし神の観想を謳い上げていることを考えると、イデア論の超越性を批判することが、アリストテレスの本意であったとは考え難い。むしろ抽象的普遍概念の実体化こそが、その批判の中心であったと解するのが妥当なように思われるのである。[195]

プラトン自身、現世と肉体の厳しい否定に向かう「死の練習」の議論を補足するように、むしろイデアへの愛という肯定的な「想起（anamnēsis）」の説によってイデア論を美しく変奏してもいる。[196] そこにはアリストテレスにも通ずる超越的なものへの憧れと思いが、現世の人に如何に出来するか、その間の事情について、詩情豊かに謳われているのである。愛知の営みの根源を告白するかのような『パイドロス』の一節を引用して、イデア論の肯定的な側面を押さえておきたい。

　ひとり知を愛し求める哲人の精神のみが翼を持つ。なぜならば、彼の精神は、力の限りを尽くして記憶を呼び起こしつつ、常にかのもののところに——神がそこに身を置くことによって神としての性格を持ちうるところの、そのかのもののところに——自分を置くのであるから。人間は実にこのように、想起のよすがとなる数々のものを正しく用いてこそ、常に完全なる秘儀にあずかることとなり、かくてただそういう人のみが、言葉の本当の意味において完全な人間となる。しかしそのような人は、人の世のあくせくした営みを離れ、その心は神の世界の事物とともにあるから、多くの人たちから、狂える者よ、と思われて、非難される。だが、神から霊感を受けているという事実の方は、多くの人々には分からないのである。

　……人がこの世の美を見て、真実の美を想起し、翼を生じ、翔け上ろうと欲して羽ばたきするけれど、それができず、鳥のように上の方を眺めやって、下界のことをなおざりにするとき、狂気であるとの非難を受ける。……。だがこの狂気こそは、総ての神がかりの状態の中で、最も善きものなのである。……

　人間の霊魂は、どの霊魂でも、生まれながらにして、イデア（ta onta：真実在、有）を見て来ている。……しかしながら、この世のものを手がかりとして、かの世界なるイデアを想起するということは、必ずしも総ての霊魂にとって容易なわけではない。ある霊魂たちは、かの世界の存在を見たときに、それをわずかの間しか目にしなかったし、また或る霊魂たちは、この世に堕ちてから、悪しき運命にめぐり合わせたために、ある種の交わりによって、道を踏み外して正しからざることへと向かい、昔見た諸々の聖なるものを忘れてしまうからである。そういうわけで、結局、その記憶を十分に持っている霊魂はといえば、ほんの少数しか残らない。これらの霊魂たちは、何かかの世界にあったものと似ているものを目にするとき、驚嘆し(ekplēttō)、もはや冷静に自分を保っていられなくなる。だが彼らは、それを十分に認知することができないため、何が我が身に起こったのか分からない。

確かに「正義」といい、「節制」といい、またその他、霊魂にとって貴重なものは数々あるけれども、この地上にあるこれらのものの似像の中には、何らの光彩もない。ただ、ぼんやりとした器官により、かろうじて、それもほんの少数の人たちが、それらのものを示す似像にまで到達し、この似像がそこから象《かたど》られた原像となるものを、観得するに過ぎないのである。けれども「美」は、あのとき、それを見た我々の目に燦然と輝いていた。……そのときは、清らかな光を見た我々もまた清らかであり、肉体(sōma)と呼ぶこの霊魂の墓標(sēma)……に、未だ葬られずにいた日々のことであった……(プラトン『パイドロス』249c–250c)

引用は長くなったが、プラトンの中でも最も感銘深い章句の一つがここにあるだろう。この後も、かつて見た、しかし今はそのままそれを見ることのできない真実在・イデアへの、うずき狂おしいような「恋ごころ(erōs)」こそが哲学であると、美しい人への恋愛の描写と二重写しにした、纏綿《てんめん》とした語りは続くのである。[197] その叙述は、哲学の原風景を活写して、現代の我々の心をも打つ衝迫力と、そしてまた或る郷愁を、併せ持つもののように思われるのである。[198]

驚き

以上から我々は、イデア論から批判すべき点と受け継ぐべき点を弁別すべきことに思い至るだろう。すなわち、普遍概念の実体化は取り除き、しかしいやしくも哲学の道に共通する、このような超越に恋こがれる思いは残さねばならない。そうした超越への思いは、ソクラテス前の哲学者たちからソクラテス、プラトンを経て、アリストテレスにも受け継がれて、倫理思想の底流となる。『パイドン』篇の先に引用した部分に先立って、プラトンはソクラテスをして次のように告白せしめている。

> 実に僕が驚く（thaumazō）のは、両者が互いに別々にあるときはそれぞれ1であって、……互いに近くに置かれて一緒になったということが、両者が2になる原因になったという点だ。（プラトン『パイドン』97A）

これは、本書の序論で言及した『テアイテトス』篇の中の有名な言い方、

> 驚き（thaumazein）の心こそ、知恵を愛し求める者の心なのだ。つまり、愛知（philosophia 哲学）の始まりはこれより他にない。（プラトン『テアイテトス』155D）

という言い方と呼応し、更には『パイドロス』篇で、前世で見たイデアの想起（anamnēsis）について語られていた、件の箇所に通ずるのである。つまり、

> ほんの少数の霊魂たちは、何かかの世界にあったものと似ているものを目にするとき、驚嘆し（ekplēttō）、もはや冷静に自分を保っていられなくなる。（プラトン『パイドロス』250A）

すなわち、「驚き」の心は哲学の始まりであり、またアテナイ人たちの有罪の判決に服することが「善」であ

り「義」であるという驚くべき判断へと、ソクラテスを導くものでもあった。なぜなら、ソクラテスのところで見たとおり、倫理的行為の「真の原因」[199]をめぐって、常識を打ち破るのが「驚き」にほかならないからである。その意味で「驚き」は実践哲学の始まりにも厳としてある。そしてそれは突き詰めたところ超越的なイデアへの驚きともなるのである（前掲『饗宴』210Eのいわゆる「本性驚嘆すべき（thaumastos）、或る美」[200]）。

こうした「驚き（thaumazein）」はまた、序論で見たとおり、アリストテレスが『形而上学』[201]の中で哲学の始まりとして指摘する点でもあった。我々は次に、師のプラトンをそのイデア論において批判し、この世界の事実の分析から倫理学の体系を構築することを試みつつも、この超越への熱い思いと驚きを秘めたアリストテレスへと、考察を進めなければならない。

プラトンの倫理思想は、断片的であり、各時期の著作に散在していて、それら相互の生成と変容、脈絡と位置付けの問題とも絡んで、その大体の鳥瞰図を内在的に描き、また問題の所在を確認するだけでも、容易ではなかった。それに対しアリストテレスの倫理学は、編集等の問題は残るが、基本的には見事な体系をなしており、ギリシアの倫理思想の整然とした集大成と見なしうる。以上、プラトンの、各時期の対話篇の中で、多岐にわたって、また或る意味では切れ切れに素描されていた問題事象も、次章で、アリストテレスの体系的叙述に沿って、整理し直し展開することを期したいと思う。

注

（1）プラトン『ソクラテスの弁明』24C。
（2）同書、21A。
（3）同書、21B。
（4）同。

(5) 同。
(6) 同書、21D。
(7) 同書、23B。
(8) 同書、23BC。
(9) 同書、22E-23A。
(10) 同書、21D。
(11) したがって三嶋輝夫訳『ソクラテスの弁明』訳注では、kalon kagathon を「立派なこと」と訳す可能性も指摘している（講談社文庫、一九九八年、九〇頁、注（30））。
(12) 岩田靖夫『西洋思想の源流』放送大学教育振興会、一九九七年、一三七頁。
(13) プラトン『テアイテトス』150A-C。
(14) 岩田前掲書、一三七頁。
(15) プラトン『ソクラテスの弁明』23D。
(16) 同書、24C。
(17) プラトン『国家』篇第七巻15-18、535A-541B。
(18) 『ソクラテスの弁明』24C。
(19) 同書、26C。
(20) 同書、27C。
(21) 同書、27D。
(22) 同書、27DE。
(23) 同書、31D。
(24) 同書、40A-B。
(25) 同書、40C。
(26) 同書、40A。
(27) 同書、41C。
(28) プラトン『クリトン』48B。
(29) プラトン『ゴルギアス』512D も併照。
(30) プラトン『クリトン』、49B。
(31) 同。
(32) 同書、49C。
(33) プラトン『メノン』71E 等参照。
(34) 岩田前掲書、一四二頁。なおこのような「復讐を……超克する思想を語ったのは、論者の知るかぎり、……イエスを別にすれば、ソクラテスだけ」（一四三頁）と言われるが、本書4、5、9章で見るとおり、旧約も意外なことに、こうした思想についてしばしば語っている（『レビ記』一九章17-18節、『箴言』二五章21-22節、『イザヤ書』五二章13節-五三章12節。関根清三『旧約聖書の思想　24の断章』岩波書店、一九九八年、二一五-二一九頁［講談社学術文庫、二〇〇五年、二六九-二七四頁］併照）。
(35) 加藤信朗『ギリシア哲学史』東京大学出版会、一九九六年、一一五-一一六頁、その他通説によれば、ここはソクラテス自身の言葉というより、プラトンの自然学批判である。プラトンとソクラテスの分け方については、本章4節参照。
(36) プラトン『パイドン』97C。
(37) 同書、98B。
(38) 同書、98BC。
(39) 例えば、『世界の名著6　プラトンI』中央公論社、一九七八年、所収の池田美恵訳『パイドン』五五七頁訳注参照。

(40)『パイドン』98E、99B。

(41) 同書、98E。

(42) キケロ『トゥスクルム論叢』第五巻4の10。

(43) 例えば、岩田前掲書、一三五頁の優れた叙述を参照。

(44) 前掲『パイドン』99BC。

(45)『プロタゴラス』『ゴルギアス』『テアイテトス』そして『国家』等参照。

(46)『国家』一、338C。

(47) 内山勝利編『ソクラテス以前哲学者断片集』第Ⅰ分冊、岩波書店、一九九六年、Ⅴ巻、一一五頁以下に集められている他の断片では、特にこうした主張は認められない。

(48)『国家』一、338E。

(49) 同。

(50) 同書、一、341A-342E。

(51) 同書、一、343A。

(52) 同。

(53) 同書、一、343D。

(54) 同書、一、336C。

(55) 同書、一、344A。

(56) 同。

(57) 同書、一、344A-C。

(58) 同書、一、349A。

(59) こうしたソフィストの欺瞞を暴くため、プラトンの後期対話篇『ソフィステース』は、彼らの誤謬を追及し、その際限のない非存在（to mē on：256E）性を剔抉する。Th・ボーマンは、これを、ヘブライの預言者や詩篇に多用される虚偽（šeqer）、空無（hebel）等の諸語と比較し、ここでは特に両者の共通性に注目する。すなわち、何の実在性も持たず、価値を生み出さない虚無性である（『ヘブライ人とギリシア人の思惟』[Th. Boman, *Das hebräische Denken im Vergleich mit dem Griechischen*, 1954. 2. Aufl.]（上田重雄訳）新教出版社、一九五七年、八五－八九頁参照）。

(60)『断片集』第Ⅴ分冊、四三頁以下。

(61) 同書、二八頁、B1。

(62) G.B.Kerferd, *The Sophistic Movement*, 1981.

(63) ギリシアの倫理思想史全般に目配りして、ノモス対フィシスの問題を概観した論考としては、三嶋輝夫「ノモスとピュシス——その倫理的意味」同『規範と意味——ソクラテスと現代』東海大学出版会、二〇〇〇年、三－三三頁参照。

(64)『国家』五、474A。

(65) 同書、五、474B。

(66) 同書、二、358E-359B。

(67) トゥキュディデス『戦史』五巻、105。

(68) プラトン『ゴルギアス』、特に482C以下。

(69) F・ニーチェ『道徳の系譜』[F. Nietzsche, *Zur Genealogie der Moral*, 1887] 第一論文「『善と悪』・『よいとわるい』」（木場深定訳）岩波文庫、一九四〇年。

(70)『国家』二、358C。

(71) 同書、二、359D以下。

(72) 同書、二、360D。
(73) 同書、二、360C。
(74) 同書、二、360D。
(75) 同書、二、360E。
(76) 同書、二、361D。
(77) 同書、二、362A。
(78) 加藤前掲書、一三九頁等参照。
(79) 『国家』八巻。
(80) 同書、九、576E。
(81) 同書、九、577C。
(82) 同書、九、577E-578A。
(83) 同書、九、576E。
(84) 同書、九、577D。
(85) 同書、九、580BC。
(86) 同書、四、435B-441A。特に439D 以下。
(87) 同書、四、439D、441C、442B。
(88) 同書、四、439D。
(89) 同書、四、439E-441C。
(90) 同書、九、581A。
(91) 同書、九、581AB。
(92) 同書、九、580CD。
(93) 同書、九、583C。
(94) 同書、九、583DE。
(95) 同書、九、584E。
(96) 同書、九、586AB。
(97) 同書、九、586BC。
(98) 同書、九、586CD。
(99) 同書、九、586E-587A。
(100) 同書、九、587B-588A。
(101) プラトン『ゴルギアス』493E。
(102) 『ゴルギアス』494C。
(103) 『国家』九、572B。
(104) 初期に帰する場合もある（井上忠他『西洋哲学史』東京大学出版会、一九六五年、二八頁、斎藤忍随『プラトン』岩波新書、一九七二年、一八八頁等）が、T. H. Irwin, *Art : Plato, in : Encyclopedia of Ethics, II*, 1992, p.973、加藤前掲書、六七頁等に従って中期とする。
(105) このような視点からソクラテスとプラトンの対照を浮き彫りにする代表的な例が、T. H. Irwin, *Plato's Moral Theory*, 1977. およびその叙述をコンパクトにまとめた同じ著者の *Art : Plato, in : Encyclopedia of Ethics, II*, 1992, pp.970-978. である。後者の p.971によれば、特に以下の諸点において、ソクラテスとプラトンは見解を異にすると想定される。（1）ソクラテスは、徳が幸福を得るために十分であり、有徳の人は真の害を被ることはない、と考えた。プラトンはそれに対し、有徳が普通の意味での幸福をもたらすとは限らないとし、有徳であること自体、不徳であることよりは幸福だ、という比較級の命題しか信じていない。（2）プラトンによれば、徳はそれ自身目的であって、幸福に至る手段ではない。しかしソクラテスはここまではっきりとは主張しない。

（3）ソクラテスは徳を知と同一視し、無知で自制心がないことを批判したが、プラトンはこの批判にくみしない。プラトンにとって、徳は知識以上のものなのである。また徳は単一ではなく、理知的でない様々な欲望に対応する様々な徳や悪徳があるというのが、プラトンの考えとなる。（4）徳と幸福が一致するというソクラテスの説をプラトンは拒否するので、中期の『国家』篇で提出された正義の弁護は、幾つかの中心的な論点で、初期の『ゴルギアス』の議論とは異なっている。プラトンはまたこの中期に、特に『饗宴』において愛の教説を先に進めた。すなわち、自分自身の善に対する理性的な関心は、他の人々の善に対する関心と関わることを説いたのである。（5）初期の『プロタゴラス』や『ゴルギアス』における快楽と善についてのソクラテス流の考察を、プラトンは『国家』第九巻と後期の『フィレボス』で、展開し推敲し直している。ここで彼は、快楽主義も、快楽主義の極端な否定も、共に拒否するに至る。（6）ソクラテスは霊魂不滅を信じたが、それを証明するには至らなかった。プラトンは、その関心を受け継いで、中期の『パイドン』篇で霊魂不滅の哲学的論証を試みる。また同じく中期の『パイドロス』篇で彼は、倫理的な関心事の焦点は霊魂の不死だと主張する。そしてこの不死性や霊魂を、非理性的な欲望や、そうした欲求を持った肉体と、対置させるのである。

　なおプラトンの初期対話篇の思想をソクラテスの思想と同一視するだけでは済まず、そこには後のプラトンの思想の萌芽も豊かに含まれていることを主張する代表的な研究としては、加藤信朗『初期プラトン哲学』東京大学出版会、一九八八年、がある。

(106) 『国家』一、347E、352D、九、576B－592B 等参照。

(107) 『プロタゴラス』357A 以下。

(108) 『国家』四、438A-439D。

(109) 同書、四、439D、441C、442B。

(110) 同書、四、439D。

(111) 同書、四、439E-441C。

(112) 同書、四、435B-441A。特に439D 以下。

(113) 同書、四、427E。

(114) 同書、四、443DE。

(115) 同書、四、429C。

(116) 同書、四、429A-430C、441E。

(117) 同書、四、430E。

(118) 同書、四、430D-432A、442D。

(119) 同書、四、428A-429A、442C。

(120) 同書、四、441D-442B。

(121) 初期の『ラケス』192B-E、194CD、『カルミデス』159B参照。なお同じく初期の『ゴルギアス』507AB も併照。

(122) 『プロタゴラス』329E。Cf. T. H. Irwin, ibid., p.974ff.

(123) 『国家』四、443C-444A。

(124) 同書、四、441D-444A。

(125) 同書、四、443DE。

(126) 四元徳は、このように善く秩序付けられた霊魂の諸側面ということになる。霊魂の理知的部分の正しい判断は、我々を賢くする（知恵）。非‐理知的な欲望を、理知的な欲望に服せしめるとき、我々は節度を持ち（節制）、勇敢になる（勇気）。霊魂の各部分が適切な関係を保ち、それぞれの課題を果たすとき、「内的正義」が生まれる。このように諸々の徳は、理知的で思慮深い霊魂から生まれるのである。

(127)『国家』一、343C, 二、367C。

(128)同書、四、442D-443B。

(129)プラトン『饗宴』206B。

(130)同書、206E-207A。

(131)同書、206CD。なお斎藤忍随『プラトン』（岩波新書、一九七二年、七五頁）は、このように性愛の喜びの根拠としてプラトンが「不死」への願いを挙げることに関し、次のような含蓄ある注釈を加えている。すなわち、「『不死』への願いは、現代のセックス理論家たちに、最も欠けているファクターのように思われる。現代は、余りにも知的意味でスレッカラシになり、こうしたファクターを口にする正直さと勇気を失ったのだろうか。その点で、プラトンの方が遥かに素朴、健康であり、しかも厳粛であると言うべきだろう」、と。

(132)同書、207D-208B。

(133)同書、209C。

(134)同。

(135)同書、209AB。

(136)同書、210A。

(137)同書、210AB。

(138)同書、210B。

(139)同。

(140)同書、210C。

(141)同。

(142)同書、210D。

(143)同。

(144)同書、211AB。

(145)同書、211B。

(146)M.Ficino, *Commentarium, Oratio Secunda*, VIII, 1985

(147)斎藤前掲書、八一頁以下参照。

(148)プラトン『パイドロス』250E-256D も併照。

(149)Cf. Irwin, ibid., p. 976.

(150)『国家』六、504E-506B。

(151)同書、六、500A-C。

(152)同書、七、520D。

(153)『プロタゴラス』354C 等の、善とは快楽のことであり、悪とは苦痛のことだといった快楽主義は、『プロタゴラス』篇以外では、ソクラテスの厳しく排除する考え方である（『ゴルギアス』495E 以下。なお中期になるが『国家』六、509A も併照）。そこでこのソクラテスの議論は本気で真面目なものとは見なさない学者も少なくない（J. & A.M. Adam, *Plaatonis Protagoras*, 2010 p.xxxi）が、単なる快楽主義ではなく、快楽を知識によって計量し節制することの徳が語られている限り、知性主義的な快楽主義という点で、ソクラテス独自の思想だと見なすことも出来よう（藤沢令夫訳『プロタゴラス』岩波文庫、一九八八年、解説、一九九頁等参照）。

いずれにせよ『国家』篇における、霊魂の理知的部分の固有の快楽を論ずる視点は未だ出て来ない。

(154)『国家』九、580DE。

(155)同書、九、583B、586B。

(156)同。

(157)同書、九、583C-586C。

(158)Cf. Irwin, ibid., p. 976f.

(159)プラトン『フィレボス』21C。

(160)同書、12C-13D, 28C-31A。

(161)これは言うまでもなく、現代の自由主義的個人主義が認める愚行権（他者に迷惑をかけない限り、個人の責任で何をしてもよい権利）と対立する考え方である。なおアリストテレスは、本書第3章9節で詳述するとおり、プラトンらのこうした快楽論が、快楽それ自体の是非を論ずるだけで、快楽がそれに伴うところの活動の倫理的性質に依存していることを見ていないと、批判している。またアリストテレス的徳論の復権を企図する、現代の共同体主義者、マッキンタイアは、「アリストテレス的伝統は、私たちの道徳的・社会的態度とコミットメントに理解可能性と合理性を回復する仕方で述べ直されうる」と述べ、それに対し「三世紀にわたる道徳哲学と一世紀にわたる社会科学の努力にもかかわらず、依然として私たちは、自由主義的個人主義者の観点についての何らかの首尾一貫した合理的に擁護可能な言明を欠いている」（『美徳なき時代』[A.MacIntyre, *After Virtue*, 1981] 篠崎栄訳、みすず書房、一九九三年、三一六頁）と批判する。人間をアトム的な個体と見る自由主義（liberalism, libertarianism）と、共同体に帰属するものとみなす共同体主義（communitarianism）の対立についての明快なまとめとしては、加藤尚武『現代倫理学入門』講談社学術文庫、一九九七年、一七九－一八八頁参照。

(162)同書、32B-50E。

(163)同書、32B-40E。

(164)同書、42C-44A。『国家』九、583B-584C。

(165)Cf. Irwin, ibid., p. 977. なお知恵に秀でた哲人の政治においては、民衆が真に価値ある理知的快楽を選ぶことへと進むべきこととなるが、その際想起されるのが、現代の政治哲学・科学哲学の碩学カール・ポパーのプラトン批判である。彼は、ナチズムの脅威の中で『開かれた社会とその敵』（一九四五年）を書き、プラトンの政治理念には、快楽の内容も統制する全体主義者の階級支配の要求がある、と批判した。これに対しては、プラトン研究者たちから、よりプラトン内在的な反論が種々あるけれども（R.Bambrough, *Plato, Popper and Polotics*, 1967; 斎藤前掲書、一一〇頁以下；佐々木毅『プラトンの呪縛』講談社、一九九八年、一八五頁以下等）、今その点に立ち入ることはできない。ただ一つ注意しておきたいことは、ポパーは自由主義・民主政治の擁護を試みているわけだが、民主政治そのものへの懐疑の視点がプラトンの基調にはあるという点である。例えば、民主政治は、民衆の自由を謳歌し、浪費的欲望を助長させ、「慎み深さ」をお人よしの愚かさと呼び、「節制」を勇気の欠如と称し、

「中庸と倹約」を野暮とか賤しさだとか理屈をつけて、それらを追放する（プラトン『国家』第八巻 560D）。逆に「傲慢」を育ちの良さと勘違いし、「無統制」を自由とはきちがえ、「浪費」を度量の大きさ、「無恥」を勇敢とほめたたえる（同 560E）。こうして育った青年は、その時々の欲望にふけって、生きて行く。ある時は酒に酔いしれ、ある時は痩せようとして水ばかり飲んだり運動したり。またひたすら怠けたり、哲学にふける真似をしたり。たまに政治に参加し思いつきを語ったかと思うと、軍人や商人を羨ましく思って、今度はそちらにふらふら。こうして彼の一生には秩序もなければ必然性もない（同 561CD）。こうした風潮は無政府状態を生み、父は子を恐れ、子は父を恐れない。教師は生徒を恐れてご機嫌をとり、生徒は教師を軽蔑する。年長者は若者に迎合し、軽いのりで人当たりの良い人間となる。というのも、面白くない人、権威主義者、と思われないがために（同 563AB）。民衆はすっかり軟弱敏感となって、ほんのちょっとの抑圧でも課せられると、我慢せずに怒り出す。そしてどんな主人も自分の上にいただくまいとして、法律すら顧みなくなる（同 563D）。しかも事ここに至ると、過度の自由は野蛮な隷従への憧れを生み、僭主独裁制に容易に転化しがちなのである（同 563E–564B）。以上がプラトンの民主政治の悪弊についての描写の一端である。ここには、ペリクレス後のアテナイの民主政治の混乱を目の当たりにして育ったプラトンの鋭い現実観察が、生き生きとした筆致で報告されているのである。あるいはこの観察はそのまま、現代の民主政治の的確な病理分析となっているのではあるまいか。

(166) 『パイドン』94C–E、『国家』四、441BC。
(167) Cf.Irwin, ibid., p. 976f.
(168) 『パイドン』67E–69E、プロティノス『エンネアデス』i2. 2-4。
(169) 『テアイテトス』173C-177A、プロティノス『エンネアデス』i2. 5-7。
(170) Irwin, ibid., p. 978.
(171) 『国家』十、611B–612A。
(172) プラトン『パイドロス』246B。
(173) 同書、246AB。
(174) プラトン『パイドン』100B。
(175) 同書、100D
(176) 同書、102B。
(177) 同書、103C。
(178) 岩田靖夫『西洋思想の源流』放送大学教育振興会、一九九七年、一五三頁なども指摘するとおりである。
(179) 『パイドン』103D。
(180) 同書、105C。
(181) 同書、105D。
(182) 同書、106B。
(183) 同書、106CD。
(184) 同書、70C 以下。
(185) 同書、72E 以下。
(186) 同書、79A 以下。

(187) 岩田前掲書、一五四頁は、ギリシア語とラテン語の場合だけを挙げるが、ヘブライ語その他においても、同様の発想が見られる。

(188) 加藤前掲『初期プラトン哲学』八一頁。

(189) 同書、八一－八二頁。

(190) プラトン『パルメニデス』二－七、127D–135C。

(191) 加藤前掲書、八二頁、岩田靖夫『アリストテレスの倫理思想』岩波書店、一九八五年、四九頁、注（42）。

(192) 加藤前掲書、七九頁。

(193) 『パイドン』64A–81E。

(194) 同書、81A。

(195) 岩田前掲書『アリストテレスの倫理思想』四九頁、注（42）。

(196) 『パイドン』75E–76D、『パイドロス』249B–252C。

(197) プラトン『パイドロス』250D 以下。

(198) ヘブライズムの伝統でこれに呼応する表現としては、マイモニデス（M. Maimonides, 1135–1204）の次の言い方が想い起こされる。「偉大な秘儀が我々の誰にとっても完全に且つ徹底的に知られている、などと想像してはならない。そのようなことは全くない。時によって真理は昼間の明るさをもって我々の眼前で閃光を放つことがあるが、我々の物質的本性と社会的習慣の持つ制約によって、たちまちおぼろにかすんでしまい、以前の生活と殆ど変わらぬ暗闇の中に我々は再び転落してしまう。かくして我々はその環境が時おり稲妻によって鮮やかに照らし出されるが、たちまち暗黒の闇の中に投げ込まれて、そこに滞留を余儀なくされる人のようである」（More Nebuchim, introduction, ed. J. Ibn Shmuel, *Jerusalem*, 1947, p. 6）。この文章をプラトン『書簡集』第七巻 341 などと比較しつつ引用する A. J. Heschel, *God in Search of Man. A Philosophy of Judaism*, 1955, p. 139f.; 143（Note 6）［A・J・ヘッシェル『人間を探し求める神——ユダヤ教の哲学』（森泉弘次訳）教文館、一九九八年、一七七－一七八頁および五四六頁の注6］は、こうした「究極的洞察」を「概念的思惟」と対比し、後者が常に明晰判明であるのに対し、前者は「出来事であり、ある瞬間には明晰であるが、その後、曖昧化してしまうことがありうる」ことを指摘する。そしてこうした出来事への「忠誠」を「信仰」として重視する（ibid., p. 131, 同訳一七一頁）。

(199) プラトン『パイドン』98E。

(200) 『パイドン』98E、99B。本書本章1節参照。

(201) アリストテレス『形而上学』一2、982b12。

第3章　アリストテレス

アリストテレス（Aristotelēs 前三八四－三二二年）は、ギリシア北方、マケドニアの生まれ。一七歳の時、プラトンのアカデメイアに入学し、学園随一の秀才として鳴らし、講義も担当する。プラトン死後アテナイを離れ、アレクサンドロス大王の若き日の家庭教師などを務めた後、四九歳でアテナイに戻り、リュケイオンに学園を開く。この学園の人々は、プラトン以来の伝統にしたがって散歩しながら議論したことから、「逍遥学派（peripatetikoi、ペリパトス学派）」と呼ばれる。アリストテレスの著作は多岐にわたり、哲学、神学、自然学、論理学、政治学、芸術論等から倫理学にまで及ぶ。「万学の祖」として、彼以前のギリシア哲学を総合し、爾後の西洋思想全般にわたる基礎を据えた巨人である。倫理学の分野でも最初の体系的な倫理学を構築し、現代に至るその影響力は広大である。(1)

1　『ニコマコス倫理学』の位置付けと構成

位置付け

アリストテレスに帰せられる倫理学書は三つある。『大道徳論』、『エウデモス倫理学』、そして『ニコマコス倫理学』である。このうち『大道徳論』は、ロゴスの活動に徳性を認めないなどアリストテレスの基本思想と乖離する面があり、現在では後世のアリストテレス学派による作と考えるのが一般である。『エウデモス倫理学』はかつては、アリストテレスらしからぬ宗教的色彩が濃いなどの理由から、弟子のエウデモスが書いたか、大幅に手を入れたものと考えられたこともあったが、現在ではむしろ若い頃のアリストテレスの倫理学の構想であり、彼の真作であると見なすことが学界の定説となっている。しかしいずれにせよ最も成熟した倫理学の体系を表しているのが、庶子ニコマコスの編集に帰せられる『ニコマコス倫理学』である。これはアリストテレスの他の著作同様、講義用ノートであって、公刊されたものではない。脱線や重複なども少なくないのは、講義年度ごとの加筆修正補注などを編集者が総て取り込もうとしたためと思われる。しかし全体としては各巻の量も一定し、整然とした構成を持った、アリストテレス倫理思想の集大成と考えられる。十巻から成るその構成は以下の通りである。

［構　成］

第一巻：序説と幸福論

第二巻：倫理的な卓越性（徳）についての概説（中庸論を中心に）

第三巻：倫理的な卓越性（徳）についての概説の続きと各論（勇気・節制）
第四巻：倫理的な卓越性（徳）についての各論の続き（太っ腹、豪気、矜持、名誉心とその中庸、穏和、情愛、真実、機知〔、羞恥心〕）
第五巻：倫理的な卓越性（徳）についての各論の続き（正義）
第六巻：知的な卓越性についての概説と各論（学問、技術、思慮、直観、知恵）と諸問題
第七巻：抑制と無抑制、および快楽論―A稿―
第八巻：友愛論
第九巻：友愛論の続き
第十巻：快楽論―B稿―、および全体の結びとしての幸福論

2　プラトンの倫理学との相違点――善のイデア論批判を中心に

プラトンの倫理学との相違点

『ニコマコス倫理学』第一巻序説の叙述の背景には、プラトンの倫理学との方法論的な相違点が見て取れる。重要な論点は以下の三点に要約されうる。(2)

(1) プラトンは倫理学にも数学のような厳密な論証と確実性を求めた。それに対しアリストテレスは、倫理学にそうした精密性を求めるのは見当違いであって、それぞれの主題が許すだけの正確さに達すれば充分だと考える。

（2）プラトンは、倫理的徳性といった問題については、イデアの世界を認識する訓練を経た哲学者の考えに則るべきだと考えた。これに対してアリストテレスは、一般の人々が持っている道徳的通念（endoxa）を尊重し、それを検討すべきだと考えた。一般人の経験の中に雑然と与えられているものに出発し、そこから帰納的に普遍的判断を紡ぎ出して行く方法を取ったのである。

（3）倫理の著作には、人が為すべき当為を指示し、そうするよう奨め説得する面と、現に為している事実を報告し、これを冷静に分析する面と、両面があるが、プラトンは前者の面が強く、アリストテレスは後者の面が強い。但しアリストテレスにあっても第十巻の幸福論などは、彼の当為の理想を開陳したものである。[3]

このうち（2）のイデア論に対する批判は、前章でも関説したが、『ニコマコス倫理学』第一巻の重要な争点なので、改めて少し詳しく見ておこう。

善のイデア論批判

アリストテレスは次のように述べる。

「善い」という語は、「ある」という語と同じだけ、多くの意味において語られる。なぜなら、それは例えば、「神は善い」「理性は善い」と語られる場合のように、「事物の何であるか〔本質〕」について語られることもあるし、「事物のどのようにあるか〔性質〕」について「徳が善い」と語られる場合もあるし、「事物のどれだけあるか〔量〕」について「適度が善い」と語られる場合もあるし、「何かに対して事物のどうあるか〔関係〕」について「有用なものが善い」と語られる場合もあるし、時間について「好機が善い」と語られる場合もあるし、場所について「環境が善い」と語られる場合もあるし、以下同様だからである。それゆえ、「善い」はこれら総てに共通な、一なる普遍ではあり得ない。なぜなら、もしそうだとしたならば、それは総てのカテゴリーにおいてではなく、ただ一つのカテゴリーにおいて語られただろうからである。(『ニコマコス倫理学』第一巻6章 1096a23-29)

つまり「善い」は、本質、性質、量、関係、時間、場所といった様々なカテゴリーにおいて語られるから、普遍的なイデアではありえないというのである。これは「ある」との類比で考えれば明らかである。「ある」という言葉も、あらゆるカテゴリーにおいて語られ、「彼は七〇キロである」(量)とか「彼は勇気がある」(性質)とか言われる。しかし別のカテゴリーに属する「七〇キロ」と「勇気」の間に共通の普遍がないことは自明のことである。「彼」という同じ実体の属性として「ある」という同じ述語が使われているに過ぎないのだ(4)。同様に「有用なものの善さ」と「環境の善さ」の間に、共通の普遍・イデアはあり得ないが、それらが或る「事物」に依存して語られる限り、「善い」という言葉で統一されるだけなのである。これが『ニコマコス倫理学』の善のイデア論批判の第一の論点である。

さてアリストテレスはもう一つ別の観点からもイデア論を批判する。

機織りや大工が他ならぬこの善そのものを知ることによって、自分の技術にどれだけの益を得るかとか、他ならぬイデアそのものを見た医者や将軍が、どのような意味で一層医療や統帥の能力に加えるところがあるかとかは、不可解だろう。なぜなら、医者が健康をこのような仕方で健康そのものとして思い巡らすことがないのは明らかであり、医者は、人間の健康を、いや、恐らくはむしろこの人の健康を思い巡らすものだからである。（同書第一巻6章 1097a8-13）

果たして医者が、個々の病人に共通の病状を抽象し、その一般的原因を究めて、病気や健康について「そのものとして思い巡らすことがない」と言い切れるかどうか、「イデアそのものを見た医者や将軍が、……一層医療や統帥の能力に加えるところが」本当にないかどうかは、やはり本書第2章8節で見たとおり、プラトンのイデア理解に即すれば問題であろう。しかし「善のイデアとは、アリストテレスの目から見れば、あらゆる個別的な諸善において同名同義的に成立している一つの普遍概念であるが、このような普遍概念を善の根拠とすることにより、個別的な諸善はその特殊性を失って無差別的に均一化され内容が空洞化されるとともに、あらゆる諸善を善として統一している究極の根拠（人間の理性）もまた見失われてしまう」[5]。そこでアリストテレスは、「『形相（eidos）』（＝イデア［idea］）の説を導入したのが我々に親しい人々であるから、かかる探求は我々にとってつらい仕事になるが……真理を救うためには、身内の人の説であってもそれを捨てる方がよい」[6]と語って、敢えて師プラトンの思想を批判していると考えられる。そしてここに既に個々の事実報告の色彩の濃いアリストテレス倫理学の基本姿勢が確認されるのである。[7]

3 幸福論

善とは、幸福とは？

「いかなる技術、いかなる研究も、また行為も選択も、みな同じように何らかの善を希求している」[8]。『ニコマコス倫理学』はこのような書き出しで始まっている。善は「万物の希求するところ」であり、倫理学の探求する主題も「人間の善（tanthrōpinon agathon）」である。[9] すなわち、人間が求め、手に入れうる限りの善である。『ニコマコス倫理学』第一巻第四章はこの主題に立ち帰り、「我々の達成しうるあらゆる善のうち最高のものは何か」、を問う。[10] しかしその答えについては、万人が一致すると言う。曰く、「幸福（eudaimoniā）」。「だがひとたび、その『幸福』とは何であるかという点になると、人々の間に異論があるし、一般の人々の提出する答えは、知恵のある人々の答えと異なって来る」。すなわち、一般の人々は、「快楽、富、名誉といった目に見えるもの」を挙げる。しかも、人によって挙げるものは別々だし、一人の人の中でさえ時によって挙げるものが異なる。例えば病気の時は健康が幸福だと言い、貧しい時は富が幸福だと言ったりするのである。それに対して知者は、これら多くの善を善たらしめている、それ自体として善なるものがある、と主張する。こうした事実を踏まえてアリストテレスは、「主要な生活形態には三通りがある」と論じ進む。[11] すなわち、享楽的生活（apolaustikos bios）、政治的生活（politikos bios）、観想的生活（theōrētikos bios）の三つである。そしてそれぞれの生活が目的としているのは、快楽、名誉、観想であると言う。なおアリストテレスは富を目的とする蓄財的生活（chrēmatitēs bios）についても付言するが、論外としている。[12]

ここから議論は、――補論的な脱線が錯綜するためと、第十巻で全体の結論として述べるべきことの種明かしをしてしまわないようにとの顧慮のためだろう――混線し不明瞭になりがちだが、大筋とそこから当然予想される結論を先取りして整理すると、以下のようになるであろう。[13]

最高善とは？

最高善とは何か、について認識を深めるために、人間の機能（ergon）について考えておく必要がある。栄養摂取や成長の機能は植物も持っている。感覚能力は動物にもある。すると人間固有の機能は「魂（psychē）の分別（logos）を有する部分の働き（praktikē）」、すなわち、理性（nūs）の働きであろう。さてここに家族持ちの竪琴弾きがいるとする。如何に彼が自分の妻に対して善い夫であり、子に対して善い父であっても、竪琴を上手に弾けなければ、善い竪琴弾きとは言えない。竪琴弾きを究極的に善い竪琴弾きたらしめるのは、善く竪琴を弾くという彼固有の機能なのである。とすれば人間にも色々な機能があるけれども、彼を究極的に善い人間たらしめるのは、人間固有の機能だろう。ところがそれは、理性の働きであった。とすると、理性の働きこそ、人間にとって究極の「最高善（to ariston）」であり、真の幸福ということになる。先に挙げた、知者、つまり哲学者の、理性による観想の生活こそ、至福であると考えられる。

倫理学の探求すべきものは、「人間の善」であった。ところが善とは幸福であったが、色々に解される幸福のうち、善い理性の働きこそが、幸福の最たるものである。これが倫理学の探求すべき究極の課題である。しかし究極はあくまで究極に過ぎない。我々は予め究極の課題をここに望み見つつ、そこに至る究極の手前の様々な善について、考察を積み重ねて行かねばならない。

アリストテレスは第一巻でここまで語っていないが、『ニコマコス倫理学』全体の構成を鑑みつつ、その結論も先取りして見通しを明らかにしておくならば、以上のようになるであろう。

4　倫理的卓越性（徳）

倫理的卓越性と知的卓越性

次の有名な一句を読んでおこう。

「人間の善」は、魂の活動として人間の卓越性（aretē）によって生まれて来るものであろう。そしてもしその卓越性が複数あるときは、最も善い最も究極的な卓越性によって生まれて来る。さらにそれは、「人生が完成される時」と付け加えねばならない。というのは、一羽のツバメが春をもたらすのでも、一日の好日だけで春が来るのでもないからである。同様に人を至福なもの、幸福なものにするにも、ただの一日やわずかな期間では足りないのである。（同書第一巻7章 1098a16–20）

こうした卓越性の考察に、第二巻から第六巻は当てられる。アリストテレスは卓越性を、勇気、節制等々の倫理的卓越性（このaretēは、文脈によっては「徳」と訳すこともある。次節参照）と、思慮、知恵等の知的卓越性に分ける。後者は「教示」によって得られるのに対し、前者は「習慣付け」によって獲得されると言われる(14)。

習慣付け

倫理的卓越性（ēthikē aretē）は、習慣付けに基づいて生ずる。「習慣（ethos）」という言葉から少し転化した倫理的（ēthikē）という名称を得ている所以である。（同書第二巻1章 1103a17–18）

「ēthikē（倫理的）」という言葉は、「倫理・性格」を表す「ēthos」という名詞の女性単数の形容詞形であり、この「ēthos」が「ethos（習慣・習俗）」という言葉に由来するというのである。この由来の語源学的正当性については措くとしても(15)、このēthikēの中性複数の形ēthikaがĒTHIKA NIKOMAKHEIA（『ニコマコス倫理学』）として書名に冠せられ、それがそのままethicaとしてラテン語に写された。そこから近代ヨーロッパ語で「倫理」を表わす、ethics〔英〕、Ethik〔独〕、éthique〔仏〕が出て来るので、ここは「倫理」の元来の語義を説明するのにしばしば引用される古典的な箇所である。いずれにせよアリストテレスは、倫理的卓越性が習慣付けによって獲得されることを強調し、さらに次のように述べる。

自然の本性によるものは何であれ、それと異なるように習慣付けることはできない。例えば、本性的に下に落下するものである石は、一万回上方に投げられたからといって、上昇するように習慣付けられることはできない。……それゆえ、様々な倫理的卓越性が人のうちに生まれ備わって来るのは、自然の本性によるのでも、自然の本性に反するのでもなく、自然の本性によってこれを受容するよう生まれついている我々が、習慣によってこの天与の素質を完成させることによるのである。（同書第二巻1章 1103a19-26）

この引用文の「それゆえ」の前には、「様々な倫理的卓越性が人のうちに生まれ備わって来るのは、事実であるから」、という一文が省略されているだろう。そして石の落下よりも、飢え渇きといった人間の生理的本性を対置すれば、より分かり易いかもしれない。食べないと飢えるという生理は、いくら絶食を繰り返しても基本的に変えようがない。それに対し勇気という徳は、勇気ある行為を繰り返すことによって、その人に備わり、生来の臆病な性格を変えることができる。倫理的卓越性すなわち徳は、生理的本性と違って潜在的な素質であり、習慣によって獲得されるということになる。

しかしそもそも勇気のない人がどうして勇気ある行為を為しうるだろうか[16]。この素朴な疑問にアリストテレスは次のように答えているように見える。

勇気ある人と勇気ある行為

世に臆病な人はいるとしても、勇気のかけらすら全くないなどという人はいない。石が落下するように、怖じ恐れてばかりいる人はいないのだ。むしろ「恐ろしい事柄のさなかで実際に行為することによって――つまり、恐れるように、あるいは平然たるように習慣付けられることによって――、勇気ある、あるいは怖気づいた人と成る」[17]のである。上の疑問は、全く「勇気のない人」といった現実離れした想定をしている点に間違いがある、とアリストテレスは見ているように思われる。だからこそ、子供の時からの習慣付けの訓練が大事だということにもなる。

ただここで注目しておきたいのは、アリストテレスが「勇気ある」という言葉を二通りに用いていることである。すなわち、人に対してと、その人が行なう行為に対してと、である。そして前者の方がこの語の本来の用法なのである。「〔人の〕習性（hexis）は、それに類似的な〔行為の〕活動（energeia）から生ずる」[18]と言われる所以である。行為論にのみ傾きがちな現代の倫理学に対して、その行為をなす元である人間そのものの善し悪しを眼差す点に、こうした古代の倫理学の特色が見て取れるはずである。「勇気ある」行動をしたからといって、その人が本当に「勇気ある」人だとは限らない。「アリストテレスの倫理的卓越性の水準はきわめて高い」[19]のである。

ではその高い水準によれば、どのような人が「勇気ある」人と言われるのだろうか。第一に、彼は自分のすることが何であるかを「認識」していなければならない[20]。「もしそうでなければ動物もまた勇気あるものと言われうるだろうが、これはアリストテレスの認めようとしないことである」[21]。第二に、彼の行動は「そのもの自体のゆえに選択」した行動でなければならない[22]。そして第三にそれは、「自己の確固とした動揺しない習性に基づいて」なされる行為でなければならないのである[23]。こうした三条件を満たした形で「勇気ある」行為をする人こそ、真の意味で「勇気ある」人と言えるはずである。

情念・能力・習性

とすると、倫理的卓越性が、魂の次の三つの働きのうち何れであるかも、自ずから明らかである。それは（1）情念（pathos）でも、（2）能力（dynamis）でもなくて、（3）習性（hexis）なのである。[24] 情念とは欲望、怒り、恐れ、愛、憎しみ等、総じて快楽ないし苦痛を伴うものである。能力とは、これらの情念を感受する性能を指す。それに対して習性とは、どの情念をどの程度感受するか、を決める態度のことである。例えば、怒りという情念を生まれつき強く感ずる人と、弱く感ずる人がいる。これは生まれつきの性能である。前者を怒りんぼ、後者を意気地なし（腑抜け）と呼ぶ。[25] しかし怒りっぽい人は、自分を抑制するよう習慣付け、意気地のない人は当然怒るべきときに少しは根性を出すよう訓練せねばなるまい。こうした訓練の積み重ねによって、過度に怒りっぽくもなく過度に意気地がないわけでもない、穏和な習性の人が出来て来る。これこそが倫理的卓越性（徳）だと考えられよう。これは選択という要素を含み、だから善く選択した場合は賞賛され、悪く選択した場合は非難されるのである。

以上の例から、アリストテレスの考える徳とは、過度と不足との間であることが窺われるが、それについては、次節以下にまわすこととしたい。

5 中庸論

前節までに挙げた例から既に、アリストテレスの倫理的卓越性論の中核となる「中庸（mesotēs）」を是とする理論が窺われたのだが、これは知的卓越性をめぐる「思慮（phronēsis）」の理論と並んで、徳と悪徳を区別する、アリストテレス固有の理論となる（なお aretē は倫理的と対比した知的なそれは「卓越性」と訳さざるを得ないが、倫理的卓越性だけを指す場合は「徳」と訳した方が分かり易い。本章1–4節と8–10節では、「知的卓越性」と対比されるので「倫理的卓越性」と訳さざるを得ないが、5–7節では大体「徳」の訳語を当てる)。もちろんその先駆的な形は例えば、デルフォイの神殿に掲げられていたという「度を過ごすなかれ」といった諺や、熱が高すぎも低すぎもしない中間状態が健康だといった、通俗の医学・生理学の理論にもあったと思われるが[26]、これを倫理学の中心に据えた卓見と、様々な徳と悪徳を測る基準として個々の場合を精密に分析してみせた手腕は、アリストテレスの独自の功績に帰せられる。

運動・飲食・工芸品との類比

アリストテレスは、自分の着眼点の由来から説明を始める。

運動の過剰も不足も、共に体力を損ない、同様に飲食の摂取が多過ぎても少な過ぎても健康を損なうのに反して、それが適正ならば健康を生み出し、増進し、保持する。節制とか勇気とか、その他諸々の倫理的徳の場合もこれと同様である。すなわち、万事を避け、恐れ、何事にも耐えることのできない人は、臆病となり、何事も恐れず、よろずのことに立ち向かって行く人は、無謀となる。同様に、あらゆる快楽を享楽し、いかなる快楽も慎まない人は、放埒となり、いかなる快楽も避けるならば、野暮な人のように、言わば無感覚な人となる。このように節制も勇気も、過剰と不足によって失われ、「中庸(mesotēs)」によって保たれるのである。(アリストテレス『ニコマコス倫理学』第二巻2章 1104a15–27)

このような運動や食事との類比のほかに、アリストテレスは立派な工芸品との類比も挙げる[27]。つまり職人の見事な作品に対して「一点の付け加えも許さず、一点の削除の余地もない」といった賛辞を呈するのは、過剰と不足の間、つまり中庸が美しいからである。これらとの類比からアリストテレスは倫理においても中庸が重要ではないか、と推測するのである。

倫理における中庸

徳は、情念と行為に関わるが、情念と行為のうちには、過剰と不足とその中間が含まれる。例えば、恐れるにしろ、平静であるにしろ、欲情するにしろ、怒るにしろ、憐れむにしろ、その他総じて快楽や苦痛を感ずるということには、過多と過少があり、そのどちらもよろしくない。それに対して、然るべき時に、然るべき事柄について、然るべき人に対し、然るべき目的のために、然るべき仕方において、それを感ずるということ、それが中間に当たる最善のことなのである。これこそ正に、徳に固有の働きである。……徳とはそれ故、――まさしく「中間（meson）」を目指すものとして――何らかの「中庸（mesotēs）」とも言うべきものにほかならない。（同書第二巻6章 1106b16–28）

これが、中庸論に集束する徳の定義となる。アリストテレスはこれを次のようにも言い換える。

徳とは選択にかかわる習性（hexis）であり、〔この選択において〕我々にとっての中庸を保たせる習性のことである。我々にとっての中庸とは分別（logos）にしたがって規定された中庸、すなわち、思慮ある人がそれにしたがって、これ〔中庸〕を規定するであろうような、そういう分別にしたがって規定された中庸である。（同書第二巻6章 1106b36–1107a2）

中庸の選択

ではこのような過剰と不足の中間である「中庸」を、人はどのようにして選択できるのだろうか。すぐ思い付くのは、算術的平均を取るやり方である。「一〇ムナでは食べ過ぎだが、二ムナでは足りないという場合、体育指導者は六ムナの食事を与える[28]」という風に。しかしこれは「ミロンにとっては少なく、体育を始めたばかりの者には多いだろう」とアリストテレスは言う。ムナとは重さの単位だが、現代人なら一〇〇〇キロ・カロリーとでも言うところであり、ミロンは前六世紀の偉大な競技者であって、若牛を殴り殺して一日で食べ尽くした大食で知られる。つまりこうした食事の量に関してすら、各人別々であって、一概に平均値をとって済むものではない。まして倫理的中庸においてはなおさらである。それは各人各様の「我々にとっての中庸」でなければならない。ではそれはどう選択できるのか。

前節までに挙げて来た例を想起するならば、「怒りっぽさ」と「意気地のなさ」という両極端の悪徳に対し、中庸の徳は「穏和」であった。また「臆病」と「無謀」の中庸が「勇気」であり、「放埒」と「無感覚」の中庸が「節制」であった。悪徳は徳に対して過剰ないし不足なわけだが、場合ごとに徳に対して、より対立的なものが異なることに注意しなければならない。具体的に言うならば、「勇気」に対してより対立的なのは「無謀」ではなくて「臆病」という不足の方であり、「節制」に対してより対立的になるのは、「無感覚」ではなくて「放埒」という過剰の方である[29]。「穏和」についてはアリストテレスは触れていないが、おそらくより対立的となるのは、「怒りっぽさ」という過剰の方だろう。というのはここに二つの法則があることをアリストテレスは指摘しているからである[30]。（1）両極端のうちどちらか一方が中間により近接的であり、（2）両極端のどちらか一方に傾く本性を人は有する、というのが、その法則にほかならない。（1）の法則に照らせば、「勇気」に対しては「無謀」の方が、また「節制」に対しては「無感覚」、「穏和」に対しては「意気地のなさ」が、それぞれより近接的と考えられるだろう。加えて（2）の法則は、より具体的には苦痛を避け快楽に傾く本性のことである。つまり「放埒」という快楽に人は流れ易いので、こちらの悪徳が「節制」の徳に対してより対立的になり易い[31]。また「無謀」は危険を伴って苦痛なので、人は普通これを避け「臆病」になりがちであり、「勇気」により対立的な悪徳は「臆病」ということになるだろう。同様に、「怒り」をぶちまけることが快いとすると、人はともすれば怒りっぽくなりがちであり、「穏和」の徳により対立的な悪徳は「怒りっぽさ」ということになると思われるのである。

もちろん生来怒ることが苦痛であり、なるべくこれを避けて「意気地なし」状態でいる方がましだと考える人もいるだろうし、無類の冒険好きで「無謀」こそ快楽だという人もいるであろう。こうした例外も考慮するならば、「我々にとっての中庸」は各人各様となりうるが、おおよそ二つの法則にのっとって、それぞれの人が自分なりの中庸を探って行くことが勧められているのである。

「中庸」の選択に際して、もう一つ注意しておくべきは、あらゆる行為や情念に「中庸」を探しても無駄だということである。例えば、姦淫、窃盗、殺人といった行為や、悪意、破廉恥、嫉妬などの情念に「中庸」の徳などない。これらは端的な悪であり、「然るべき女を相手に、然るべき時に、然るべき仕方で姦淫す[32]」れば、悪徳変じて徳になるわけではないのである。同様に「臆病」や「放埒」そのものについて、「中庸」などというものは存在しない。これら悪徳は、過剰や不足の両極端なわけだが、過剰や不足自身の中に更に細かく過剰・中庸・不足の段階があって、悪徳中の徳があるわけではない。そうではなくて過剰ならその反対の不足を、また不足なら過剰を、眼差して、その都度両者の中庸を探すことが求められているのである。

6　中庸論についての評価

以上が、中庸とその探し方をめぐるアリストテレスの議論の大綱である。しかしこの中庸論については、従来様々な批判があった。批判の要点とその当否について、ここで簡単に触れておきたい。

（1）まず、アリストテレスは中庸論を絶対的な基準とし、あらゆる場合にこの基準で徳と悪徳が定まるかのように独断的な主張をしている、という批判がしばしばなされる。(33) しかし既に見た通り、アリストテレスは、姦淫、殺人、嫉妬等の場合にはこの理論が当てはまらないことを認めていたし、両極端の悪徳の中間点としての中庸の徳を見出すことも、その場合場合に即して容易ではないことを繰り返し指摘していた。(34) むしろ単に、臆病に傾く人であれば、反対の無謀さに目をやって、その中間の勇気ある人へと自分を矯正することを勧めている程度なのである。(35)

（2）この勧め（parainesis）ということに目を止め、ここには幸福の希望はあるけれど、倫理学の中核たるべき善の当為がない、という批判も為される。(36) だが実際はアリストテレスが「すべし（dei）」を中庸との関連で繰り返し語るという側面もあるのであり、(37) そもそも彼において幸福は善と結び付くのである。(38)

（3）善悪という質の問題を、中庸と過不足という量の問題にすりかえたという批判もある。この型の批判をする代表者はカントだが、(39) 現実に我々が倫理的判断を下す際、「余りに多くの野心の虜となっている」とか「余りに少しの誇りしか持っていない」といった言い方をするのである。(40) そして徳も悪徳も、肉体を持った人間の生活形態に関わる限り、量的であることを否定できないはずであろう。(41) カントは定言命法を徳の唯一の原理とする己の立場から中庸論を性急に裁断し過ぎている、との反論が可能なように思われる。(42)

（4）最後に付け加えるならば、中庸論は、論として強調され過ぎると、自己矛盾に陥るという限界を有していることが、指摘されうるだろう。つまり過剰と不足の間が中庸という善ならば、中庸の原理それ自体が過剰に主張されると、中庸を逸した議論となって誤りとなるという限界である。これはアリストテレスが中庸の徳を「真理」にも適用しており、「はったり」と「おとぼけ」の間の「真実」を「徳」としていることを考慮するならば、必ずしも的外れな批判とは言えないだろう。[43]だが、この点でもアリストテレスは周到であって、（1）の批判に対して見たとおり、この原理で総てが説明がつくといった過剰な主張、はったりをかましているわけではなく、むしろこれを相対化し、別の要素との均衡に目を配っている、と弁護することができるように思われる。

では中庸の原理とは「別の要素」とは何であろうか。次に「勇気」「愛」「正義」という三つの徳を例にとって、アリストテレスが中庸一本槍ではなく、十分に多面的な考察を展開していることを、確認しておきたい。

7　徳　論――勇気・正義・愛

勇　気

勇気については、『ニコマコス倫理学』第三巻6章から9章が論じている。先に見た、「臆病」と「無謀」の中庸としての「勇気」の位置付けは、その多面的な勇気論のごく一面でしかないのである。例えば、勇気ある人でも当然恐れるべき対象として、不評とか妻子への侮辱が挙げられ、また貧乏とか病気とかを恐れないからといって、勇気ある人とは言わないと指摘される。[44]そして真に勇気ある人とは、戦死に代表される美《うるわ》しい死を恐れない人だと分析される。[45]また自殺は貧乏とか恋愛の苦しみから逃れる臆病さとして批判されるのである。[46]更に勇気に似て非なる現象が五つ列挙される。[47]（1）市民の法に基づく処罰や非難を恐れての行為。（2）勝算のある場合に限って居丈高に攻める職業軍人などの態度。（3）憤激のあまり、野獣のように相手に飛び掛る野蛮な反応。（4）酔っ払って気が大きくなったり、生まれつき楽観的なだけで、危険に対して平然としている鈍感さ。（5）事態に隠されている危険を察知しない、無知や思い違いによる暢気《のんき》さ、などがそれである。

そして最後に、「臆病」と「無謀」のうち、「勇気」はより多く「臆病」と関わることが指摘される。勇者とは、恐ろしい事柄に直面したとき臆病風に吹かれて逃げ出すことなく、然るべくそれに対処できる人のことだからである。そして次のような勇者の姿を描いて、勇気論は結ばれるのである。

死とか負傷とかは、勇気ある人の苦痛とし好まざるところだが、彼はしかし、これに耐えることが美しいがゆえに、あるいはこれに耐えないのは醜悪であるがゆえに、敢えてこれに耐えるのである。（同書第三巻9章1117b7–9）

正　義

『ニコマコス倫理学』は第三巻後半から倫理的卓越性の各論に入り、第五巻までに勇気・愛など十二の徳について論じているが、その最後「正義」には第五巻の叙述全体が捧げられている。それだけ正義は重要な徳であり、或る意味では「正義は完全な徳」、「徳の最も優れたもの」、「正義のうちに徳はそっくり全部ある」[48]と言ってよい。ただアリストテレスの叙述は詳細多岐にわたり、編集の問題もからんで、解釈が争われている。[49]ここでは解釈史の専門的な議論に立ち入ることはできないので、なるべく我々なりに整理した要点のみ摘記することを試みたい。[50]

正義の分類

正義は一般的正義と特殊的正義に分けられ（第五巻1・2章）、後者は配分的正義（3章）、矯正的正義（4章）、更には相補（交換）的正義（5章）などに弁別される。さて「正しいとは、法にかなうことと、平等であることとの両義を含む」[51]。一般的正義はこのうち適法性に、特殊的正義は平等性に関わる。先に「或る意味では『正義は完全な徳』」と言われていたのは、適法的な一般的正義という意味では、ということである。その際「正義と徳は同じである。ただその語られる観点が異なる。つまり、他者とのかかわりにおいてあるとき、それは正義であり、単にそのような状態（hexis）であるとき、徳なのである」[52]。法は社会における他者とのかかわり方の規則であり、それにかなうことが一般的正義ということになる。

さて『ニコマコス倫理学』第五巻3章以下でアリストテレスが詳しく論じているのは、平等性にかかわる特殊的正義の方であり、この意味での正義の「構造を解明した点に、アリストテレスの正義論の不朽の寄与がある」[53]。以下、その三つの形態について順次見て行こう。

配分的正義

先ず「配分的正義」であるが、これは「名誉、財貨、その他ポリス的共同体員の間に分かたれるものの分配における正義」[54]である。その際、総ての人が同じ分配物を受けるのが正しいのではなく、それぞれの人の価値に比例して配分するのが正義である[55]。これがアリストテレスの配分的正義の主張である。ではそれぞれの人の価値は何によって測るか。これについては意見が分かれるとアリストテレスは言う。例えば、「生まれの良さ」、「財産」、「人徳」、更には「自由」（社会的地位によって自由の度合いが違うと考えられているようである）[56]などの尺度で、人の価値は様々に測られるというのである[57]。おそらく現代では、これらの要素よりも「広い意味での才能」[58]が配分の基礎をなす価値と考えられるだろうが、配分が何らかの価値に基づいて行なわれるという原理それ自体は、現代に至るまで不変の真理として認められているのではないだろうか。

矯正的正義

次にアリストテレスが論じるのは、「矯正的正義」である。これは人間の利害関係にからんで、不正によって不平等が生じたとき、これを回復する原理である。[59] 始め随意的に購買、貸与等をなし、後に契約違反などが起こった場合、また一方が不随意的に窃盗、暗殺などの害をこうむった場合が考えられようが、[60] この際の平等の回復に、配分的正義におけるような、各人の価値が考慮されてはならない。この点では各人は法の前に平等であり、盗んだ者がどのような価値を持つにせよ、盗んだ分を盗まれた者に返させるようにするのが裁判官の務めである。こうして正義は矯正的に回復される、というのがアリストテレスの主張だが、ここには少なくとも二つ問題が残るだろう。これはアリストテレス自身気付いてはいるけれど、[61] 解決していないように見える問題である。すなわち、（1）盗みによって生じた不平等は矯正されるとしても、傷害や暗殺の場合はどう考えればよいのか。（2）盗みの場合でも、盗んだ分を返せば済むのか、それ以上の刑罰を考えるべきではないか。特に（2）の問題については、後の『大道徳論』[62] の著者などが、加害者は自分の為したこと以上の罰をこうむらねばならぬと論じて、正当にもアリストテレスの見解を修正している。[63]

相補（交換）的正義

さて配分的ならびに矯正的正義が特殊的正義に属することは、アリストテレスが明記していることだが、[64] 第三に挙げられる「相補（交換）的正義」[65] がどのような位置付けにあるかは詳らかではない。ただ内容的に、共有財産の分配にかかわる配分的正義に類似しつつ、特に個人の財産の交換にかかわる正義であるから、やはり特殊的正義の一つと解し得よう。[66] すなわち、共同体の各成員は、需要に応じて各自の労働の成果を交換し合うが、その際等価交換の原理が働いている必要がある。これが相補（交換）的正義にほかならないのである。

例えば大工の作った家が、靴屋の作った靴と交換される場合、一軒の家が何足の靴に値するか、計算されねばならない。市場の需要に鑑みて仮に一軒の家が千足の靴と等価と見なされれば、家一軒を生産する大工と靴千足を生産する靴屋が等価ということになる。そしてそれだけ生産するために、もし大工が半年、靴屋が一年を要するとすれば、大工の価値は靴屋の価値の二倍となるだろう。ここでアリストテレスは、能力による人の価値の高低を前提としており、それに応じて作物が交換され財産が形成されることを正義とみなしているのである。

このようにアリストテレスは正義を「完全な徳」として徳論の最大の部分を当てて多面的に論じているのだが、愛については正義を超えるものとして、更に重視する。そして徳論の中では、第四巻6章では短く論及するのみであり、第八・九巻で巻を改めて詳論するのである。次にそちらを参照しながら、アリストテレスの愛の本質をめぐる思索を押さえておきたい。

愛

アリストテレスが、正義を超えるものとして愛（philia）を位置付けていることは、次の一句に既に窺われる。

> 共同体を結合するものは愛であり、立法者は正義よりも愛についてより一層心を砕くように見える。……人々は愛し合っていれば、全く正義を必要としないが、正義の人であっても、なおその上に愛を必要とする。最高の正義は愛の性質を帯びている。（同書第八巻1章 1155a22–28）

さて愛の対象は、アリストテレスによれば三つある。すなわち、「愛さるべきものは、善いもの、快いもの、有用なもののいずれかである」(67)。このいずれかのものについて、「お互いに好意を抱き、お互いに相手方にとっての善を願い、しかもそのことがそれぞれ相手方に知られている」時、愛は存在する、とアリストテレスは語る[68]。例えば銘酒が「快いもの」だとしても、愛の対象とは言わない。酒のために「善を願う」ことなど滑稽であって、ここにあるのは嗜好に過ぎないからである。また人に好意を寄せていても、相手も「好意を抱」いていなければ片思いであって愛にはならないと言う。また会ったことのない人同士が風のうわさにお互い「善い」あるいは「有用な」人だと好意を持っていたとしても、そのことが「相手方に知られてい」なければ、彼らは愛しているとは言えない[69]。

快ゆえの愛と有用ゆえの愛

さて「愛さるべきもの」が三種類であるのに応じて、愛には「善」ゆえの愛、「快」ゆえの愛、「有用」ゆえの愛という三つの愛の形がある。このうち後二者は、本来的な愛とは言えない。例えば機知ある人を愛するのは、彼の「人となり（ēthos）」を愛するのではなく、彼の機知が自分にとって快く有用である限り、愛するのである。これは「解消しやすい愛」である。なぜなら、彼がいつも機知という性質を保持するとは限らないから。さて老人は「有用」ゆえの愛を求めがちであるのに対し、若者は「快」ゆえの愛に陥りやすい。「恋愛は多くは情念的であり快楽を動機とする。それゆえ彼らは、いま愛しているかと思えば直ちにまた愛さなくなるのであって、しばしば一日のうちに変化が生ずることがある[70]」。

善ゆえの愛

それに対して、究極的な性質の愛は、善い人々、つまり徳において類似した人々の間における愛である。思うに、このような人たちのいずれも等しく願うところは、「善い人々である限りにおける相手方にとっての善」なのである。(第八巻3章、1156b7-9)

こうした本来的で究極的な愛は、「時間をかけて、互いに慣れ親し[71]」んで初めて生ずるものであり、しかも善い人々の数は少ない[72]から、それ自体「稀有[73]」にしか見出されない。しかし一旦そうした愛が生まれるならば、変化する相手の付帯的な性質を愛するのではなく、相手の存在自体を愛するのだから、「彼らが善き人々である限り、永続する[74]」愛となる。ではそのような愛を持つ人が、「相手方にとっての善を願う」とはどういう意味だろうか。彼は自分にとっての善は願わないのであろうか。

エゴイズムは非か

この問題に答えるために、そもそもエゴイズムは総じて非難さるべきか否か、について考えておく必要がある。この問題をアリストテレスは第九巻8章で正面から論じている。自己を強く愛する人々のことを、利己主義者《エゴイスト》(philautoi：自愛的な人々)と軽蔑して呼ぶのが普通だが、これは一面で正しいが、実は他面で正しくない。すなわち、もしその人が「欲情」「情念」「魂の無分別(alogos)な部分」にしたがって「財貨、名誉、肉体的快楽」を貪りがちな人ならば――そして世人の多くはそうなのだが――、彼がそういう自己の欲望を愛する限り、醜い奪い合いが生ずる。これは軽蔑し排斥すべきことである[75]。しかし他方、もしその人が「分別(logos)に即して生き」「理性(nūs)の統率力を持ち」、「およそ徳に即した諸々の事柄を、他のいかなる人より以上に行なうことに努め、そうして美《うるわ》しさを総じて常に自分で占有し」ようとしている場合には、その種のエゴイズムは軽蔑されるどころか賞賛に値する[76]。換言すれば、「情念の赴くまま」「功益を欲する」「悪い人」の自己愛は排斥され、「分別（logos）に即して」「美しさを欲する」「善い人」の自己愛はむしろ受容さるべきなのである。

友の善と自己の善

とすれば「相手方の善を願う」人も、自分にとっての善を願ってよいのであり、ロゴスに即する限り、むしろ「人は自己をこそ最も愛さなくてはならない」[77]。ここから「善い人々である限りにおける相手方にとっての善を願う」ということの意味も明らかであろう。それは、友のエゴイズムに追従して、悪い人々が情念にしたがって欲するような快楽を与えることではなく、ロゴスに従った徳を高めることに配慮することなのである。こうして友の善を願うことと自己の善を願うことは、矛盾しない。むしろ「親しさ（philotēs）は均しさ（isotēs）であり、類似性（homoiotēs）――特に人間的な卓越性において類似的であるような人々の間における類似性――にほかならない」[78]限り、両者は調和するのである。こうして友人関係を成り立たしめる五つの特性は、自己関係においてもそのまま妥当すると言われる[79]。すなわち、（1）その人のために善を願い、また為す。（2）その人が存在し生存することを願う。（3）その人と一緒に時を過ごす。（4）その人と同じ事柄を選ぶ。（5）その人と共に悲しみ、共に喜ぶ。以上、五つの特性の「その人」のところに「友人」と入れても「自己」と入れても、事態は同様に成立するのである（このうち自己に関する（3）については、自己の過去の記憶は喜ばしく、未来の期待は善いので、自己から逃れて時をうっちゃる必要がない、と、また（4）（5）については、自己分裂しない、という意味に解されよう）。

このように愛の本質をめぐるアリストテレスの議論の大筋だけを追って来ると、友愛の予定調和が明るく一面的に描かれている印象が強いかも知れないが、実際には、自己をすら愛せない愛の病理現象の分析、夫婦、父子関係の愛、それと国制との類比、幸福な人にとっての友の必要、友人の数の限界、その他たくさんの愛をめぐる問題について、多彩な考察が展開されているのである。しかしそれらについては、ここでは割愛せざるを得ない。

8　知的卓越性

『ニコマコス倫理学』は、第二巻から第五巻で倫理的卓越性（徳）について論じた後、第六巻でもう一つの卓越性、すなわち知的卓越性（dianoētikē aretē）についての論述へと進む。前節までは、徳論の補足として、第八・九巻の友愛論にまで飛んだが、本節以下では第六巻の叙述に戻って、知的卓越性について考えるところから始める。

技術・学知・直観・思慮・知恵

知的卓越性とは、「魂がそれによって真理を認識するところのもの」[80]であって、五つの種類に分けられる。（1）技術（technē）、（2）学知（epistēmē）、（3）直観（nūs）、（4）思慮（phronēsis）、（5）知恵（sophiā）、がそれである。

（1）技術は、行為（praxis）よりも制作（poiēsis）と関わるが、いかにして物を生ぜせしめるかについての知的考究を含むので、知的卓越性の一つに数えられる[81]。

（2）学知（学問、学問的知などとも訳される）は、今あるのと異なる仕方ではあり得ない永遠不変の事柄の認識に関わり、こうした事柄の相互関係を論証（apodeixis）するものである[82]。

（3）直観（直知、知性、理性）はここでは、論証の出発点をなす第一原理を確認する能力の意味に使われている[83]。

（4）思慮（実践知、賢慮）は学知と対照的に、今あるのと異なる仕方でありうる偶然可変の事柄に関わる。特に、異なる仕方でありうる行為の可能性の中から、「善く生きる（eu zēn）」という目的のために最適の手段となるものを、分別（logos）をもって選ぼうと、思案をめぐらす能力と言えよう。[84]

（5）知恵（智慧）は、学知と直観を統合したものであり、最も尊敬に値する事柄を対象とする知の形と言われる。[85]

以上、五つの知的卓越性のうち、『ニコマコス倫理学』において重要な役割をになうのは、思慮と直観ないし知恵の三つだけである。そして直観および知恵は、末尾の第十巻で、最高の生活すなわち観想的生活が論ぜられる際に、特に論及される。そこで今は思慮についてのみ、その特質をより詳しく見ておくこととしたい。

思慮《フロネーシス》（実践知）

アリストテレスが『ニコマコス倫理学』第六巻7章[86]で挙げている例は、健康の例である。健康は善いので、だれでもこれを目的としている。しかしこの目的を成就する手段として例えば、軽い肉が健康によいという一般的知識がなければならない。しかも何が軽い肉なのか、についての個別的知識も必要となる。そして各種の肉のうち、この鳥肉を選ぶべく思案する。こうした目的成就の手段としての知識・思案が思慮にほかならない。

しかし第六巻12章[87]でのアリストテレスの論じ方は若干ニュアンスが異なる。ここでは知的卓越性としての思慮は、倫理的卓越性とのみ密接に結び付いた概念なのである。先に5節で確認した、倫理的卓越性すなわち徳の本質をめぐる、アリストテレスの二つの代表的な表現を想起しておこう。

徳とは選択にかかわる習性（hexis）であり、〔この選択において〕我々にとっての中庸を保たせる習性のことである。我々にとっての中庸とは……思慮ある人(phronimos)がそれにしたがって、これ〔中庸〕を規定するであろうような、そういう分別にしたがって規定された中庸である。(アリストテレス『ニコマコス倫理学』第二巻6章 1106b36-1107a2)

徳は、情念と行為に関わるが、情念と行為のうちには、過剰と不足とその中間が含まれる。例えば、恐れるにしろ、平静であるにしろ、……過多と過少があり、そのどちらもよろしくない。それに対して、然るべき時に、然るべき事柄について、然るべき人に対し、然るべき目的のために、然るべき仕方において、それを感ずるということ、それが中間に当たる最善のことなのである。これこそ正に、徳に固有の働きである。(同書第二巻6章 1106b16-28)

こうした理解を踏まえて第六巻12章でも、倫理的卓越性は中庸を選択させる習性であり、この然るべき選択を的確にさせるのが、「思慮」という知的卓越性の元来の仕事だと言われるのである。倫理的卓越性と知的卓越性、徳と思慮は、相互に切り離し得ない。徳を欠いた思慮はたかだか怜悧ないし狡猾に留まり[88]、逆に思慮を欠いた徳は、動物や子供でも持ちうる生来的徳(physikē aretē)に過ぎないのである[89]。こうして徳という目的を実現する手段として、これに密接に結び付いた形で思慮がめぐらされねばならない。そのとき様々な知識と思案が積み重ねられて、正しい行動へと至るというのである。

行為と責任

徳と思慮が相互につながっているというアリストテレスの見解は、行為と責任についての構想と関連する。従来、彼の行為論は、我々の言う意志論の要素を看過しているという理由で、厳しく批判されて来た[90]。しかしこの批判に対しては二つの方向から、アリストテレスを擁護することが可能である。

第一に、「自由意志論と決定論との論争が神学においてはどんなに大きな問題であろうとも、それは行為の問題に関してはほとんど実質的な関わりはない」[91]と擁護できよう。すなわち、自由意志論者も決定論者も、或る行為を自由に選択できると信じて行為する点では変わりがないのである。そう信じていることが実は幻想か否かで意見が分かれるのだが、たとい幻想でそう行為したとするにせよ、その行為者に行為の結果に対する責任を負わせる点では意見は一致しているのである。そしてアリストテレスが問題としているのは、前者の神学的レヴェルではなく、後者の市民社会の法的責任のレヴェルである。したがってアリストテレスが自由意志論に関わる議論に立ち入っていなくとも、それは彼の行為論にとって瑕疵《かし》とはならない。

しかも第二に、アリストテレスといえども、意志の問題を全く度外視しているわけではないのである。有名な行為の「随意性」と「不随意性」をめぐる議論は、行為が行為者の意志に随《したが》うものか否かで、責任の所在も異なって来ることの精緻な分析にほかならない。『ニコマコス倫理学』第三巻一章の前半[92]でアリストテレスは、行為(praxis)を二種に大別する。(1)「随意的(本意的・自発的)なもの〔to hekūsion〕」と(2)「不随意的(不本意的・非自発的)なもの〔to akūsion〕」である。このうち(2)は更に、(2a)強制(biā)による行為と、(2b)無知(agnoia)による行為、に細分される[93]。

さて第三巻一章の後半[94]では、アリストテレスは行為を三種に分類する。すなわち、(2b)のうち、後に苦痛や後悔を招く行為とそうでない行為を分け、前者のみ(2b)に入れ、後者、すなわち無知によって為したが後に不本意とは感じない行為は、酔っ払ったり憤激したりして無意識に為す行為などとともに、(3)「随意的でないもの(to ūk hekūsion)」としてくくっていると解されるのである。この行為の形は「不随意的行為」と紛らわしく、当初[95]の二分法からもずれるが、やはり行為の種類としては分けた方がよいように思われる[96]。

さて（1）の随意的行為とは、動機が行為者自身にあり、しかも行為者がその行為の背景となる状況をわきまえている行為である。（2b）強制による不随意的行為は、暴君によって無理に悪事をさせられる場合のように、行為の動機が行為者にではなく他人にある行為である。それに対し（2b）無知による不随意的行為は、槍の先に覆いがついていないことを知らないで、他人を突き殺してしまった場合のように、突くという行為に関しては動機が行為者にあるが、殺すことに関しては動機がない、むしろ不本意である行為である。最後に（3）の随意的でない行為には、酔っ払いが無意識に醜悪な行為を働く場合などが含まれる。ではそれぞれの行為の責任の所在について、どう考えるべきであろうか。

（1）の随意的行為は、動物や子供でもするのであって、その場合には倫理的責任は問題にならない。むしろ成人した人が思案を経て選択した行為において、倫理的責任ということが問われる。ここでアリストテレスの「倫理的責任を理解する鍵ともいうべき」[97]「選択（proairesis）」という概念が出て来る。[98]（2a）の強制的行為については、選択の余地が殆どないので、大概の場合、倫理的責任は不問に付される。ただし如何なる強制にあっても決して選択してはいけない行為として、母殺しなどをアリストテレスは挙げている。また（2b）のような個別的な事象についての無知に基づく行為に対しては、憐れみないし同情が寄せられる。[99]しかし無知で為す行為についても、一般的な無知については非難される。[100]当然知っているべき法律を知らないで犯した法律違反は、罰せられるのである。[101]更に（3）の酔っ払いの醜行についても、責任がないとは言えず、酔っ払ってしまわないことを選択できたのにそうしなかった限りにおいて、責任が問われるのである。[102]

放埒と無抑制

総じて酒色にふける放埒な人間は、自ら放埒となったことに対して責任がある、とアリストテレスは考える。

その性格は放埒という随意的な行為の積み重ねの結果なのだから。しかしそれは一種の習性（hexis）だから、放埒な人間が望みさえすれば直ちに節度のある人間に成れるというものではない。[103] それだけになおさら、倫理的に善い習性を作って行くことが大切なのである。

ここからアリストテレスは、ソフィストたちの「善は見せかけに過ぎず、誰でも自分にとって善と見えるものを目指すだけであって、それが客観的に悪でも、善と見えてしたのだから責められない」といった理論に応酬していると解される。[104] すなわち、何が善と見えるか、その見え方に対して人は責任があるのだ、と。

だがそれにしても人はなぜ放埒が悪だと知りながら、悪へと走ることがあるのか。これはアリストテレスによれば、自制力の欠如、すなわち無抑制（akrasia）のゆえだが、無抑制は判断のまずさだと言われる。[105] アリストテレスは例えば、甘いものを嗜好する例を挙げている。[106] 人は「甘いものは健康に悪い」という原則を知っていながら、他方「甘いものは美味しい」ということも知っている。いま目の前に一切れの甘菓子があると、人は美味しいものとしてそれに対する欲望（epithymia）を抱き、「これは健康に悪いから避けるべきだ」といった判断を、意識すると否とにかかわらず無視してしまう。知識はあっても判断がまずくなるのである。こうして欲望に負け、善くないことへと走るという事態が生じるのである。ここからアリストテレスは、「知を所有しつつ抑制を失うことなどあり得ない」というソクラテスの逆説的な説[107]が或る意味で正しいという結論に達する。というのは、抑制を失う人が有しているのは「甘いものが健康に悪い」という真の知ではなく、「甘いものは快い」といった、欲望に従う偽ものの知識だからというのである。[108]

なお放埒な者はみな内心悪いと知りつつ欲望に負けて酒色にふけるというわけではもちろんなく、むしろ目前の快楽を追求すべきだと思いなしてそれをする場合の方が普通である、とアリストテレスは付言している。[109] ここで更に快楽について考えておく必要がある。

9　快　楽

アリストテレスは快楽について、『ニコマコス倫理学』の第七巻11章から14章と第十巻1章から5章の二箇所で、論じている。

第七巻では、快楽についての次の三つの考え方を検討する。(1)いかなる快楽も善ではない。(2)善である快楽もあるが、たいていの快楽は悪である。(3)善である快楽があるとしても、快楽が最高善ということはあり得ない。以上三つの考え方は、いずれも当時アカデメイアで行なわれていた論争と関連があると見る学者もいるが、[110]歴史的にはその提唱者を同定できない。(1)の説は、スペウシッポスのものと推定されるが、現存する数少ない彼の断片の中には、このような説は出て来ないのである。(2)については、プラトンの『フィレボス』篇[111]でソクラテス自身の意見として出て来るが、それ以外の典拠をアリストテレスが持っていなかったとは言い切れない。(3)は、やはり『フィレボス』篇[112]に見られるが、誰の意見と明示されているわけではない。したがって当時の論争が背景にあるのか、常識的に考えられる可能な議論の型を範型的に整理したのか、[113]決め手はないのである。いずれにせよアリストテレスは、いずれの論にも弱点があることを第七巻で論じているが、彼自身の立場がどのようなものかについては、明言していない。

彼の見解を明らかにするのは第十巻においてである。ここでも彼はエウドクソスの説の検討などから入るのだが、それは、万物が快楽を追求する限り、快楽は好ましいもの、善いものではないか、という説である。[114]そして「あらゆる感覚に応じてそれぞれの快楽が存在するわけだし、同様に知的認識とか観想（theōria）の働きとかについても、そうした快楽が存在している」[115]、と論じ進む。こうした考察を経て辿り着くのは、善い活動に固有な快楽は善い快楽であり、善くない活動に固有な快楽は善くない快楽である。（同書第十巻5章、1175b27–28）

という結論である。快楽が善か悪かその中間かは、快楽がそれに伴うところの活動の倫理的性質に依存しているというのである。この結論は、快楽だけ取り出して、それが善か悪か論じていた従来の論じ方に比べて、画期的に新しいものだったと評価されうるだろう。(116)

更にアリストテレスは別の論点も付け加える。(117) 快楽を判断する場合、真に善いもの、真に快適なものを判定するのは、優れた人でなければならない、と。ちょうど「ロバは黄金より藁を選ぶ」（ヘラクレイトス）(118) ように、また健康な人にとって不味いものを、病人が好むことがあるように、善い人にとっては醜悪でしかないものを、頽廃し倒錯した人は、快楽と感ずることがある。

およそいかなる事柄においても尺度となるのは、徳であり、「善い人であるかぎりにおける善い人」だとするならば、快楽の場合においても、かかる人に快楽と見えるものが快楽であるのであり、かかる人が喜びを感ずるものが快適であると言うべきであろう。（同書第十巻5章、1176a17–19）(119)

10　幸福としての観想

観　想

さて本書では本章3節「幸福論」の所で、『ニコマコス倫理学』全体の幸福論の結論を先取りしておいた。『ニコマコス倫理学』第一巻の幸福論の論旨は、この結論を含意しており、全体の骨子を見通すために、始めにそこを確認しておく方が得策だと考えたからである。いずれにせよその結論は第十巻6－8章で詳論される。全体の結びとして、この部分をもう一度少し詳しく確認し、さらにその問題点を洗っておきたい。

アリストテレスは第一巻において、「人間の善は、魂の活動として人間の卓越性によって生まれて来るものであろう。そしてもしその卓越性が複数あるときは、最も善い最も究極的な卓越性によって生まれて来る」[120]、と述べていた。この善とは幸福なわけだが、十巻7章ではこれを受けて次のように論じ進むのである。

幸福とは卓越性に即しての活動であるとするならば、当然それは、最高の卓越性に即しての活動たるべきだろう。それゆえ、これが理性（nūs）であるにせよ、またそれ以外の何であるにせよ、……またそれがそのもの自体として神的な存在であるにせよ……この最善のものがそれに固有の卓越性を備えることによってする活動が完全な幸福であることになろう。それが観想的な活動にほかならないことは既に述べられた。[121]（同書第十巻7章 1177a12-18）

理性を固有の機能とする人間の、完全の幸福、最高の生活とは、観想的生活（bios theōrētikos）にほかならないというのである。これは知者（ho sophos）の生活とも言い換えられるが、アリストテレスはこれが最も快適で自足的な生であると言う。[122] 他の生活では、例えば正しい人は正しくあるために正しい行為をする相手を必要とするが、知者は一人でその活動を続けうる。しかも他の実践的活動は「閑暇（scholē）」を得ることが目的だが、知者の活動はその活動自体が目的なのである。

われわれは閑暇を持つために忙殺され、平和に生きるために戦争する。……もろもろの卓越性に即しての営みのうち、政治的とか軍事的なそれは……非閑暇的であり、或る目的を希求していてそれ自身のゆえに望ましくあるのではないのに対し、理性（nūs）の活動は――正に観想的なるがゆえに――その真剣さにおいて優っており、活動それ自身以外のいかなる目的も追求せず、その固有の快楽を内蔵していると考えられ……、こうして自足的、閑暇的、人間に可能な限り無疲労的、その他およそ幸福なる人に配されるあらゆる条件がこの活動に具備されているものであることが明らかなのであってみれば、当然の帰結として、人間の究極的な幸福とは、まさしくこの活動でなくてはならないだろう。（同書第十巻7章 1177b4-26）

神的なもの

更にアリストテレスは、神的なものとの比較の論点を付け加える。

理性が人間を超えて神的なものであるとするならば、もっぱら理性に即した生活も、人間的な生活を超えて神的な生活だとしなくてはならない。人はできるだけ不死にあやかり、自己のうちにある最高の部分に即して生きるべく、あらゆる努力を怠ってはならない。（同書第十巻7章 1177b30-34）

この有名な文章は、「アリストテレスが常識的な視点にたえず言及し、また明らかにこれを尊重しているにもかかわらず、幸福について彼自身の意見を述べる段になると、高度に理想主義的な心情を持ちうることを示している」[123]。ただ、ここにも、植物・動物・人間の階層についてのアリストテレスらしい常識的観察が基礎にあることも忘れてはならない。すなわち、植物は栄養摂取と生殖能力を持つに過ぎないが、動物は加えて感覚・運動・欲求・表象能力などもあわせ持ち、更に人間となると、こうした低次の能力だけでなく、神々と分有するところの理性もまた所有している、という観察である。

図3-1 『アテナイの学堂』
中央に，アテナイの学園を逍遥しながら論じ合う，プラトンとアリストテレス，老若二人の哲人を描いている．超越的なプラトンと現実の経験や観察を重んじるアリストテレスの相違を，天を指す前者と地を指す後者の身振りで，対照的に表現している．ラファエルロ筆　バチカン美術館・署名の間

『形而上学』との比較

なお神々のなす活動が観想であるというのは、アリストテレスの『形而上学』の結論でもあった。ただその理由付けが、『ニコマコス倫理学』の場合とは異なる。『形而上学』第十二巻では、生成の条件から不動の動者の必要が説かれる。すなわち、不動の動者は愛の対象として存在することによって他のものを動かす純粋な現実態（energeia）であり、観想の活動にはいかなる運動も変化もないので、この現実態の活動に相応しいと述べられる。(124) それに対し、『ニコマコス倫理学』では神々の活動に相応しいのは、正義や勇気や制作ではなく観想のみだ、という論じ方がなされる。すなわち、契約したり、預かったものを返したりする、正義の活動は神々に不似合いだし、冒険したり危機にあったりしてそれを乗り越える勇敢な神など笑うべきである。(125) しかし神々が生きかつ行動していることも事実だろう。とすると神々の活動は、行為や制作ではなく、観想の活動でしかあり得ないこととなる。(126) このように理由付けは異なるが、『形而上学』も『ニコマコス倫理学』も神々の活動を観想とする点では一致するのである。

プラトンとの比較

さてアリストテレスにとってもプラトンにとってと同様、人間は一

部は神的なもの、一部は動物的なものの複合体である。しかし両者の人間観の違いは次の点にある。プラトンは『国家』篇第七巻で、哲学が善のイデアに接した後ふたたび政治的葛藤の場に下って行くのは、幾分格下げであるかのように書いているが、アリストテレスの場合は政治的社会的分野での実践的活動は、典型的に人間的な活動として重視されるのである。実際『ニコマコス倫理学』全体の末尾第十巻9章は、倫理学から政治学への道行きへと展望を開いて結ばれる。

倫理学から政治学へ

『ニコマコス倫理学』は実践とか行為の領域について論じて来たのだが、こうした領域における究極的目的は、事柄を単に観想し知ることにではなく、むしろ実行することにこそあると、アリストテレスは全巻の最後の章（第十巻9章）で強調する。そして言説というものが実際の行動に与える影響力については、懐疑的に語る。

言説が大衆を善美の域へと鼓舞する力を持たないことは明らかな事実である。なぜなら、大衆は本性上、羞恥にではなく、恐怖に服従し、劣悪な行為も、その醜悪さのゆえにではなく、刑罰のゆえに、慎むのだから。すなわち、彼らは情念のままに生き、彼らに固有な快楽や、こうした快楽を生じさせる事物を追い求め、それらに対立する苦痛を避ける。しかし、美しい、本当の意味で快いものについては味わったことがないため、それがどんなものか予感すら持ち合わせていない。（同書第十巻9章 1179b10–16）

このように大衆の倫理的水準に対して手厳しい評価をするアリストテレスは、己の議論の効用についても、何ら幻想を抱くことはない。しかし、ではどうすればよいのか。

或る人々の考えによれば、立法者は、一方において、習慣によりかなりの進歩を遂げている人は法律の命じるところに聞き従うであろうと考えて、彼を徳へと奨励し、美しい行為を目指して鼓舞しなければならないが、他方において、不従順な、素性の卑しい者には、懲戒や刑罰をもって臨み、更に、癒し難い者に対しては、これを完全に追放してしまわなければならない。(同書第十巻9章 1180a5-10)

この「或る人々」とはおそらくプラトン[128]に代表される人々を指すと思われるが、アリストテレスはこれに同意して、不正に「快楽を欲求する劣悪な人」には、法律によって刑罰の苦痛を掲げて、悪を為すことを思い留まらせるほかはないと考えるのである。だから倫理学の研究は、法・慣習・社会組織・政治組織を含む人間社会の研究である政治学の探求を指差し、これに接続するものとなる。こうしてアリストテレスは己の倫理学を開いた形で結ぶのである。

アリストテレスにおける「神的なもの」の「観想」再考

以上第Ⅰ部全3章にわたって見来たった古典ギリシアの実践哲学は、ミレトス学派に始まり、アリストテレスの『ニコマコス倫理学』をもって集大成されるに至った。倫理思想の源流として、我々が随所に注目して来たのは、人間や自然を超えるものへの「驚き」の眼差しであった。タレスはその驚嘆の中で自然を超える原理として「水」を挙げ、アナクシマンドロスはこれを「無限者」と解説した。「驚き」との関連でタレスに言及し、彼を「哲学の創始者」とするアリストテレスも、「原理(archē)」を探求する「第一の哲学」としての『形而上学』を「二重の意味で神的」で、「最も畏敬さるべき学」と考えた[129]。「二重の意味で神的」と言われるのは、「神の所有たるに最も相応しい学」であり、しかも「神的なものを対象とする学」だからである。彼における「驚き」の対象は「神的なもの」に極まるように見えるのである。ところが、『ニコマコス倫理学』最終巻も『形而上学』と呼応しつつ、「神的なもの」とその「観想」へと、考察は集束した。表立って論じられないが、我々を超える「神的なもの」を眼差す限り、ここでも「驚き」が底流していることは、見られる道理であろう。[130][131]

しかしその「神的なもの」への言及が一見唐突に見え、またプラトン的神観と類似しているため、『ニコマコス倫理学』の「観想」論全体が、プラトンの影響の強かった初期の著作の混入だという説は根強い。だが、上述の『形而上学』第十二巻以外にも、初期の『哲学への勧め』の第11-13断片から最後期の『霊魂論』第三巻に至るまで、――後述する限定された意味においてであるが――「『神に憑かれた宗教的熱狂』が……一貫して持続するアリストテレス思想の定項の一つ」であること、また『ニコマコス倫理学』内部においても第一巻7章、第六巻13章等に「観想」への伏線が敷かれていることなどを鑑みると、「観想」論は『ニコマコス倫理学』の体系における、やはり当初からの結論部を形成していたと解するのが妥当なように思われるのである。[132][133][134][135]

ではこの結論部とそれ以前の部分とは、どう結び付くのだろうか。より具体的には、観想と倫理的徳とがどういう関係にあるのか。これについても諸説あるが、ここでは岩田靖夫氏と共に、連関は「内的には……ないが、外的に……ある」と考えたい。すなわち、「人間は本性的に共同体的な存在である」から、他者との関係における倫理的な徳の実践は人間として不可欠である。しかし理性による観想という最高の徳（卓越性）に比べ、「その他の徳（卓越性）に即しての生活が幸福な生活であるのは、第二義的なものとしてでしかない」とアリストテレス自身明言する限り、倫理的な生そのものが第一義的な最高の生と考えられていないこともまた明らかである。その際、倫理的な生と観想の生は分離するのではなく、「観想する哲学者は、同時に、健康に配慮し、契約を履行し、政治に参加する市井の倫理的人間である。しかし、この場合、倫理的生が人間の幸福の基底層であり、観想の生がその上に開花する実りである」、というのがアリストテレスの趣意だと解されるのである。[136][137][138][139][140]

大衆への侮蔑

だがここで更に問わるべきは、では哲学者の観想の境地に至るべくもない一般の人々は、最高の生を享受できない憐れな「二義的」人生を送るしかないのか、という点であろう。そしてこの問いに対するアリストテレスの答えは、然り、であるだろう。従来「幸福にあずかる可能性を奴隷にまで及ぼしはしない」[141]という、アリストテレスの奴隷制肯定の差別思想ばかり批判されて来た。[142] しかし批判するとすれば、「本当の意味で快いものについては味わったことがないため、それがどんなものか予感すら持ち合わせていない」「大衆」[143]に対するアリストテレスの侮蔑にまで、あるいは批判の対象を広げて然るべきではないだろうか。

そしてなぜこのような差別や侮蔑が生ずるかと言えば、その淵源は人間の本質を理性に見るアリストテレスの人間観にあるだろう。このように人間を見る限り、理性において優れない人間は切り捨てられ、謂う所の第一義的に幸福な生の外に放り出されるほかはあるまい。しかし果たして人間の本質は理性なのか。現代ではこの点がそもそも根本的に揺さぶられている。「ホモ・サピエンス（homo sapiens、理性人）」という人間定義は、近世末期から「ホモ・ファーベル（homo faber、工作人）」「ホモ・ルーデンス（homo ludens、遊ぶ人）」、さらには、「象徴的動物（animal symbolicum）」「隠れた人間（homo absconditus）」等々、様々な人間の捉え方によって相対化され、「我々は今日もはや人間の本性についての見解に関して、いかなる一致をも有していない」[144]という二十世紀前半のシェーラーの指摘は、二十一世紀に移行した現在ますます妥当性を増しているように見えるのである。[145]

そして事は、人間の本質だけでなく神の本質とも関わる。上述のとおりアリストテレスは、クセノファネスの擬人神観批判を継承展開するかのように、正義や勇気や制作を神に帰するのは笑うべきことだとしていたが、クセノファネスのそもそもの出発点は、これも既に見たことだが、ホメロスやヘシオドスの神々の非倫理性への疑念であった。もし神が正しく勇敢で、総じて倫理的であるならば、擬人神観を一概に否定する必要もないのではないか。それでもアリストテレスは、これも否定する。「アリストテレスのうちには、民衆の信仰している通常の意味での祭儀的宗教にかかわり合おうという意志は全くない。だから、祈りにおける人格的な神との神秘的合一というような意味でなら、アリストテレスの中にはそういう宗教的観想は存在しない」(146)。要するに彼が民衆の神観を否定する理由は、それが人に擬しての幼稚な神観だから、ということになるだろう。

擬人神観の擁護

しかし翻って考えるならば、アリストテレスが神を理性として捉えたことも、人の理性からの類推以上ではあり得ず、人は原理的に人に擬しての神観を超え得ないのではないか。また「民衆」とて果たしてそれほど幼稚にして愚昧であると貶めて済むものなのだろうか。彼らのうちに、哲学者の言う意味での理性的な神観を有している者は少ないかもしれないが、この世に棲む人が神に出会う道が、人に擬した何らかのこの世の象徴を通してでしかあり得ない限り、それは倫理的な人格神で十分だという認識が、意識すると否とを問わず、彼らの健全な出発点なのではないか。現代神学の用語で言うならば(147)、神には無制約性と具体性の両面があるのであり、その無制約性を哲学的に突き詰めることは必要だとしても、その宗教的具体性を徒に捨象するならば、人間にとっての神は痩せ細るほかはないのではないか。アリストテレスは神概念を理性的に先鋭化する余り、こうした二面性に敢えて留まる民衆の知恵を性急に切り捨て過ぎてはいないであろうか。

ヘブライ的奴隷ないし捕囚民の倫理へ

このような諸々の疑問を思うとき、我々は総じて理性的なギリシアの神概念から学びつつも、具体的な倫理の次元で優れて人と交わる、ヘブライ的な神理解へと視野を広げる必要に思い至るのである。そしてそのことを思うとき我々は、結局理性において劣る者は切り捨てる、ギリシア的貴族ないし自由民の倫理に対して、どうしようもない愚民をも掬《すく》い取ろうとするヘブライ的奴隷ないし捕囚民の倫理の探索へと駆り立てられるのではないだろうか。こうした問題意識を抱懐しつつ、考察は第Ⅱ部へと展開する。

注

(1) アルベルティ、ロック、カント、ヘーゲルらの家族論、人倫の体系論、シェーラーやマイノンクの価値論、フッサールの間主体性論等々への広汎な影響力については、小倉志祥「アリストテレスと現代倫理学」『アリストテレス』(日本倫理学会編、慶応通信、一九八六年、一二九-一六一頁)に詳しい。

(2) G・E・R・ロイド『アリストテレス　その思想の成長と構造』[G. E. R. Lloyd, Aristotle. The Growth and Structure of his Thought, 1968](川田殖訳)みすず書房、一九七三年、一七五-一七九頁参照。

(3) またアリストテレス『ニコマコス倫理学』第一巻4章の終わり(1095b1)でも、「ここ(倫理学)では、何をなすべきかという『こと(hoti)』が出発点なのであり、もし満足な仕方でそれが明らかに知られているのであれば、それのなさるべき『所以(dioti)』はもはや必要ではないくらいである」と言われ、アリストテレスの事実報告が単なる事実報告に留まらず、当為を見据えていることが推測される(高橋雅人氏のご指摘に拠る)。

(4) アリストテレス『形而上学』四1、1003a33-b1。同書四2、3も併照。

(5) 岩田靖夫『アリストテレスの倫理思想』岩波書店、一九八五年、二九頁。

(6) 『ニコマコス倫理学』第一巻6章、1096a12-15。

(7) アリストテレスが『ニコマコス倫理学』第一巻6章で展開するイデア論批判の論点は、まだ多岐にわたる。その紹介と評価については、岩田前掲書、四七-四九頁の詳細な注

(42) を参照。
(8)『ニコマコス倫理学』一1、1094a1-2。
(9) 同書、一2、1094b7。
(10) 以下、同書、一4、1095a15-17。
(11) 以下、同書、一5、1095a17-20。
(12) 同書、一5、1096a5-10。
(13) 以下、同書、一7、1097b22-1098a20。
(14) 同書、二1、1103a17。
(15) 岩田前掲書、一三九頁、加藤信朗訳『ニコマコス倫理学』(『アリストテレス全集』13巻) 岩波書店、一九七三年、三七八頁、注 (3) 等参照。
(16) ロイド前掲訳、一八六頁。
(17)『ニコマコス倫理学』二1、1103b16-17。
(18) 同書、二1、1103b21-22。
(19) ロイド前掲訳、一八六頁。
(20)『ニコマコス倫理学』二4、1105a31。
(21) ロイド前掲訳、一八七頁。『ニコマコス倫理学』の典拠としては三巻8章 1116b23-1117a5 などが考えられるだろう。
(22)『ニコマコス倫理学』二4、1105a31-32。
(23) 同書、二4、1105a32-33。
(24) 同書、二5、1106a10-12。
(25) 同書、二7、1108a4-9。
(26) ロイド前掲書、一八八頁。
(27)『ニコマコス倫理学』二6、1106b9-14。
(28) 同書、二6、1106a36-b2。
(29) 同書、二8、1109a2-5。
(30) 同書、二8、1109a5以下。
(31) 同書、二8、1109a14-19。
(32) 同書、二6、1107a15-16。
(33) ロイド前掲訳、一九二頁参照。
(34)『ニコマコス倫理学』二9、1109a24-30、1109b14 等。
(35) 同書、二8、1108b35-1109a19。なおロイド前掲訳、一九二頁参照。
(36) V. Brochard, *Études de philosophie ancienne et de philosophie moderne*, 1912, pp. 489-503. 岩田前掲書、二一六頁参照。
(37)『ニコマコス倫理学』二6、1106b21-23、1107a16;三12、1119b16-17 等。なお岩田前掲書、二一七頁;二三一頁、注 (35) 参照。
(38)『ニコマコス倫理学』一4、1095a14-20。
(39) I. Kant. *Metaphsik der Sitten*, S. 404ff.
(40) ロイド前掲訳、一九三頁参照。
(41) 岩田前掲書、二一七頁。
(42) より詳細なカントへの反論については、岩田前掲書、二一八-二二二頁参照。
(43)『ニコマコス倫理学』二7、1108a19-22。
(44) 同書、三6、1115a10-24。
(45) 同書、三6、1115a24-34。
(46) 同書、三7、1116a12-15。
(47) 同書、三8、1116a15-1117a28。

(48) 同書、五1、1129b25-26, 27-28, 29-30。
(49) 岩田前掲書、二七一頁、注（1）。
(50) 詳しくは、『政治学』や『大道徳論』も参観しつつ、優れて専門的な考察を展開している岩田前掲書、七章参照。
(51) 『ニコマコス倫理学』五1、1129a34。
(52) 同書、五1、1130a12-13。
(53) 岩田前掲書、二五二頁。
(54) 『ニコマコス倫理学』五2、1130b31-32。
(55) 同書、五3、1131b3-12。
(56) 岩田前掲書、二八三頁、注（90）。
(57) 『ニコマコス倫理学』五3、1131a24-29。
(58) 岩田前掲書、二五九頁。
(59) 『ニコマコス倫理学』五4、1131b25-26。
(60) 同書、五2、1131a2-9。
(61) 同書、五4、1132a10-14; 五5、1132b28-31。
(62) 『大道徳論』一34、1194a37-b3。
(63) 岩田前掲書、二六四頁。
(64) 『ニコマコス倫理学』五2、1130b30-1131a1。
(65) 原語「antipeponthos」は「応報的」と訳されるのが一般だが（加藤前掲訳、一五七頁注（1）、四〇三頁：高田三郎訳『ニコマコス倫理学』岩波文庫、一八五頁）、宗教的ないし刑法的色彩が濃い訳語なので、等価交換的に相補うという意味で「相補的」、さらには岩田前掲書、二六四頁および二八五頁注（109）のように意訳して「交換的」とする。
(66) 以下、「比例的な与え返し」「対角線的な組み合わせ」といった問題の表現の解釈を含め、明断な理解を呈示する岩田前掲書、二六四－二七一頁に従う。また加藤前掲訳注、四〇三－四〇四頁併照。
(67) 『ニコマコス倫理学』八2、1155b19。
(68) 同書、八2、1156a3-4。
(69) 同書、八2、1155b29-1156a3。
(70) 同書、八3、1156b2-4。
(71) 同書、八3、1156b26。
(72) 同書、八3、1156b25。
(73) 同書、八3、1156b24。
(74) 同書、八3、1156b11-12。
(75) 同書、九8、1168b15-23。
(76) 同書、九8、1168b25-1169a6。
(77) 同書、九8、1168b10。
(78) 同書、八8、1159b2-4。
(79) 同書、九4、1166a1以下。
(80) 同書、六3、1139b15。
(81) 同書、六4。
(82) 同書、六3。
(83) 同書、六6。
(84) 同書、六5。
(85) 同書、六7。
(86) 同書、六7、1141b18-21。
(87) 同書、六12、1144a1以下。
(88) 同書、六12、1144a23-28。

(89) 同書、六13、1144b1-17。
(90) ロイド前掲訳、一九七－一九八頁参照。
(91) ロイド前掲訳、一九八頁。
(92) 『ニコマコス倫理学』三1、1109b30-35。
(93) 同書、1109b35-1110a1。
(94) 同書、1110b18-27。
(95) 同書、1109b30-35。
(96) ロイド前掲訳、一九九頁は「随意的」「随意的でない」「非随意的」「強制的」の四つに分類しているが、ますますアリストテレスの最初の分類から逸れるので採らない。
(97) ロイド前掲訳、二〇〇頁。
(98) 『ニコマコス倫理学』三2。
(99) 同書、三1、1110b33-1111a2。
(100) 同書、三1、1110b32-33。
(101) 同書、三5、1113b33-1114a2。
(102) 同書、三5、1113b32-33。
(103) 同書、三5、1114a3-21。
(104) 同書、三5、1114a31-b25。ロイド前掲訳、二〇一頁参照。
(105) 同書、七2、1145b21-22。
(106) 同書、七3、1147a31-1147b3。なお加藤前掲訳、四二六頁、注（7）参照。
(107) 『ニコマコス倫理学』七2、1145b22-27。
(108) 同書、七3、1147b9-17。この点の解釈は争われるが、加藤前掲訳、四二六頁、注（7）、荻野弘之『古代ギリシアの知恵とことば』（下）、日本放送出版協会、一九九七年、一九〇－二〇〇頁に従う。
(109) 『ニコマコス倫理学』七3、1146b22-23。
(110) ロイド前掲訳、二〇五頁。
(111) プラトン『フィレボス』13B。
(112) 同書、66C。
(113) 高田三郎訳『ニコマコス倫理学』（下）、岩波文庫、一九七三年、二〇三頁、注（89）。
(114) 同書、十2、1172b9-15。
(115) 同書、十4、1174b20-21。
(116) ロイド前掲訳、二〇六－二〇七頁。
(117) 同書、十5、1176a15-24。
(118) H. Diels-W. Kranz, *Die Fragmente der Vorsokratiker*, Bd.1., 1951、およびそれを底本とする、内山勝利編『ソクラテス以前哲学者断片集』第I分冊、岩波書店、一九九六年のB9参照。他にB13, 37 併照。
(119) 快楽は私秘的なものであり、それを評価する一般的「尺度」などないとする見解と、それに対するアリストテレス的な「善い人」の基準をめぐる議論との突き合わせについては、荻野弘之「善と快――アリストテレス倫理学の一断面」『アリストテレス』日本倫理学会編、一九八六年、一七頁以下参照。
(120) 『ニコマコス倫理学』一7、1098a16-18。
(121) 高田前掲訳、二二五頁、注（42）は、「ヌースという用語はここでは一種の躊躇を示しつつ導入されているかに見える」、と注記している。実際第六巻で知的卓越性の五つの形を論じていたところで、むしろソフィアー（知恵）の方が重きをなすように書かれており、そこではヌースは直観に過ぎなかった。だが十巻ではソフィアーはフィロソフィアー（哲学）との関連で言及されるだけで（7章 1177a 等）、むしろヌースが知恵を統括するように書かれているのは、注目に値するのである。引用文末尾の「既に述べられた」が、註解者（高田前掲訳、二二五頁、注（43）、加藤前掲訳、四四二頁、注（1）等参照）の指摘するとおり、実際にはどこにも述べられていないことなども鑑み、講義時期、編集などの異同が推定される部分である。

(122)『ニコマコス倫理学』十7、1177a22-b1。

(123) ロイド前掲訳、二〇八頁。

(124)『形而上学』十二7、1072b1-30。

(125) これは第1章で見た、クセノファネスの擬人神観批判に通ずる考え方である。

(126)『ニコマコス倫理学』十8、1178b7-23。

(127) プラトン『国家』七、519C 以下。

(128) プラトン『法律』722D 以下、『プロタゴラス』325A。

(129) アリストテレス『形而上学』一2、983a5-11。

(130) 例えば『ニコマコス倫理学』十7、1177a11-18。

(131) 解釈上問題なのは、観想（theorein）という場合に、何を観想するのか、その対象の問題である。これについては、W. D. Ross, Aristotle's Metaphysics (Commentary, Vol. 1), p.234の〈数学、形而上学、自然学、三つの領域における真理〉が観想の対象だという古典的な解説がある。岩田前掲書（三九四頁以下）はこれをより精緻に検討して、結論として形而上学的真理に収束してよいと考える。では形而上学的真理が何かと言えば、純粋存在としての神の本性であり、結局は存在そのものの本性である。それを認識することが、自然の法則を認識することに通じ、宇宙の中に神を見るということになる。それが観想の終の対象と考えられる。

(132)「神が万物の尺度である」（『法律』Ⅳ、716c）とか「人間の理想は神への同化のうちにある」（『テアイテトス』176b）といった言い方が想い起こされる。

(133) その説の紹介とそれへの見事な反論については、岩田前掲書、三八五頁以下参照。

(134) 同書、三九六頁。

(135) この箇所と解釈については、同書、三八一－三八二頁参照。

(136) 同書、三九七頁以下、四一五頁以下参照。

(137) 同書、四一五頁。

(138)『ニコマコス倫理学』一7、1097b11。

(139) 同書、十8、1178a9-10。

(140) 岩田前掲書、四一七頁。

(141)『ニコマコス倫理学』十6、1177a8-9。

(142) 例えば金子晴勇『倫理学講義』創文社、一九八七年、五一頁。これに対するアリストテレス擁護の未完の抗論としては、森一郎「奴隷制問題の消息――〈テクノロジーの系譜学〉によせて（上）（中）」『東京女子大学紀要「論集」』

47・48巻、一九九七-九八年。

(143)『ニコマコス倫理学』十9、1179b15-16。

(144) M・シェーラー『哲学的世界観』(亀井裕・安西和博訳)、著作集第13巻、白水社、一九七七年、二八-二九頁。引用は「歴史と人間」という一九二六年発表の論文による。

(145) こうした人間観の変遷についての優れた概観として、宇都宮芳明『倫理学入門』放送大学教育振興会、一九九七年、一六頁以下参照。

(146) 岩田前掲書、三九六頁。

(147) P.Tillich, *Wesen und Wandel des Glaubens*, in: ders., *Gesammelte Werke Bd.* VIII, 1970, S. 142f. [P・ティリッヒ『信仰の本質と動態』(谷口美智雄訳)、新教出版社、一九六一年]

第Ⅱ部 古代ヘブライの宗教倫理

第Ⅱ部の始めに

ヘブライ思想の主たる典拠は『旧約聖書』である。ユダヤ教ではこれを『聖書』と呼ぶが、キリスト教では『新約聖書』と区別するために、『旧約聖書』という呼称を用いる。

『旧約聖書』は「律法」「預言者」「諸書」の三部から成る。倫理思想の観点から見て先ず基本となるのは「律法」である。その中でも綱領となる十戒と、宗教倫理と世俗法の境界が定かでないような法集成とを、以下二章にわたって読んで行きたい。次に「諸書」の中からいわゆる知恵文書について論じたい。中でも倫理思想として重要なテクストを一書ずつ、第Ⅱ部の6、7章と第Ⅲ部の8章にかけて取り上げたい。「預言者」については9章で中核となる二つの預言者に絞って論ずる。

さてその論じ方については、それなりの配慮が必要となる。第Ⅰ部で学んだギリシアの倫理思想は、基本的には実践哲学として普遍的な理性に訴える論証的記述が中心であった。それに対し、ヘブライの倫理は宗教倫理であって、人格神の存在を自明の前提とし、信仰の象徴的言語によって物語られるのが一般である。これを読み解いて、倫理学的に再構成するには、それなりの学的手続きが必要となる。特に最初の数章では、論述の仕方が、ギリシアの場合よりも一層解釈学的になり、場合によっては意識的に現代に至る哲学思想との対応に紙幅を割いて、回り道に踏み込む印象を持たれる向きもあるかもしれないが、それはヘブライ固有の倫理を学的に読解するための意図的な手続きであることに、予め御留意いただければと思う。

第4章　十戒

1　十戒総論

律法（トーラー）と決疑法・断言法

旧約聖書の最初の部分、『創世記』から『申命記』に至るモーセ五書の全体を、「律法（トーラー〔tôrāh〕）」と呼ぶ。しかし中でも、「十戒」[1]、「契約の書」[2]、「申命記法」[3]、「神聖法典」[4]、「捧げ物の規定」[5]、「清いものについての規定」[6]等、倫理的・法的・祭儀的な「教示」のことを、狭義の「律法」と呼ぶこともある。

この狭義の律法を文章形態の上から、大きく二つの種類に分けたのが、アルトの古典的な研究[7]であった。すなわち、アルトはこれを「決疑法（kasuistisches Recht）」と「断言法（apodiktisches Recht）」とに分け、「人がもし……する時には」と場合（Kasus）を設定し、それぞれの処罰規定を記す前者と、「人を殺す者は必ず殺されなければならない」（『出エジプト記』二一12：モース・ユーマース〔môt yûmāt〕文）、「父母を軽んずる者は呪われよ」（申二七16：アールール〔'ārûr〕文）、「殺してはならない」（『出エジプト記』二〇13：ロー〔lō'〕＋未完了形文）のように、端的に命ずる後者とを分けたのである。前者は裁判の存在を前提とし、オリエントの法律に類例が多い。したがってイスラエルがカナン侵入後、カナン人から受け継いだものであろう。それに対し後者は、純イスラエル的であり、カナン侵入前の沙漠時代にその起源がある。以上がアルト説の骨子であった。

十戒の位置付け

アルト死後、この説には大きく分けて二つの方向から批判が向けられるようになった。一つは、純粋に断言法と言えるのは十戒だけではないかという批判。[8] もう一つは、オリエント学の発展によって断言法の類例が続々と発見されているので、これが純粋にイスラエル起源とは言えないのではないか、という批判である。[9] 第一の批判については確かに、内容的にはモース・ユーマース文は、「人がもし人を殺す者ならば、その人は必ず殺されなければならない」、アールール文も、「人がもし父母を軽んずるならば、その人は呪われよ」という風に、むしろ決疑的な法と考えられるので、断言法から除いた方がよいであろう。しかし断言法をもし十戒だけだとするならば、特に異教の神々や偶像を禁止する第一・二戒を中心に、全然法律的効果を説明せず規範を断言する基本法の集成はオリエントに類例がないので、[10] 第二の批判にもかかわらず、断言法はやはりイスラエル起源と考えるのが妥当であるだろう。他方、「殺すなかれ」「姦淫するなかれ」「盗むなかれ」「偽証するなかれ」など、対人関係をめぐる第六戒から九戒は、内容的にはオリエントのみならず仏教の五戒などとも通じ、そもそも人間が社会を形成する際の普遍的な法と考えられる。[11] 十戒にはこのような独自性と普遍性の両面があるのであり、その両面を含めて十戒は、正しくヘブライの倫理を集約した綱領的テクストと位置付けうるはずである。

十戒の原形

いわゆる「倫理的十戒」[12]は、出エジプト記二〇章1－17節と申命記五章6－21節の二箇所に、若干字句の異同を含みつつ、しかし大綱においては一致する形で伝えられている。その元来の形は、次のように再構成されうる。[13]

第一戒：わたしはヤハウェである。わたしの面前で君に、他の神々があってはならない。
第二戒：君は君のために彫像を作ってはならない。
第三戒：君はヤハウェの名をいたずらに唱えてはならない。
第四戒：安息日を覚えて、これを聖とせよ。
第五戒：君の父と母を敬え。
第六戒：君は殺してはならない。
第七戒：君は姦淫してはならない。
第八戒：君は盗んではならない。
第九戒：君は隣人に偽証してはならない。
第十戒：君は君の隣人の家を貪ってはならない。

このうち第一戒から第四戒は神に関する戒め、第五戒から第十戒は人に関する戒めとしてくることができる。そして倫理を倫《ともがら》の理《ことわり》、すなわち人間関係の道理と解する限り、[14]第一戒から第四戒はひとまず倫理学の考察対象から外すのが妥当だろう。残る六つの戒めのうち第五戒と第十戒は解釈が争われるところであり、さしあたっては、仏教の五戒とも通じ、人間関係の基本的な規範を示した、第六戒から第九戒について、その意味を一つ一つ解きほぐして行くこととしたい。[15]

2　十戒各論——第六戒から第九戒をめぐって

第六戒：「君は殺してはならない」（『出エジプト記』二〇章13節＝『申命記』五章17節）

ここで「殺」すと訳したヘブライ語はラーツァハ〔rāṣaḥ〕だが、これは類義語のハーラグ〔hārag〕（一六五例）やヘーミース〔hēmît〕（二〇一例）に比べて用例が少なく（四七例）、若干特殊なニュアンスを持つ言葉と考えられる。この語がどういう場合に使われないかを調べると、死刑および異邦人との戦争の場合の殺人と、動物の屠殺[16]を指す用例がない[17]。とすると、第六戒の意味は、

図4-1　出エジプト——イスラエルの民をひきいて紅海を渡るモーセ　ミニアチュール　パリ，国立図書館蔵

《動物の屠殺や死刑・戦争の殺人は許可するが、それ以外、イスラエル共同体の成員の中で、故なくして無実の人を殺すことは禁ずる》といった辺りに定まるだろう。そしてこの理解は、古代イスラエルにおいて[18]、肉食や動物犠牲[19]の習慣があり、様々の犯罪に死刑が適用され[20]、また聖戦・聖絶の名による異邦人の殺戮も当然視されていた[21]状況を鑑みる時、旧約全体の文脈にも相応しいものと認められるのである。

　しかし第六戒をこういった特殊な意味にだけ閉じ込めるのは、厳密さを装った学問の濫用であり、この戒めの広い意味の射程を徒に縮小するものだ、との反論もありうる。右の解釈は何も一義的に確実ではなく例えば、ラ

ーツァハの少ない用例にたまたまその用法がないからといって、この語の元来の内包を確定してよいものか、この伝で行くならば、もう一つの、より用例の少ない類義語カータル（qāṭal：たった三例！）の場合も同じ意味になり、何故ここで殊更ラーツァハが使われているかも説明できない、しかも『民数記』三五章30節[22]の用例は死刑を指すと解し得、この説の反証とはならないか、等の疑義は残るのである。このように反論する人は、あるいは第六戒を縮小解釈するよりはむしろ拡大解釈することを潔しとするかもしれない。ここで殺す対象は、何もイスラエル人とも、あるいは人一般とすら限られていないのだから、生きとし生けるものと解すべきであって、また殺すことの内実も何も肉体の命を奪うことと限定すべきではなく、これを損傷すること、更には精神的な殺傷までも含むと解す、という風に[23]。こうして第六戒に基づく、非暴力主義、博愛主義、戦争反対論、死刑反対論、動物愛護論、菜食主義等々が生まれる。

この言わば拡大解釈のうち、殺す対象をめぐる議論は少なくとも訂正する必要があるだろう。すなわちこれは仏教的な生命観の密輸入であって、ヘブライ的な生命観には悖る、と。後者によれば、動物と人の生命の軽重については自ずから一線が画されており[24]、また動物を殺す場合には別の言葉（ターバハ〔ṭābaḥ〕、シャーハト〔šāḥaṭ〕等）が用意されているのだから、第六戒に動物愛護や菜食主義の主張まで読み取ることは無理と思われるのである。

ではこの対象を人一般にまで広げることはどうだろうか。それは確かに選民による異邦人殺戮を是とする上述の脈絡には合致しない。だが旧約全体を共時的に一括して論じ切れるものではなく、後代の預言者において、国々の間の平和が待望され[25]、普遍救済主義が高揚される[26]に及んで、過去の民族主義的な偏狭さが是正されて行ったと見るならば、例えばこうした戦争反対論はむしろ第六戒の真意を汲んで、それを時代の制約から解き放つものと言うこともできるはずである。また殺すことの内実をめぐる議論についても、このような言わば心情倫理的な突き詰めは、新約におけるイエスの律法解釈にも見られ[27]、一概に否定できない重みを持っているように思われるのである。

以上、第六戒をめぐる解釈の可能性を、広狭二つの視点に揺れながら辿って来た。この短い命法だけを取って、どちらの解釈が正鵠を射ているかと、いま性急に結論を出すことは差し控えよう。十戒の根拠を問い、他の戒めとの関連を問うて行く過程を通して、自ずとその答えも出るのではないだろうか。ここでは一先ず解釈は開いたまま、続く第七戒の考察へと進みたい。

第七戒：「君は姦淫してはならない」（『出エジプト記』二〇章14節＝『申命記』五章18節）

《姦淫》すると訳した原語ナーアフ〔nāʾap̱〕は、上述のラーツァハほど、多義的な読み込みを許す言葉ではないように思われる。男と既婚の女とが性的関係を持つことを、それは一義的に意味する[28]。第七戒はしたがって、既婚の男が結婚していない女と性的関係を持つことを特に禁止している訳ではなく、まして性的放埒一般を戒めているのでもない。これを、一夫一婦制が確立していなかった古代イスラエルにおける女性の地位の低さの反映と解そうとも、家族ないし氏族の正統な後裔をはっきりさせる当時の結婚の社会的機能の影響と解そうとも、いずれにせよ、男が他者の、女が自己の、結婚を犯すことの禁止が、第七戒の主たる意味である、とこのように一応解せるであろう。

しかしここでも問題はそれほど単純ではない。ナーアフの類義語ザーナー〔zānāh〕は、姦淫を指す[29]のみならず、異教祭儀にまつわる淫行[30]、婚前の不品行[31]、売春[32]、更には淫らな行為一般[33]なども指す外延の広い言葉だが、『エゼキエル書』二三章43－45節などはこれをナーアフと並列して、第七戒の適用範囲を一般化して語っていると解せるのである。実際この解釈を一歩進めると、強姦[34]、近親相姦[35]、同性愛[36]、獣姦[37]、自慰[38]等も第七戒は禁じているということになるであろう。[39] そしてここでも新約のイエスの律法解釈は徹底的であり、この線を心情倫理的に突き詰める所まで突き詰めているように思われるのである。[40]

このように第七戒においても、その固有の背景に基づく元来の意味と、それを取り払った時に明らかとなる一般的な意味との間の揺れが、通時的に見る限り、聖書の内部で既に起こりつつある、と言うことができる。しかしここでも、そのどの意味を取るか、といった議論は後に譲ることとする。

第八戒：「君は盗んではならない」（『出エジプト記』二〇章15節＝『申命記』五章19節）

「盗」むと訳したガーナブ〔gānaḇ〕は、アルト[41]の見解によると、《人をさらう》位に訳すべきであり、第八戒はイスラエルの自由人男子の誘拐を禁止しているのだという。この説は有名ではあるが、実際に検討してみると、様々な問題を含んでいる。[42] 結論のみ述べると、旧約中には確かに人を誘拐するという意味に取れるガーナブの用例もあるが、この第八戒では目的語を省略して、むしろ可能的な様々な目的語を一般的に示唆していると考えられるので、やはり第八戒は他者の所有物を奪う「盗み」一般を禁止したものと解するのが妥当ということになる。

図4-2　モーセ，神より十戒を授かる
シナイ山で，神からモーセは十戒を授かり，宗教上の，道徳上の，社会的な，そして文化的な戒律の全体を受け取った．シャガール筆　パリ，ポンピドーセンター蔵

そしてそう解する時、第八戒の更に

広い意味の射程が浮かび上がって来るだろう。すなわち、旧約のガーナブの用例は具体的なイスラエル共同体の成員個人ないしその所有物の略奪としか関わって来ないとしても、第八戒はその精神において、単にそのような個人的レヴェルだけでなく、社会的レヴェル、国家的レヴェル、更には人類的レヴェルの略奪までを射程に含んで禁止しているのだ、とも考えられよう。窃盗・強盗に加えて、上層階級が弱者から搾取してなす不正の蓄財、外交の美名のもとに行なう他国の侵害、更には神の創造物なる自然の破壊等の禁止も、この第八戒に読み取ることはあながち不可能ではないかもしれない[43]。ここでも解釈は、広狭二つの可能性に開いたまま、第九戒の考察へと進む。

第九戒：「君は君の隣人に偽証してはならない」（『出エジプト記』二〇章16節＝『申命記』五章20節）

「偽証」と訳した言葉を直訳すると、『出エジプト記』では「嘘の（シェケル〔šeqer〕）証言」、『申命記』では「空しい（シャーヴェ〔šāw^{e}ʾ〕）証言」で一文字違うが、意味に大差はない。そして《証言をする（エード〔ʿēḏ〕＋アーナー〔ʿānāh〕）》とは元来法律用語であり[44]、偽証とは具体的に裁判の場で偽りの証言をすることであることに注意したい。第九戒は、「隣人の権利、名誉さらには生命をも実際脅かす、裁判における偽証、すなわち極めて重大できつい、またきわめて具体的で頻繁に起こる問題[45]」を禁じているのである。偽証が古代イスラエルで如何にしばしば問題となり得たかは、それによって殺された[46]、あるいは殺されそうになった[47]無実の被告の話のみならず、偽証を禁じ[48]、同害報復の規定[49]や複数証人の設定[50]によってこれを防ごうとする多くの記述から知られるのである。これは古代の裁判が神裁や自白と並んで証人の証言をきわめて重視したという事情に由来する。しかも裁判は、イスラエルの自由人が祭儀や戦争とともに参与を義務付けられていた、社会生活の基本的な場面であって、イスラエル共同体の社会生活の掟としての第六戒以下が当然言及すべき点なのであった。

ではルター以来人口に膾炙している、虚言を戒め、他人を中傷誹謗することを禁じている、との第九戒解釈は当たらないのだろうか。上述の法律用語、また裁判が社会生活で占める位置等を鑑みて、第九戒が裁判における偽証を第一義的に禁じていたことは、はっきりと認められなければならない。しかしそのことはルターの言わば拡大解釈を排除することになるか否かが、問題なのである。私は必ずしもそうは考えない。このことは逆に、裁判が当時の社会生活で占めていた特別な位置、またなかんずく証人の証言が重視された当時の訴訟形態、といった特殊イスラエル的状況を割り引いて、この戒めの目指している一般的精神を抽出しようとするならば、自ずと明らかではないだろうか。すなわち、それは、特に偽証の場面で先鋭化された訳だが、しかし一般的に「隣人の権利、名誉さらには生命」が危険にさらされることを防ごうとする精神に外ならない。とすれば、虚言によって隣人の権利を侵害し、また中傷誹謗によって隣人の名誉を損ない、ひいてはこれを社会的に抹殺することによってその生命をも奪おうとすることも、第九戒は当然射程に含んで禁止しているはずだろう。十戒がいかなる虚言の禁止をも含むものではないという、注釈者の論定[52]は、したがって元来の語義に忠実である余り、却ってその精神を見失ったものと言うべきではないだろうか。

しかしここでも、一つの戒めの解釈は、他の戒めのそれと、また戒めが発せられるそもそもの根拠への問いと、連動することを心に留めて、本節の考察を一先ず閉じることとしたい。

3　第六戒から第九戒の倫理学的根拠付けの試み

前節で我々は第六戒から第九戒の意味をそれぞれ、旧約全体の脈絡とその語法をめぐる解釈史を鑑みつつ、特殊と一般、二つの視点から探って来た。しかしどの戒めについても、ではそもそも何を根拠にこの戒めは命ぜられたのか、という問いと解釈は連動するように思われた。本節では、一旦旧約解釈学を離れて倫理学的に、戒めのこの根拠付けの問題一般に目を転じて、考察をめぐらしておきたい。

カントの定言命法

倫理学史上この根拠付けの問題をめぐってすぐ想い起こされるのは、カントが定言命法に関して挙げていた四つの適用例のうち第二のものだろう。上述の決疑法と断言法という旧約の律法の分類は、カントの仮言命法と定言命法の古典的な区別を想起させ(53)、しかも定言命法は普通我々が倫理の根拠とみなすものを定式化したものと考えられるので、ここから考察を始めるのは、決して唐突なことではない。そしてカントはここで直接言及している訳ではないが、事柄としては、先に確定した広義の第八・九戒を根拠付ける一つの典型的な可能性を呈示している、と考えられるのである。

さてカントの定言命法から導出される第一の法式、「汝の行為の格率が汝の意志によって普遍的自然法則となるべきかのように行為せよ」の、二番目の適用例とは、《困窮した人が、期限までに返済する見通しがないのに、返済すると嘘の約束をして金を騙し取ってよいか、それが道徳的義務に反するか否か》、というものであった(54)。人はこのような場面に遭遇したとき、定言命法のこの法式を適用してみればよい。もし困窮したとき嘘の約束をするという私の格率が普遍的法則となったなら、誰も約束を信じなくなる。これは約束の自己矛盾であり、約束そのものが意味をなさなくなるということである。「すると、約束もまた約束が目的とすることも不可能となるから、法則はおのれ自身を無効にし、自然法則として意志されるどころか、自然法則と考えられさえしないだろう。」とすれば、この格率は普遍的法則とはなり得ないのであり、嘘の約束をして他人の金を盗むことは義務に悖るということが、分かるのである。以上がカントの議論の要約である(55)。要するに、前節で論じたように、他人のものを私するのが盗みであり、偽証が広く嘘の約束を含むとするならば、ここでカントは何故第八・九戒が命ぜられるのか、その理論的根拠を提示していると考えられるのである。しかし果たしてカントのこの議論は当たっているのだろうか。続いて問わるべきはこの点である。

定言命法への批判と擁護

よくなされるカント批判としては、次のようなものがある。すなわち、カントは義務論者を標榜しながら、ここでは功利論者になっていて、首尾一貫していない、といった論評である。しかしこれは誤読に基づく批判と言うべきであろう[56]。何故なら、カントは何も、皆が偽りの約束をするようになると、自分も結局金を騙し取られて損になるから、偽りの約束をすまい、と言っている訳ではないからである。そうではなくて、皆が嘘の約束をするようになれば、誰も約束を信じなくなって、約束そのものの目的が挫折する、つまり格率そのものが自己を否定することとなる、したがってこの格率は普遍的法則たり得ない、と言っているのであった。

第二に、カントの議論では義務間の衝突を説明仕切れない、とのヘーゲル以来の批判がある[57]。例えばフランケナ[58]は、「約束を守るために、時によっては困窮している誰かを助けることができなくなる、といった場合」をカントは考慮せず、どのような場合も「約束は決して破られるべきではないことを示すことができるかのように語っている」と批判する。確かに実生活においては、困窮している友人を助ける——これ自体、カントが定言命法を適用して導出されると考えた第四の義務である——ためには、嘘の約束をして金を借りねばならない、といった情況に立ち至る事はあり得るだろう。つまり嘘の約束をしない義務と友人を助ける義務と、衝突する義務間のいずれを優先させるかが問題となる、といった情況である。しかしそういった実生活の様々の情況を論ずることは、この小冊子の課題ではなかった。したがってカントに対するこの第二の批判は一種の無い物ねだりであって、原理論を旨としたカントの議論が個々の細かい問題状況まで論じていないのはむしろ当然であり、しかも嘘の約束をしない義務をめぐる議論そのものの当否とは関わりないことだと反論されねばなるまい。

その他さまざまな定言命法批判があるけれども、ここでは立ち入る遑《いとま》がない。(59) いずれにせよ大方の定言命法批判については、我々はカントの肩をもって反論できるように思われるのである。とはいえ、このような批判がいろいろな方向から試みられるということ自体、カントの議論がどこか腑におちない面を持つことを示唆しているのではないだろうか。腑におちない点が正確にどこなのか、それをはっきり剔抉しているのは、寡聞の限り和辻哲郎のカント批判である。(60) 最後に和辻の議論を顧みておきたい。(61)

和辻哲郎の定言命法批判

和辻は、「もし約束が不可能となることを目的として偽りの約束をなした場合はどうであろうか」、との鋭い発問をする。その場合、行為の格率は次のようになる。「約束のない社会を自分は欲する、偽りの約束に引っかかる者のある限り自分は偽りの約束を結び、やがて約束という現象の絶滅することを期する」、と。ところがこの格率は普遍的法則となっても自己矛盾を起こす訳ではないのである。むしろ総ての人が偽りの約束を結んで、約束など信じる人がいなくなり、約束のない社会が出来上がれば、この人の格率は成就するのである。するとカントの法式に照らせば、このような格率は自己矛盾に陥らないから道徳的義務に適うことになってしまう。しかし常識的に考えて、「偽りの約束は義務に合するとは言えぬだろう。したがって偽りの約束の自己矛盾性がその反義務性を決定したのではない」。

ところが約束とは何か。和辻によれば、それは人間と人間の間で、既存の信頼を背負いつつ将来の信頼関係を形成することである。ところが偽りの約束とは、このような信頼関係を前提として真の約束であることを装いつつつ、その信頼を裏切ることを意図することに外ならない。偽りの約束が義務に反する所以は、その自己矛盾性にあるのではなくて、むしろ信頼の裏切りにこそ存するのである。以上が、和辻のまことに説得力に富んだ定言命法批判の大要である。

これはしかも単に定言命法批判に留まらない。カントに切り込む視座として、和辻倫理学の、「単純」[62]ではあるが確固とした基本命題の一つが、ここに図らずも呈示されていたのである。それは人と人との間の「信頼に答えるのが善であり信頼を裏切るのが悪である」[63]という道徳の原理に外ならない。ところでカントをめぐって少し長く論じて来たのは、カントの挙げていた、偽りの約束をして金を奪い取るという例が、我々の主題である十戒の第八・九戒の倫理学的根拠付けの一つの可能性を呈示しているかもしれない、との見通しに立ってのことであった。ところがカントの根拠付けは十分ではなく、むしろそれを批判している和辻の根拠付けこそが当を得ている、というのが以上の結論であった。すなわち、倫理的な禁止命令を根拠付けているのは、定言命法ではなくて、むしろ信頼への裏切りだと考えられたのである。とすれば我々は前節で、第六戒から第九戒がそれぞれ何故命ぜられるのか、を問うただけで、これにまだ答えていないのだが、この問題への包括的説明を和辻倫理学のこの基本思想が与えてくれることを、期待し得るはずである。実際和辻は、十戒中とくに第六戒から第九戒を中心に、精彩ある叙述を物しているのである。

和辻による十戒の根拠付け

和辻は《殺すなかれ》という戒めが通用しない時代・社会があり得るのではないか、という倫理的価値判断の相対性をめぐる疑問に対して、如何なる時代、どのような社会でも、殺人罪を是認し善行とすることなどあり得ない、ただ殺人罪の成り立つ範囲が異なるのだ、と語る[64]。そしてこの殺人罪の成り立つ範囲が、ちょうど人間同士の信頼関係と相覆うというのである。例えば仇討ちによる殺人が罪と認められない時代があったとしても、「復讐が正義の実現としての意義を有する社会においては、仇敵相互の間には信頼関係がなく、したがって仇を討っても殺人罪ではない」[65]からに過ぎない。首狩り族と部族外の者の間において然り、祭司と人身御供の間においても同様に然りである。また現代の文明社会に至るまで、戦争において敵を殺すのは殺人罪ではない。「しかし降伏せる者、負傷せる者、すなわち敵でなくなった者、あるいは信頼の立場に戻って救いを乞う者を殺すのは、明らかに殺人罪である」[66]。もちろん信頼関係をどこに設定するかで、殺人罪の範囲も異なって来る。キリスト教におけるがごとく四海同胞の立場においては、戦争も死刑の執行も総て殺人罪と成り得るし、仏教で生きとし生けるもの総てに信頼関係が広げられる限り、一切の殺生《せっしょう》が禁ぜられる。このように「信頼関係の広狭にしたがって殺人罪の範囲は変動するが、しかし、殺人罪そのものが悪であるという一点においては毫も変わりはないのである」[67]。《なぜ殺してはいけないのか》という問いの答えはここに至って明らかとなる。それは信頼関係への裏切りだからに外ならない。和辻によれば「人が人に対して持つ信頼は人間存在の根底をなしている」[68]が、殺すという、人間存在を抹殺する行為は、「この根底からの最も露骨な背反であり人間の信頼への根本的な裏切りである」[69]。《殺すなかれ》の命法はしたがって、そのような信頼関係への裏切りを禁ずるものに外ならないのであった。

さて第七戒以下についても、和辻は同様の視点から論じているので[70]、簡単に顧みておくこととしよう。

原始社会の或る生活の場面においては乱婚があったとしても、それは姦淫を許容していたということにはならない。その場面で男女が互いに一人を守るということを期待しあっていない限り、姦淫ではないからである。しかしそういう社会においても婚姻に関して厳密な秩序がある場合、他の異性に通ずることは姦淫であり、第七戒にあるように厳しく禁止される。つまり信頼関係があるところでそれを裏切ることは許されないのである。姦淫そのものは時代・民族を超えて禁じられており、その所以はやはり信頼への裏切りに求められるのである。

第八戒の盗みや第九戒の偽りも、時代や社会によっては一見是認されているかに見える。しかし偸盗《ちゅうとう》の本質は単に他人の物を奪うということだけでなくて、一定の所有関係における信頼の裏切りなのである。強者の略奪は、それが正しいと認められた社会においては、弱者が強者に対して奪われないだろうといった信頼をかけていない限り、盗みの範疇に実は入らない。しかし略奪者同士で獲物を私する者があれば、盗みとして排斥されたのだ。つまり信頼への裏切りとしての盗み自体が善と認められることなど、どの時代においてもあり得ない。偽りにしても、確かに敵を欺いて倒す武将はしばしば称賛される。しかし戦争における謀は計であって偽りのうちに入らない。そのような社会でも、味方を欺くことは裏切りとして極度に憎まれるのである。信頼への裏切りとしての偽りが善とせられることは、どのような社会においてもあり得ないのである。要するに、盗みも偽りも、時と処を超えて非とされるのであり、その根拠はそれが信頼への裏切りだからに外ならないのである。

以上が和辻倫理学の基本的視座からする、第六戒以下第九戒までの根拠付けの試みに外ならない。では、この和辻による十戒の根拠付けは果たして成功しているのであろうか。この点を問うことが、次節以下の続いての課題となる。

4 第六戒から第九戒の根拠付け再考——和辻説への疑問

前節までで我々は、どの時代、どの社会においても妥当する倫理的な命法——殺すなかれ、姦淫するなかれ、盗むなかれ、偽るなかれ、という十戒の第六戒から第九戒——が命ぜられる根拠を包括的に説明する和辻説を見て来た。これは、均衡の取れた秀逸な思想であると言ってよいだろう。しかし旧約思想の内部から十戒を見直すならば、少なくとももう一つの根拠付けの可能性があり得るのではないか、と思われる。それは、和辻の、倫理全般の広い理解からの十戒解釈を、必ずしも否定するものではないが、十戒の中心をもう少し別のところに見るべきではないか、という問題となる。僭越ながら、和辻への素朴な疑問を一、二つぶやくところから始めよう。

神関係の戒めの位置付け

（一）和辻は、「モーゼの十誡の内、仏教の五戒と共通な四つの命令が信頼の裏切りに対する禁止であることはすでに述べたが、残りの諸命令といえども、その点においては変わりはないのである」[71]、と言う。しかしそれは果たして本当だろうか。和辻は以下具体的には第五戒と第十戒のみ論じているが、第一戒から第四戒、すなわち神との関係を事とした戒めはどうなるのか。そして正に人間関係の戒めに、神関係の戒めを先行させて一まとまりとしているところにこそ、ヘブライの倫理の特色があるのではないか。第一戒から第四戒を無視した和辻の議論は、ヘブライの倫理のこの肯綮を逸しているのではないだろうか。

倫理の超越的原理

（二）そして実際、和辻倫理学全体の結構からすれば、信頼への裏切りで論じ止める訳にはいかないはずである。殺人・姦淫・偸盗・偽証が禁ぜられる所以は、それが信頼への裏切りだからであった。ではそもそも何故信頼への裏切りが禁ぜられねばならないのか。ここで和辻も超越的原理を持ち出して来ざるを得ないのである。[72]「対立せる自他が合一への方向を持つ」信頼の現象とはまた、「不定の未来に対してあらかじめ決定的態度を取ることである」（傍点原著者）が、それが可能である所以は、「否定の道による主体の多化・合一の運動」という「人間存在の理法」が働いているからであり、又「人間存在において我々の背負っている過去が同時に我々の目ざして行く未来であ」り、「否定による本来性への還帰の運動」がなされているからである。そして、このような

「絶対的否定性が否定を通じて自己に還る運動」がまた人間存在の理法であった。したがって空間的にも時間的にも信頼は人間存在の理法に基づいており、それに対して信頼の裏切りはこの人間存在の理法への背反だからこそ禁ぜられるのである。十戒の超越的原理としての第一戒から第四戒を論ずることは、このような「絶対的否定性の否定の運動」としての和辻倫理学の超越的原理の存在を改めて確認し、その意味を再考する試みとしても必要となるのではないだろうか。

もう一つの根拠付けへ

こういった疑問点を考えるとき、我々はどうしても、十戒の根拠付けをめぐるもう一つの解釈の可能性を思わざるを得ないのである。何故殺人、姦淫、偸盗、偽証をしてはいけないのか、という問いへのもう一つの、そして恐らくよりヘブライ的な、解答の可能性である。しかしこの点を十全に論ずるためには予め、残る六つの戒めについても、考察をめぐらしておく必要がある。今はその一々について論ずる紙幅がないので、神関係を論じた代表例として第一戒に絞って見ておくこととする(73)。

5　第一戒をめぐって

第一戒：「わたしは、君をエジプトの地、奴隷の家から導き出した、君の神、ヤハウェである。わたしの面前で君に、他の神々があってはならない」（『出エジプト記』二〇章2‐3節＝『申命記』五章6‐7節）

アル・パーナーイ〔ʿal pānāy〕は一種のイデオマティックな表現として「わたしのほかに」と訳すのが習わしだが、人称接尾辞のついた名詞パーニーム〔pānîm：顔・面〕と共に用いられる時は、「……のほかに」という意味になる用例は旧約中他に実は一つもない。そこで右の私訳は「わたしの面前で」と直訳している。これは決して唯一神教（monotheism）的な教えなのではなく——あるいは従来の伝統が無理に「わたしのほかに」と訳して来たのも、そのことをあからさまに認めたくなかった故かもしれないが——、文語訳に依拠する内村鑑三の注釈なども夙に指摘している通り、拝一神教（monolatry）的な勧め以外のものではないのである。すなわち、「わたしのほかに」唯一絶対の神は存在しないと主張するものではなく、「他の神々」の存在はこれを前提としつつも、しかし「わたしの面前で」、それら他の神々を拝してはならない、と命ずるものに外ならない。(74)

第一戒の前半は、今まさに「君」に成就した「出」「エジプト」の恵みの出来事を回顧していた。そしてその恵みにおいて顕現した神の前にあってどうして「君」は「他の神々」を持てようか、というのがこの戒めの後半なのである（十戒に通じてのことだが、ここでのヘブライ語の語形が元来、禁止の命令とともに不可能性の断定であることについては後述する）。今まで自国の隠れた神を嘆き、他国なかんずくエジプトの強い神々に右顧左眄していた君も、今や君の神に出会い、その豊かな恵みを知ったはずだ。ここに断固他の神々を排し、君に顕われた神への忠実を誓い、恵みの中で戒めを守る応答において、遂に開かれたこの神との契約と交わりを全うせよ、というのがこの戒めの告げる核心と一先ず考えられるのである。

ルターの註解

いま我々は微妙な論点に差し掛かっている。ヘブライ思想が、人間関係の倫理の問題を人格神との相関の中で語るとき、倫理学はこの「神」についてどう扱ったらよいのか、という論点である。以下少しく倫理プロパーの問題を離れて、脱線するかに思われるかも知れないが、「神」について倫理学的に語るためにはそれなりの配慮が必要であることを鑑み、またこれがそのままヘブライ的倫理の肯綮に迫ることでもあることに留意して、一見迂路と見える方向へ敢えて踏み込んでみたい。

先ず第一戒の神をめぐる、一六世紀の宗教改革者ルターの有名な註解を顧みておこう。

「ひとりの神を持つ」とはどういう意味なのか。あるいは神とは何か。答え。ひとりの「神」とは、人間が一切のよきものをそこから期待すべきであり、あらゆる困窮に際してそこに頼るべき方のことである。したがって、「ひとりの神を持つ」とは、ひとりの神を心から信頼し、信仰することにほかならない。……君が心を傾け信頼を寄せているもの、それが実際君の神なのだ。……世間には、金と財があれば神と万物を所有しているかに思い込みひたすらこれに頼っている連中が少なくない。見よ、こうした連中も一つの神を持っているのだ。それはマモンという神〔『マタイ福音書』六24〕、つまり金と財である。……同様に膨大な学識、賢さ、権力、恩顧、知遇、名誉を持っていることを頼みとし、これを誇っている者についても事情は同じである。彼もまた一つの神を所有しているのだが、唯一まことの神を所有しているわけではない。そのことは、彼らがこれを失うと如何に意気消沈するかをみれば、よく分かる。……「ひとりの〔まことの〕神を持つ」とは、心が徹頭徹尾それに信頼を寄せるものを持つことだ。(M・ルター『大教理問答』第一部第一戒)[75]

ここには、第一戒の注釈として重要な神理解が開陳されている。一つは、人が信仰しているものは何であれ、その人にとっての神なのだということ、第二は、その神の中にも真贋の別があり、本物の神とは徹頭徹尾信仰できる対象だということ、である。第一の点は余りに非神話化された神理解であって、第一戒の神観念にそぐわない、と思う人があるかもしれない。しかし第一戒が「他の神々」に言及し、それらが、エジプトのラーやオシリスの神であれ、あるいはカナンのバアル神であれ、何らかの政治的権勢、名誉、あるいは経済的蓄財や豊饒等々を保証し象徴する者である限り、ルターの言い方は突き詰めたところ正鵠を射たものと言えよう。しかし第二の点はより掘り下げて考える必要があるだろう。と言うのは、徹頭徹尾金を信仰して死んで行く者もあり得るだろうし、捕囚時代の少なからぬユダヤ人のように強大国の偶像神に惹かれ徹頭徹尾ヤハウェ信仰を全うできなかった者もあるからである。だからといって前者が本物の神を、後者が偽物の神を信じていたというのが、ルターの真意ではないはずである。神の真贋を見分ける基準は徹頭徹尾信仰できるか否かだ、というルターのこの論点は、したがって再考の余地を残しているように思われるのである。

神の真贋をめぐるティリッヒの議論

陰に陽にルターに影響されつつ、信仰との関連において神の真贋をめぐる思索を先に進めたのが、二十世紀の代表的な神学者の一人、ティリッヒ(76)である。彼によれば、

信仰の本質を〔主観・客観の対立の止揚と〕規定することによって、真の無制約性と偽りの無制約性とを区別する……基準が与えられる。自らが無限性を持つかのように偽る〔例えば、「民族」や「人生の成功」といった〕有限的なものは、主観客観の分裂を克服することができない。ここで問題となるのは常に、それを信ずる人が主観としてそれへと向けられた、一つの客観である。彼は普通の認識方法をもってそれを把捉し、普通の取り扱い方によってそれを取り扱うことができる。(P・ティリッヒ『信仰の本質と動態』第一章3節(77))

それに対して「真の」「究極・無制約・無限・絶対」なるものを信ずる「信仰活動においては、信仰の源泉は現在すでに、主観客観の分裂の彼岸に存する(78)」。例えば、パウロが「もはや私が生きているのではなく、キリストが私の内に生きておられるのです」(『ガラテヤ書』二20)と語る時、無制約的なものは私を超えた客観であると同時に、私を根底から生かしめる私の主体に外ならない。「このような経験は、抽象的な言い方では、無制約的

なものの経験における主観客観の対立の止揚と表現することができる」[79]であろう。こうして神の真贋を見分ける基準は、それが主観客観の分裂を超えているか否か、という点に求めらるべきものと考えられる。

以上がティリッヒの論の大要である。ティリッヒも実は原理的には、主観客観の分裂を超えない偽物の神は、徹頭徹尾信仰の対象たり得ないと考えている点では、ルターと一致するのだが、しかし、原理的にはたり得なくとも、上述の通り現実にはたり得る場合があるのであり、その現実を射程に収め、しかも何故原理的にたり得ないか、その根拠にまで遡ってこれを明らかにしたところに、ティリッヒの功績があると言えるであろう。のみならず、このように考える時、ルターの挙げていた金や財、技能や権勢といった世俗的な例ばかりでなく、一般に神聖視されているもの、例えば教会であれ、祭壇であれ、聖書であれ、あるいは神という言葉であれ、それらが主観客観図式を超えた生きた力を持たない偽物の《神》である限り、或る時期を過ぎて冷静を取り戻した主観には、色あせた失望の対象に成り下がるほかはない、ということが知られるのである。しかしそもそも主観客観図式を超えないとは、どういうことであろうか。この間の事情をより明らかにするためには、ティリッヒが別の所[80]で用いている、象徴という概念が有効となる。

象徴をめぐるティリッヒの議論

象徴とは、ティリッヒの定義によれば、(一)自己を超えて他の何ものかを指し示すものであり、(二)その何ものかに関与し、(三)それ以外の方法では閉ざされている実在の層を我々に開示するばかりか、(四)その層に対応する我々の霊魂の次元ないし要素をも開示し、そして(五)故意に作り出されることはできず、(六)生き物のように生まれまた滅びるものである。[81]ところが、人が信仰によって関わる究極的・無制約的なものは総て、この象徴を通して表現されなければならない。[82]何故なら真の究極者・無制約者は、有限的実在の領域を無限に超えており、如何なる有限的実在によってもそれ自身として直接には表現され得ないからである。究極的に我々に関わる者については、我々がそれを神と呼ぼうと、あるいは別のどのような言い方で表現しようと、それらは総て象徴的な意味において言われているのである。それらの表現は「総てそれ自身を超えた彼方を指し示し、それらが指し示すものに関与している。信仰はこれ以外の方法では決して自己を適切に表現することはできない。信仰の言語は象徴の言語なのである」[83]。我々が神に帰属させる性質も、また過去現在未来にわたる神の行為についての報告も、みな我々の日常的有限的経験から取って来て、有限と無限を超えたものに象徴的に適用されたものである[84]。したがってそれを決して直解主義的に解してはならない。

直解主義とは、象徴をその字義通りの直接の意味に解し、自然と歴史から取って来た材料を、それを超えた何ものかではなく、それ自身の意味に解することに外ならないが、それによれば、「創造は童話のいわゆる『昔あるところに……』起こった魔術的行為と解され、アダムの堕罪は場所的に局所づけられ、一人の特定の人間に帰せられる。メシアの処女降誕は生物学的解釈を加えられ、復活と昇天は物理的な事件と考えられ、キリストの再来は地球的ないし宇宙的規模で起こる天災と解される」[85]。ここから信仰についての根本的な誤解も生じる。つまり信仰とは無制約的なものと象徴を通して無制約的に関わることなのに、象徴自身と無制約的に関わることが何か誠実であり宗教的であるかのごとく思い込む誤解である。しかし聖書にしろその叙述にしろ、それはあくまで象徴にすぎないのであって、信仰の対象は、象徴そのものではなく、象徴の指し示している無制約的なものの方でなければならない。ここに至って我々は先に、金や財、技能や権勢などだけでなく、聖書・神・教会・祭壇等一般に神聖視されているものも主観客観図式を超え得ない偽物の《神》でしかない、と言明し得る根拠を知るのである。それらは単なる象徴にすぎないからである。その限りにおいてそれらも、他の世俗的なこの世の事物と何ら選ぶところはないのであり、それ自身が硬直的に拝されないように常に注意されなければならない。

単なる象徴と掛け替えのない象徴

以上のことを明断に認識した上でしかしながら他方、「単なる象徴」という言い方は必ずしも妥当でないことを、ティリッヒとともに認めておく必要があるだろう[86]。というのは、第一に、ティリッヒの言う通り、「象徴的言語は、その深さと力において、如何なる非象徴的言語の可能性をも越えて[87]」おり、これを貶めて考えてはならないからである。のみならず第二に、象徴は確かに無制約的なものに至る手段にすぎないとはいえ、では逆に他の何ものを通して我々は無制約的なものに至れるかと言えば、制約的・有限的な世に棲む我々に他の手段は与えられていないのであり、単なる手段というより掛け替えのない手段だから、とも言えよう。また第三に、「単なる象徴」という言い方には、ティリッヒのいわゆる[88]、神観念における二つの要素――すなわち、無制約性と具体性――のバランスに対する顧慮が欠けているから、と付言することもできるであろう。まことに「人間が無制約的な関わりにおいてある時の、無制約的なものとしての神は、他の如何なる確実性よりも、私自身の確実性よりすら、更に確実なものである[89]」。しかし無制約性はあくまで無制約性にすぎず、その無制約的なものがさやかに洞見されるのは、日常に棲む人間には稀でしかない。日常の関わりにおいては人はむしろ、無制約的な神を、鏡の不鮮明を託ちつつも（『コリント前書』一三12）、象徴という鏡の具体性においてなぞるほかはない。これら諸々の理由からして、象徴を決して貶価してはならない、と考えられるのである。

第一戒の解釈

同様のことは、神話に関しても言うことができる。いわゆる「非神話化」は、「もしそれが象徴を象徴として、神話を神話として解さなければならない必然性を強調するものであるならば、認容されなければならない[90]」。だが「もしそれが象徴一般、神話一般を排除することを意味するならば……拒否されなければならない[91]」。「そのような向こう見ずな企ては決して成功することはない。というのは、象徴と神話は、人間意識の構造と不可分に結び付いた思考と表象の形式を証言するものだからである[92]」。ところで「神話として理解されている神話は……『破れた神話』と呼ばれることができる。キリスト教は、それ自身の性質上、如何なる破られない神話をも否定せざるを得ない。というのは、キリスト教の根本は第一戒だからである[93]」。

ここに至ってようやく我々は第一戒に立ち帰ることとなる。ティリッヒは、我々の数え方では第二戒になるものも含めて一戒に数え、「神を神として承認し、いかなる種類の偶像礼拝も拒否する戒め[94]」との解釈を呈示するのである。しかし私見によれば――この点において我々はティリッヒと袂を分かたざるを得ないのだが――十戒のテクストでは「他の神々」が「偶像」だとは、どこにも言明されていない。しかも「他の神々」のみいわゆる「破られない神話」と結び付き、「ヤハウェ」は独り「破れた神話」を体現している、というティリッヒの更なる指摘[95]は、単なる独断に過ぎない。「君をエジプトの地、奴隷の家から導き出した、君の神、ヤハウェ」という言い方は、それ自身ティリッヒ流に言えば「神話」であろう。この神話を破るか破らないかは、読み手の解釈に掛かっているはずなのである。むしろ「他の神々」も「ヤハウェ」もそれぞれの神話を持ち、それぞれの象徴的な仕方で究極・無制約的なものを指し示しているが、どちらの神話が「君」の近くにあり、「君」の歴史の必然性と結び付いており、どちらの象徴を通して「君」はよりはっきりと究極・無制約的なものと究極・無制約的に関われるのか、そのことを洞見して今ここではっきりと独りの神を選び取れ、との促しが語られていると解すべきではないだろうか。

すなわち、神話・象徴をただ外から眺め客観的に比較秤量しているばかりでは、それが指し示す無制約的なものとの主体的関係は生まれない。時空に棲む人間には、それ自身としては有限にして制約的なものにすぎぬ何らかの神話・象徴を自ら選び取り、主体的に生きた関係、すなわち無制約な関係をそれと結ぶことによって、彼方の無制約的なものを望み見ることしか許されていないとすれば、大切なのは、あるいはその都度この有限の世界での御利益の多寡を窺って複数の神々の間を右顧左眄したり、あるいは「単なる象徴」「単なる神話」とこれを嘲り客観的に傍観していることではなく、今-此処に一つを選び取ることであるはずだ。しかもただ闇雲に選べばよいというものではなく、「君」なりの必然性においてこれを選び取ることだ。そしてその選択の時は熟している。何故なら「わたし」の方から「出」「エジプト」の出来事を通し「君」を救い選び取り、「わたし」こそ「君の神」として今-此処に自らを顕しているのだから。このようにして第一戒は、人がどこで無制約的なものと出会えるか、その秘密を語っているものと言えるだろう。それは何らかの象徴を通してでしかないが、それぞれの人にそれぞれの仕方で迫り来る、したがってその人なりに無制約的に関わり得る象徴を通してであり、期熟したとき、その迫り来るものを敏感に察知しそれを選び取って、その関係を誠実に全うすることによってである、というのであった。

歴史学的解釈学と哲学的解釈学

以上で、現代の象徴論を踏まえた第一戒の解釈の大筋を論じたことになるが、この解釈に至る以前の、テクストの元の意味もここで翻って一言確認しておきたい。イスラエルのエジプト寄留時代にシナイ・ホレブの山でモーセに顕れたヤハウェという神が、出エジプトを導いた自らの救いの業を回顧し、その救いに与った者たちに忠誠を要求する戒めというのが、第一戒についての文字通りの読みというものであろう。しかし神がもし無制約の絶対者であるならば、ティリッヒの言う通り、またギリシアのクセノファネス（第I部第1章2節参照）を持ち出すまでもなく、このような一定の時空の範疇に制約され、この世の事物と相互影響の関係にある相対者であるはずはない。旧約の記者がその時代の神話的神観念を借りて、その限界のもとに記したことの真意を、非神話化して取り出すことが要求される所以である。しかし同時にこのような神話的な理解がその象徴的言語の具体的な表象において、現代にも語り掛ける豊かさを依然有しているならば、またそもそも正しく非神話化するためには、予め神話そのものを正確に押さえておく必要があるとするならば、振り返って神話の文字通りの意味を確認しておく必要もあるはずなのである。

そしてこの点はそのまま次の懸案と結び付く。すなわち本章で我々は第六戒から第九戒の解釈をめぐって、それぞれの戒めの元来の意味だけでなく、そこから特殊イスラエル的な状況を差し引いた一般的な精神、したがって現代の読み手にも語り掛けて来るような意味の射程も探ることに意識的にこだわって来たが、その解釈学的妥当性が以上の議論から明らかになると思われる。歴史的産物としてのテクストは、それが宗教的象徴と関わっていると否とを問わず、その時代の特殊性の制約のもとに体験を表現したものたらざるを得ないのであり、それを解釈する者はその特殊性を正確に認識しその特殊な狭義の意味を明らかにするに留まらず、それを除去した後に闡明される一般的な広義の意味をも大胆にテクストに読み取ってよいし、読み取らざるを得ないのである。これは、客観的なテクストの意味を再構成する歴史学的批判的解釈学に対して、ガダマーやリクールが提唱する、解釈者の主体的地平を顧慮した哲学的解釈学の方向と言うこともできるが（その典型的な具体例は、後述第9章参照）、前者だけでなく後者をも我々は古代のテクストを現代に読み解く際の一つの自覚的な課題とすべきだと考えられるのである。本章において我々は、それぞれの戒めの解釈において広狭二つの意味の間の揺れをそのままに指摘し、その何れを採るかは判断中止して来たが、実は両視点に基づいて、その何れもそれぞれに妥当性を有すると考えたいと思う。

以上で、第一戒の「神」をめぐる微妙な論点を一先ず論じ終えたこととし、倫理の問題に戻ることとする。

6　倫理的命法の旧約的根拠付け

十戒の構成

ここまで、第一戒および第六戒から第九戒について見て来たわけだが、残る戒については、要点を箇条書きにするに留めたい。第二戒から第四戒は、第一戒同様、無制約的な者と象徴を通して無制約的に関わる、言わば信仰の骨とでもいうものを語っていると解し得る。神に究極する目上の者の人間における代表として父母への敬愛を命じた第五戒は、神への戒めである第四戒までと人への戒めである第六戒以降の掛け橋として位置付けられる。また第十戒は第五戒および第九戒とともに、人一般への戒めである第六・七・八戒を、近しい「隣人（rēaʿ）」への特別な戒めとして枠付けている。本章2節では、人間関係を論じた普遍的戒めとして第六戒から第九戒を一括して論じたが、十戒全体の結構としてはむしろ、第六戒から第八戒が一まとまりなのである。では残された問題は何か。それは、普遍的な倫理的命法である殺人・姦淫・偸盗の禁令が、何を根拠に発せられるか、十戒全体の文脈に立ち返って和辻に代わるどのような説明が可能か、という点に収束するであろう。最後にこの問題への展望を開いて十戒論の結びとしたい。

殺人・姦淫・偸盗が禁ぜられる根拠——特殊の側面から

この残された問いは、それぞれの戒めが特殊と一般の両面を有し広狭二つの解釈の可能性を秘めていたのに応じて、やはり二つの側面から答えられねばならない。先ず指し当たっては特殊の側面からこれを考えてみよう。この側面から見るならば、殺人・姦淫・偸盗は、人一般にではなく、特にイスラエル共同体の成員に関わるものであった。とすればこれら三つの戒めは、共同体の成員の生命・家庭・所有を犯すことを禁ずるものである。これが禁ぜられる理由はしたがって、共同体の秩序の維持、延いてはその個々の成員と共同体全体の繁栄の為、ということになるだろう。実際他者関係の戒めの最初に掲げられている第五戒は、この戒めが命ぜられるのは「君の神ヤハウェが君に与える土地で、君が日々永らえるためである」[96]との解説を付していたのである。

しかしこれは戒めの根拠というより目的に過ぎないのではないか、という更なる問い掛けに対しては、その問いを断ち切るように、特殊戒としての十戒はこう答えるだろう。《これらの戒めが守られなければならないのは、それが神からの命令であるからだ。事実十戒の前後には、それが「神」の「告知」であり[97]、したがって民は是非もなくそれに「聞き従」った[98]と記されているではないか》、と。しかし、そのような他者である神からの命令に服従し、ただ他律に甘んじ、しかも「機械仕掛けの神（deus ex machina）」の呈示を以て哲学的な根拠への問いを断ち切って、果たして済むであろうか。以上の議論は、こうした反論の余地を残していると言わざるを得ないだろう。

殺人・姦淫・偸盗が禁ぜられる根拠——一般の側面から

そこで次に十戒のヘブライ語としての語法に目を転じ、一般の側面から考え直してみよう。十戒は普通は禁止命令に訳されるが、原語は否定詞ローに未完了形のついた形で、元来の意味は否定の推量に過ぎないのである。つまり「君は殺しはしないだろう」「姦淫しはしないだろう」「盗みはしないだろう」というのが元来の意味である。現実には殺しの行為をする可能性は残されているが、理念的にはそれを頭から否定しているのである。実際には殺人がなされる現実をより問題にするときは「殺して（姦淫して・盗んで）はならない」という禁止命令となるが、殺しの可能性を否定する理念により傾くならば、「殺す（姦淫する・盗む）ことなどあり得ない」という不可能性の断定ともなる、両義的な表現なのである。

では十戒における理念とは何か。それは十戒の置かれた歴史的文脈に示唆されている。十戒は、エジプトでの奴隷状態から神の恩恵によって導き出されたイスラエルに与えられたものである。[99] そこから歴史の特殊性を差し引いて一般的な理念を抽出するならば、その理念とは、人が神の愛を経験しているということになる。そのような愛に覚醒した者にとって、愛に背いて、その神の愛する共同体の成員、あるいは同じ神の被造物たる四海同胞の生命、家庭、所有を犯すことなどあり得ない。だから殺人・姦淫・偸盗はあり得ないこととして禁ぜられるのである。以上がヘブライ語の語法と歴史的文脈に注目し、一般的な視点から見た十戒の根拠付けということになるだろう。[100]

しかしこれでもまだ人格神を持ち出して来る限り、「機械仕掛けの神」の議論だという不満は残るかもしれない。そこで更に一般化を進めて、この有的な「神」をもう少し無的に非神話化して解釈するとどうなるだろうか。無的な神理解については、旧約聖書の中でもコーヘレスなどが示唆しているが（後述第8章参照）、現代の宗教哲学で次のような比喩を使って説明される場合がある。[101] すなわち、《神は言わば磁場であって、それ自体見えない。しかし磁石と磁石が作る磁場の中に釘が置かれると、釘はそれぞれ小さな磁石となって、互いに惹かれあい連なりあって関係を築いて行く。そういう磁場の働きがなければ、釘は他の釘と関わらず孤立してそこに留まっているだけである。元来エゴイストである人間も、こうした磁場の働きに気付かないとき孤独に自閉しているけれど、その働きに気付き磁場の中に身を置くと他者と関わり出す。そのような愛の働く、目には見えない場のことを、人は人格的には神と表象するのであって、神は元来このように無的な場のことである》。

このような無的な神理解に立って、十戒の広義の根拠付けを探るならば、神の愛に覚醒することと四海同胞への愛に目覚めることは一つだという言い方もできるだろう。《愛をもって他者の存在の掛け替えのなさに気付いたとき、その生命、家庭、所有を犯すことなど不可能である。それは禁止命令によって自分のエゴイズムを抑えることではなく、むしろ他者との共存が自分の生き生きとした生の不可欠の要素であることの喜ばしい承認となるだろう。そしてそれはそうした他者関係へと人を定めた——しばしば人格神として表象されるが、より一般的に言って——私を超えた無的な働きに従うことに等しい。現実には殺人・姦淫・盗みの誘惑に陥ることがあっても、この理念に立ち帰り、この無的な働きに従うならば、殺し姦淫し盗むことなどあり得ないし、決してしてはならない》。これが、十戒の根拠付けの現代的転釈となるだろう。

このような神の愛への覚醒こそ、殺人・姦淫・盗みをしないことに、（人格神的理解に立てば）先立つにせよ、（より非神話化した無的な働きとしての神理解に立てば）並行するにせよ、いずれにせよ、なぜ第六・七・八戒を守らねばならないか、との問いに対する旧約の答えの核心と考えられるのである[102]。

倫理の超越的原理

ここで再び、超越をめぐる微妙な論点に戻るが、倫理の根拠を論ずるにあたって、たといクセノファネスやアリストテレスに批判されていた人格神ではなくとも、「無的な働きとしての神」という、それでも何らかの超越を持ち出して来るのは何故なのか、人間関係の倫理的戒めに限るならば、先に見た和辻の、信頼への裏切りだから殺してはならぬ、との説明で十分ではないか、との予想される疑問に一言応答しておく必要があるだろう。この疑問に対しては、ではそもそも何故信頼を裏切ってはいけないのか、と反問しなければならない。前章で見た通り、信頼を裏切ることは人間存在の理法に反することだからこそ禁じられたのであり、その理法とは元来「絶対的否定性の否定の運動[103]」という超越的原理に外ならなかったのである。したがって和辻の議論においても、倫理の根拠を問うて行き着く先には、証明はできない公準として超越的原理があると言わざるを得ないのである。

そして恐らくそれは和辻の場合に限らないであろう。第一戒をめぐって参照したティリッヒなども言う通り、信仰とは何も既成宗教の《神》を尊ぶことだけでなく、無制約的に関わっていることそれ自体であって、無神論者も含む総ての人が信仰者だという逆説が可能だとすれば（すなわち「神という超越的原理が無い」という超越的原理を論ずる者も、別の超越的原理という神を信じているのだと言い得るならば）、倫理の根拠を問う倫理学は何らかの意味で各人の信じる超越まで遡らざるを得ないのではないだろうか。

もちろん我々は、超越を指し示す象徴そのものが偶像化されないよう、重々注意しなければならない。また超越を笠に着た全体主義の勃興に警戒し、また超越を信仰する単独者の独善を批判してこれを相対化する用意がなければならない。しかしそうした頽落態を恐れるあまり、ことさら超越そのものについて語ることをも忌避しこれに口を噤《つぐ》むことは、倫理そのものの根源を見失うことにならないか。以上、十戒の一般的な根拠付けの試みは、我々にこのように問い掛けてやまないように思われるのである。

超越への驚き

一言付言する。超越そのものは、象徴や神話を通してであれ、一定の信仰の対象となり、すぐれて宗教の問題である。この世界の人間関係の倫理を問う倫理学は、超越そのものよりも、その一歩手前に留まった方が、分に相応しく、また得策かもしれない。すなわち、超越の手前の人の思い、人を超えたものへの「驚き」に留まることである。そして実際、ギリシアの場合に確認した、我々を超えるものへの「驚き」は、このヘブライの十戒においても鍵語となるのである。次のように言表されている。

先ず『出エジプト記』はモーセをして、十戒を授けた後、民に向けて次のように言わしめている。

神が来られたのは、君たちに神に対する驚異の念（イルアー〔yir'āh〕：驚き、畏怖、恐れ。以下「驚畏」と訳す）が生じ、君たちが罪を犯さないようになるためである。（『出エジプト記』二〇章20節）

これと呼応するように『申命記』によれば、やはり十戒授与の直後、モーセは民に次のような神の言葉を伝えている。

どうか、彼らが生きている限り、わたしに対して驚畏の念を持ち（ヤーレー〔yārē'〕）、わたしの戒めをことごとく守る、この心を持ち続け、彼らも彼らの子孫も永遠に幸いを得るように。（『申命記』五章29節）

原語イルアー（ヤーレーはその動詞形）は、普段気付かないでいた事の本質を悟って驚き且つ畏れる、驚異・畏怖の思いを指す言葉である。[104] そして正にこのような驚嘆の思いと、十戒は結び付くのである。この章句を解説して、現代のユダヤ教の哲学者A・J・ヘッシェルは次のように述べる。

妄想と疑われずにすむ知覚など存在しない。だが、世にはこの種の懐疑心を無意味にしてしまうほど驚異的な知覚も存在する。シナイ山のふもとで立っていたすべてのイスラエル人を宇宙的畏怖ともいうべきものが包んだ。人間の心情が耐えられないほど強烈な驚異的瞬間であった。……まさにその瞬間、イスラエルの民は一種の感動を経験しただけではない。突如世界を襲った畏怖を共有することもできたのである。世界を満たしている畏怖の霊にあずかることのできる時にのみ、われわれはシナイでイスラエルの民に起こったことを理解することができる。（A・J・ヘッシェル『人間を探し求める神』二四七頁）[105]

しかし最後に問わるべきは、人はどこでその「畏怖の霊にあずかること」ができるか、であろう。この短い章句に仮にヘッシェルのような読み込みが可能だとしても、現実にはイスラエルの民も、この前後すぐこの驚きの感覚、畏怖の思いを忘れ、エジプトの肉鍋を懐かしみ、シナイの荒野に連れ出されたことを呪うのであった(106)。たとい人は日常の生活において、殺人・姦淫・偸盗の罪を免れ、そして隣人への偽証や欲望を自らに許さないことに慣れているとしても、またたとい神に出会えぬままに、しかしあたかも神に出会ったかのように行為する準縄を与える十戒は、人が踏み誤らぬための道標であり、直接の見神を許さぬ神からの、間接の恵みであると考えられようとも、しかし、十戒の核心が、単に消極的な禁止にでなく、積極的な愛の事柄、しかも超越への驚きに目覚め、その愛への覚醒に基づく事柄に存する限り、真の意味での十戒遵守は突き詰めたところ、この超越とどこで再び出会い、それへの畏怖の思いに満たされるか、との問いに収斂せざるを得ないであろう(107)。

そして実際この問いこそ正に、爾後のイスラエルの歴史が問い続けた問いであった。驚きの感覚を喪失し、神を見失った己の罪に泣きつつ、神の更なる顕現の時処を問い、これを模索し続けた旧約の他の諸書と共に、驚きの思いを取り戻し、超越の顕れ出る時処を改めて探し求めることが、以下、ヘブライの倫理思想を探索する際の根本問題となるようである。次章以下、少し視点を変えて問題の広袤《こうぼう》と多岐を視野に収めた上で、第Ⅲ部第8、9章においてこの根本問題に立ち帰ることとしたいと思う。

注

(1) 『出エジプト記』二〇1-17;『申命記』五6-21。
(2) 『出エジプト記』二〇22-二三33。
(3) 『申命記』一二-二六章。
(4) 『レビ記』一七-二六章。
(5) 同書、一-七章。
(6) 同書、一一-一五章。

(7) A. Alt, Die Ursprünge des israelitsichen Rechts, 1934, in: ders., *Grundfragen der Geschichte des Volkes Israel*, 1970, S. 203-257.

(8) R. Killian, *Literarkritische und formgeschichtliche Untersuchung des Heiligkeitsgesetzes*, 1963; G. Fohrer, *Das sogenannte apodiktische Recht und Dekalog*, 1965.

(9) G. E. Mendehall, *Law and Covenant in Israel and the Ancient Near East*, 1955.

(10) H・W・ヴォルフ『旧約聖書』[H. W. Wolff, *Bibel. Das Alte Testament*, 1970]（大串本亮訳）新教出版社、一九九一年、八二頁。H・J・ベッカー『古代オリエントの法と社会』[H. J. Boecker, *Recht und Gesetz im Alten Testament und im Alten Orient*, 1976]（鈴木佳秀訳）ヨルダン社、一九八九年、三〇九、三二六頁。

(11) 和辻哲郎『倫理学　上』岩波版全集、第十巻、一九六二年、三〇三頁以下。

(12)「祭儀的十戒」もしくは「十二戒」（『出エジプト記』三四14－26）に対する呼称。普通十戒と言えば、「倫理的十戒」を指す。

(13) J.J. Stamm with M.E. Andrew, *The Ten Commandments in Recent Research*, 1967, p.15. なおそれぞれの戒めをどこで区切るかについては、（一）ギリシア正教とプロテスタント改革派、（二）ローマ・カトリックとプロテスタント・ルター派、（三）ユダヤ教で見解が少しずつ異なる。例えば O.H. Steck, *Arbeitsblätter Altes Testament*, 1983, S. 9c の図表参照。本書は（一）の方式に拠る。

(14) 和辻哲郎『人間の学としての倫理学』（一九三四年）岩波版全集、第九巻、一九六二年、第一章第一節参照。

(15) 以下、本章での十戒論の詳細については、拙著『旧約における超越と象徴――解釈学的経験の系譜』東京大学出版会、一九九四年、二三三頁以下を参照されたい。

(16)「屠殺」という言葉が、差別語リストに入っていることは承知しているが、これに代わる適当な日本語は存在しない。「屠り」「殺生」「動物殺し」、いずれもニュアンスが異なる。何より、この語がどのような歴史を踏まえているにせよ、現代の我々の多くはこれを差別的な意味で使ってはいないのである。しかもこれを差別語と決め付けて使用しなければ、差別語として固定するわけだが、差別語ではなく使って行くことによって、その本来の意味を回復して行く可能性も開けるように思われる。そも、差別語の自己規制そのものを自己規制して行く時期に、そろそろさしかかっているのではないだろうか。このように考えて、本書では敢えて「屠殺」という言葉を使うこととする。

(17) A. Jepsen, Du sollst nicht töten! Was ist das?, *ELKZ* 13, 1959, S. 384f.

(18)『創世記』一八7－8、四三16等。

(19)『出エジプト記』一二6、『レビ記』一5等。

(20)『出エジプト記』二一17、二二18、『レビ記』二〇13等。

(21)『民数記』二一2－3、『申命記』二34、七2－5等。

(22)「人を殺した者については、必ず複数の証人の証言を得たうえで、その殺害者を処刑しなければならない。しかし、一人の証人の証言のみで人を死に至らせてはならない」。

(23) 井上忠「倫理学を超えるものから」（佐藤俊夫編『倫理学のすすめ』一九七〇年）二九五－二九六頁を併照。

(24) 『創世記』一28、九3・6。

(25) 『イザヤ書』二2－4＝『ミカ書』四1－3。

(26) 『イザヤ書』四五18－24、五五1－5。

(27) 『マタイ福音書』五21－22：「あなたがたも聞いているとおり、昔の人は『殺すな。人を殺した者は裁きを受ける』と命じられている。しかし、わたしは言っておく。兄弟に腹を立てる者はだれでも裁きを受ける。兄弟に『ばか』と言う者は、最高法院に引き渡され、『愚か者』と言う者は、火の地獄に投げ込まれる」。

(28) 『レビ記』二〇10、『エゼキエル書』一六32、『ホセア書』三1等。

(29) 『ホセア書』一2、三3。

(30) 『出エジプト記』三四15・16、『レビ記』一七7、二〇5・6。

(31) 『申命記』二二21。

(32) 『創世記』三八24。

(33) 『民数記』一五39、『レビ記』一九29。

(34) 『申命記』二二章20節以下。

(35) 『レビ記』一八6－18。

(36) 『創世記』一九5、『レビ記』一八22、『申命記』二三18。

(37) 『出エジプト記』二二19、『レビ記』一八23、『申命記』二七21。

(38) 『創世記』三八9－10。

(39) 『旧約新約聖書大事典』教文館、一九八九年、三四一頁の「姦淫」の項参照。

(40) 『マタイ福音書』五27－28：「あなたがたも聞いているとおり、『姦淫するな』と命じられている。しかし、わたしは言っておく。みだらな思いで女を見る者はだれでも、既に心の中で姦淫を犯したのである」。その解釈をめぐっては、拙論「性と結婚を聖書に問う」（関根清三編『性と結婚・講座現代キリスト教倫理』第2巻、キリスト教団出版局、一九九九年）一三－四九頁参照。

(41) A. Alt, Das Verbot des Diebstahls im Dekalog, in: ders., *Kleine Schriften zur Geschichte des Volkes Israel I*, 1953, S. 333–340.

(42) 前掲拙著『超越と象徴』二七－二八頁。

(43) 内村鑑三「モーセの十戒」（『現代日本思想大系　内村鑑三』第五巻、筑摩書房、一九六三年）三三九頁以下参照。

(44) 『民数記』三五30、『ミカ書』六3。

(45) M. A. Klopfenstein, *Die Lüge nach dem Alten Testament*, 1964, S. 19.

(46) 『列王記上』二一5－14、新約では『使徒行伝』六12－13、七59－60。

(47) 旧約聖書続編中『ダニエル書補遺』の中の『スザンナ物語』参照。

(48) 『出エジプト記』二一1－3、6－8、『箴言』二四28。

(49)『申命記』一九16－21。

(50)『民数記』三五30、『申命記』一九15。

(51) M. Luther, *Der Große Katechismus*, GTB Siebenstern, 1983, S. 73ff. なおルター自身この戒めが第一義的には裁判における偽証を問題にしていることは認めている（S. 73）。他に例えば内村前掲書、三四四頁以下。H. J. Boecker, Recht und Gesetz: Der Dekalog, in: id. u.a.（Hrsg.）, Altes Testament, 1983, S.219. 等参照。

(52) L. Köhler, *Old Testament Theology*, 1957, p. 202.

(53) 金子武蔵『ギリシア思想とヘブライ思想』以文社、一九七八年、序、五－六頁参照。

(54) I. Kant, *Grundlegung zur Metaphysik der Sitten*（PhB 45´ 1965）, S.43.

(55) Kant, Ibid., S. 44. ただし［　］内は、H. J. Paton, *Der Kategorische Imperativ. Eine Untersuchung über Kants Moralphilosophie*, 1962, S.182f. に基づく敷衍的説明。

(56) W.K.Frankena, *Ethics*, 1973（2. ed.）, p. 31.

(57) G・W・F・ヘーゲル『哲学史』下巻の三、岩波版全集14巻c（藤田健治訳）一九九七年、一〇九－一一〇頁。

(58) Frankena, ibid., p. 31f.

(59) 例えば、元来カントの言う『普遍的立法』の普遍性とは総ての人が承認すべきものであるということだったのに、カントは、自分も他人も総て平等に同じ行為をする権利を有するという意味に意味をすりかえたという、岩崎武雄『倫理学』有斐閣、一九七一年、七二頁以下の批判と、それへの論駁については、拙著『旧約における超越と象徴』東京大学出版会、一九九四年、三三－三四頁参照。

(60) この批判の方向は、アイディアとしてはヘーゲル前掲書、一一〇－一一一頁に遡るが、定言命法批判に留まらず、それに代わる視点も呈示して、堂々たる論陣を張っている点で、特に和辻に注目したいと思う。

(61) 次の段落の一連の引用は、和辻前掲書『倫理学　上』二六二－二六三頁による。

(62) 同書、三〇二頁。

(63) 同書、三〇八頁。

(64) 同書、三〇九頁。

(65) 同書、三〇九頁。

(66) 同書、三〇九頁。

(67) 同書、三〇九頁。

(68) 同書、三〇二頁。

(69) 同書、三〇四頁。

(70) 同書、三〇六－三三八頁。

(71) 同書、三一三頁。

(72) 以下一連の引用は、同書、二八三－二八五、一二五－一二六頁。

(73) 神関係の戒めのうち特に、安息日をめぐる第四戒を中心と見る見方も根強い。Vgl. N. Lohfink, Zur Dekalogfassung von Dtn 5, in:ders., *Studien zum Deuteronomium und zur deuteronomistischen Literatur I*, 1990, S.193-209; E.Otto, *Theologische Ethik des Alten Testaments*, 1994, S.215ff. 因み

に A.J. Heschel, *God in Search of Man. A Philosophy of Judaism*, 1955, p.417.［A・J・ヘッシェル『人間を探し求める神――ユダヤ教の哲学』（森泉弘次訳）教文館、一九九八年、五一〇-五一一頁］も、十戒の「テクスト全体は、忠実に英訳されているため、あたかも最初から英語で書かれていたかの印象を受ける。だが驚いたことに、英語に相当する語が見つからないヘブライ語が、一つだけ十戒のテクストにある。シャッバート〔安息日〕がそれである。……恐らくシャッバートはユダヤ教の最も特徴的なものを示す思想である」と語って、安息日戒の重要性を強調する。しかしここではむしろ W. H. Schmidt, *Alttestamentlicher Glaube in seiner Geschichte*, 6. Aufl., 1987, S. 74-81, bes. S. 67ff.［W・H・シュミット『歴史における旧約聖書の信仰』（山我哲雄訳）新地書房、一九八五年、一四六頁以下］等なども共に、第一戒を中心と見、ここに絞って論ずることとする。もちろん紙幅が許せば、総ての戒めについて論じたいところである。残る五つの戒めについては、拙著『超越と象徴』五二-七九頁参照。特に第四戒についての私見は、なかんずく六二-六七頁を参照されたい。

（74）内村前掲書、三〇六頁。

（75）M.Luther, *Der große Katechismus*, GTB Siebenstern, 1983, S. 22.

（76）P.Tillich, *Wesen und Wandel des Glaubens*, in: ders., *Gesammelte Werke* Bd. VIII, 1970.［P・ティリッヒ『信仰の本質と動態』（谷口美智雄訳）、新教出版社、一九六一年］

（77）Ibid., S. 119.

（78）Ibid.

（79）Ibid.

（80）Ibid., S. 139-148.

（81）Ibid., S. 139f.

（82）Ibid., S. 141f.

（83）Ibid., S. 146f.

（84）Ibid., S. 146.

（85）Ibid., S. 146f.

（86）Ibid., S. 142.

（87）Ibid.

（88）Ibid., S. 142f.

（89）Ibid., S. 143.

（90）Ibid., S. 145f.

（91）Ibid.

（92）Ibid.

（93）Ibid., S. 146.

（94）Ibid.

（95）Ibid.

（96）『出エジプト記』二〇12、『申命記』五16。

（97）『出エジプト記』二〇1。

（98）『出エジプト記』二〇19。

（99）『出エジプト記』二〇2＝『申命記』五6。

（100）これは、日本では関根正雄『イスラエル宗教文化史』一九五二年、五三-五四頁、同『旧約聖書序説』関根正雄著作集第四巻、一九八五年、九七頁等が、初めて指摘した論点であり、筆者は前掲拙著『超越と象徴』八二‐九四頁で、ヘブライ語の用例分析に基づいてこの説の吟味検討をしている。それに対する関根正雄氏の反論は、『聖書の信仰と思想——全聖書思想史概説』教文館、一九九六年、五七‐五九頁。筆者の反々論は拙著『旧約聖書の思想　二四の断章』岩波書店、一九九八年、八九‐九二頁〔講談社学術文庫、二〇〇五年、一一七‐一二五頁〕に掲載されている。

(101) 八木誠一、滝沢克己編『神はどこで見出されるか』三一書房、一九七七年、八二頁。

(102) 旧約全体としては、創造論的な答え方も無視することはできない。

(103) 和辻前掲書、一二六頁。

(104) 『創世記』三10、一八17、『出エジプト記』一17、21、三6、九20、30、一四31、一五11、三四10、30等々。

(105) A. J. Heschel, *God in Search of Man. A Philosophy of Judaism*, 1955, p.196.〔A・J・ヘッシェル『人間を探し求める神——ユダヤ教の哲学』（森泉弘次訳）教文館、一九九八年、二四七頁〕

(106) 『出エジプト記』一六3、一四11、一七1以下、三二1以下等。

(107) 山上の垂訓におけるイエスの第六・七戒の心情倫理的な突き詰めを、第十戒を顧慮した隣人愛の観点から理解することは確かに可能であろう。しかしそれだけでなく、前後の逆説的で革命的な口調を鑑みるならば、次のような意図をも、あるいはここに読み取り得るのではないだろうか。すなわち、神の戒めを守って天国に入ることは何も困難なことではないと高をくくっている聴衆に向かって特に、その常識を覆させ、真の意味で戒めを守ることは、形式の問題ではなく、神との交わりの内実の問題であって、決して容易なことではないことに気付かせようとする意図にほかならない（前掲拙論「性と結婚」一二五‐一二九頁参照）。

第5章　法集成——「契約の書」「申命記法」「神聖法典」

人格神の存在を前提とするヘブライ倫理について学的に語るためには、それなりの手続きが必要となる。第Ⅱ部冒頭の前章が、解釈学と倫理学一般に深入りせざるを得なかった所以である。そのためにいきおいテクストは、十戒の幾つかに絞らざるを得なかった。十戒はヘブライ倫理の綱領となる重要なテクストだが、「律法」部分にはその他にも多岐にわたる倫理的テクストが鏤《ちりば》められている。前章で押さえた学的な語り口の基本姿勢を踏まえつつ、本章では倫理と密接に関わる法集成について読んで行きたい。

旧約聖書の第一の部分「律法（トーラー〔tôrāh〕）」は、前章で見たとおり、広狭二義を有するが、狭義のトーラーとは、倫理的・法的・祭儀的な「教示」のことであった。トーラーは動詞ヤーラー（yārāh：使役形で「教える」「指示する」を意味する）と関係し、祭儀[1]や教育[2]など様々な生活の座（Sitz im Leben）[3]も有するが、モーセ五書に限定すれば、狭義のトーラーの基本的な生活の座は裁判である。我々はアルト説を修正して、十戒以外のトーラーを総て「決疑法（kasuistisches Recht）」に分類し（前章1節参照）、これらを一括して、実生活の様々な場合（Kasus）について想定される疑問を解決する、裁判にかかわる法と定義できると思う。それは基本的には法文だが、それだけでなく、歴史的な指示などで根拠付けられ、訓戒の教え等によって展開され、そうした倫理的枠付けを持つのが一般である。そのことはヘブライ法の代表的な集成である「契約の書」「申命記法」「神聖法典」いずれにも顕著な特色となる。

1　「契約の書」

「契約の書」は、『出エジプト記』二〇章22節－二三章33節にまとめられた、旧約中最古の法集成である。この名称は、同書二四章7節の、「そして彼（モーセ）は、契約の書を取って、この民に読み聞かせた」を、現在の編集では直前に位置するこの法集成に関連付けたことに由来する。ただこの法集成が、シナイ・ペリコーペ[4]に組み込まれる以前の段階では、この名称はむしろ十戒を指していた公算が高い。いずれにせよ、十戒と類似した断言法的文体を持つ部分（第4章1節に述べたとおり、我々はアルト批判を踏まえ、純粋な断言法は十戒だけと考え、ここでは断言法的と呼び分けることとしたい）や、十戒をより具体的な生活の場に応用した純然たる決疑法の部分から成る、この法集成は、十戒を補完する意味を担っている。その意味で、十戒の直後に置かれ、「契約の書」と呼ばれることは、あながち無稽《むけい》なことではないのである。なお「契約（ベリース〔b^{e}rît〕）」とはここでは、シナイの山で、ヤハウェがイスラエルの民と結ぶものであり[5]、ヤハウェの出エジプトの救済と恩恵の業に対し、イスラエルがヤハウェの「律法（トーラー）」を守ってヤハウェへの忠誠を誓うことを[6]、その内容としている。

「契約の書」は、

①序（『出エジプト記』二〇章22節）
②祭儀規定（二〇章23－26節）
③奴隷・傷害・債務・婚姻をめぐる決疑法集（二一章1節－二二章16節）
④共同体維持のための断言法的諸規則（二二章17節－二三章13節）
⑤再び祭儀規定（二三章14－19節）
⑥神からの警告（二三章20－33節）

の六つの部分から構成されている。このうち②④⑤は大部分、純イスラエル的だが、③は古代オリエントに類例が多く、カナンの地でイスラエル人が継承した法素材が中心と思われる。実際M・ヴェーバーの慧眼が夙に指摘したとおり、③は「半遊牧民の法ではなく、……村落や都市に居住する農耕民の利害をもっぱら考慮している」(7)と言えよう。もちろん「契約の書」は全体として、①や⑥に囲まれ、契約の神ヤハウェの権威のもとに編集されている。ただ王については何ら言及がない。したがって「契約の書」の成立時期は、カナン定住後、しかし王国成立前、すなわち前一二－一一世紀の士師時代にまで遡らせることが可能である（これを伝承した資料層としては、前一〇世紀頃のヤハウェ資料より前八世紀頃のエロヒム資料を想定する学者が多いが、決め手はない）。

オリエント法との関連

さて法と倫理の連続・非連続については議論があるが、倫理思想という我々の課題にとっては、④に焦点を合わせるのが妥当であろう。なぜなら③の用例は、オリエントに共通し、しかも大体において法律であり、ヘブライ独自の②④⑤の中でも、②と⑤は祭儀的だからである。
ただ③のオリエント法との関連について、その典型的な例だけは一、二押さえておきたい。

君がヘブライ人である奴隷を買うならば、彼は六年間奴隷として働かねばならないが、七年目には無償で自由の身となることができる。(『出エジプト記』二一章2節)

ここで問題となっているのは、戦争で捕虜となり奴隷とされた他国人ではなく、貧困や犯罪の故に売られたヘブライ人の奴隷である。彼らは六年の労働によってその債務を返済できる、と考えられているのである。これは、前一八世紀のバビロニアの『ハンムラビ法典』などに比べて、一見すると特に寛大ではないように見える。

もし或る人が債務を負い、その者が、自分の妻、息子、娘を売るか債務の抵当として引き渡す場合、彼らは買い手か債権者の家で三年の間、働かなければならない。しかし四年目には、彼らは自由の身となる。(『ハンムラビ法典』一一七条)

『ハンムラビ法典』では、本人の家族が債務奴隷となるのだが、ヘブライに比べて半分の三年で、自由の身とされるのである。しかしこの「抵当」の「働」き以外に、「債務」が別途弁済されるという条件がここには含まれているのかも知れない。(8) それに対しヘブライでは、奴隷本人の労働だけで債務返済に充当するのである。しかもヘブライの次の規定は、奴隷が傷害から守られる権利を有していたことを証言し、独特である。すなわち、

人が自分の男奴隷あるいは女奴隷の目を打って、目がつぶれた場合、その目の償いとして、その者を自由にして去らせねばならない。もし、自分の男奴隷あるいは女奴隷の歯を折った場合、その歯の償いとして、そ

の者を自由に去らせねばならない。（『出エジプト記』二一章26－27節）

これは、『ハンムラビ法典』はもとより古代オリエントの法文化全般に類例がない(9)ほど、奴隷に寛大な規定である。加えて、「自分の男奴隷、あるいは女奴隷を杖で打ち、その場で死なせた場合、その者は必ず罰せられ（ナーカム〔nāqam〕：復讐され）ねばならない」（『出エジプト記』二一20）という規定が、被害者が自由人か奴隷で刑罰を変えている『ハンムラビ法典』一一六条(10)と著しい対照をなし、奴隷の命を自由人のそれと同等に扱う、驚くべき事実を告げているので、総じて「契約の書」は奴隷の権利を守ることに、古代では異例なほど配慮していると言ってよいであろう。第Ⅰ部の終わりに指摘したように、ギリシアの自由民の倫理に対し、ヘブライは奴隷を顧慮した法ないし倫理を語るのである。そしてそうした倫理的エートスについては、純イスラエル的な④の断言的法集成において更に展開されている。

図5-1 『ハンムラビ法典』の碑 高さ225cm．パリ，ルーヴル美術館蔵

底辺の人々への顧慮

君は寄留の他国人を虐待したり、圧迫したりしてはならない。君たちはエジプトの国で寄留の他国人であったからである。寡婦や孤児は総て苦しめてはならない。もし、君が彼を苦しめ、彼がわたしに向かって叫ぶ場合は、わたしは必ずその叫びを聞く。

そして、わたしの怒りは燃え上がり、君たちを剣で殺す。(同書二二章20－23a節)

奴隷についで、ヘブライ社会の底辺にいたのが、「寄留の他国人」「寡婦」「孤児」であった。彼らの権利も保護されなければならないというのが、断言的法の定めるところなのである。なぜなら「君たちはエジプトの国で寄留の他国人であったから」、「寄留の他国人の心を知っている」(同書二三9)はずだから、という。(11) 底辺の者の痛みを知っているがゆえに、底辺の者に配慮することが勧められているのである。そしてこうした他者に対する分け隔てのない態度は、底辺の人だけでなく、同等の者はもちろん、敵対する者にまで向けられる。

もし、隣人の上着を質にとる場合には、日没までに返さねばならない。なぜなら、それは彼の唯一の衣服、肌を覆う着物だからである。彼は何にくるまって寝ることができるだろうか。もし、彼がわたし(ヤハウエ)に向かって叫ぶならば、わたしは聞く。わたしは憐れみ深い(ハンヌーン〔ḥannûn〕：慈愛に富む)からである。(同書二二章25－26節)

君の敵の牛あるいは驢馬《ろば》が迷っているのに出会ったならば、必ず彼のもとに連れ戻さなければならない。もし、君を憎む者の驢馬が荷物の下に倒れ伏しているのを見た場合、それを見捨てておいてはならない。必ず彼と共に助け起こさねばならない。(同書二三章4－5節)

利害を共にする者同士の愛としてのフィリアー〔philia〕の閉鎖性を打ち破って、利害を異にする者までも意志的に愛そうとするアガペー〔agapē〕は、新約聖書の発見になるというのが、愛の思想史における通説だが、(12) 実は旧約においてもこうしたアガペーは散見されるのである。最後の引用がその一例であり、言わば愛敵の行為を勧めていると解しうるであろう。類例は「申命記法」や「神聖法典」にも見出されるので、そちらも参看した上で、最後にまとめて旧約のアガペー的エートスについては論ずることとしたい。

十戒との対応

今は「契約の書」の断言的法の集成である④から、特徴的な言い方をまだ幾つか瞥見しておこう。十戒と重なりこれを敷衍する、次のような一連の戒めが注目される。

君は根拠のない噂《うわさ》を流してはならない。悪人に加担して、不法を引き起こす証人となってはならない。君は多数者に追随して、悪を行なってはならない。法廷の争いにおいて多数者に追随して証言し、判決を曲げてはならない。（同書二三章1－2節）

これは偽証を禁じた第九戒と並行する。「根拠のない噂を流してはならない」という言い方が、裁判の場を超えて流言飛語一般を禁止しているとすると、第九戒に虚言や中傷の禁止を読んだルターの解釈（第4章2節参照）とも呼応するような、意味の広がりを持った戒めとなっていることが注目されよう。

君は六日の間、君の仕事を行ない、七日目には、仕事をやめねばならない。それは、君の牛や驢馬が休み、女奴隷の子や寄留の他国人が元気を回復するためである。（同書二三章12節）

これは安息日遵守を命ずる第四戒と呼応するが、実は遵守の根拠として、『出エジプト記』の十戒（二〇11）は神の創造の業（『創世記』二2－3）に倣うためとし、『申命記』の方（五14）は男女の奴隷を休ませるためとしている。ここは申命記の方に発想は近く、しかも顧慮する対象は多い点が注目される。その他、

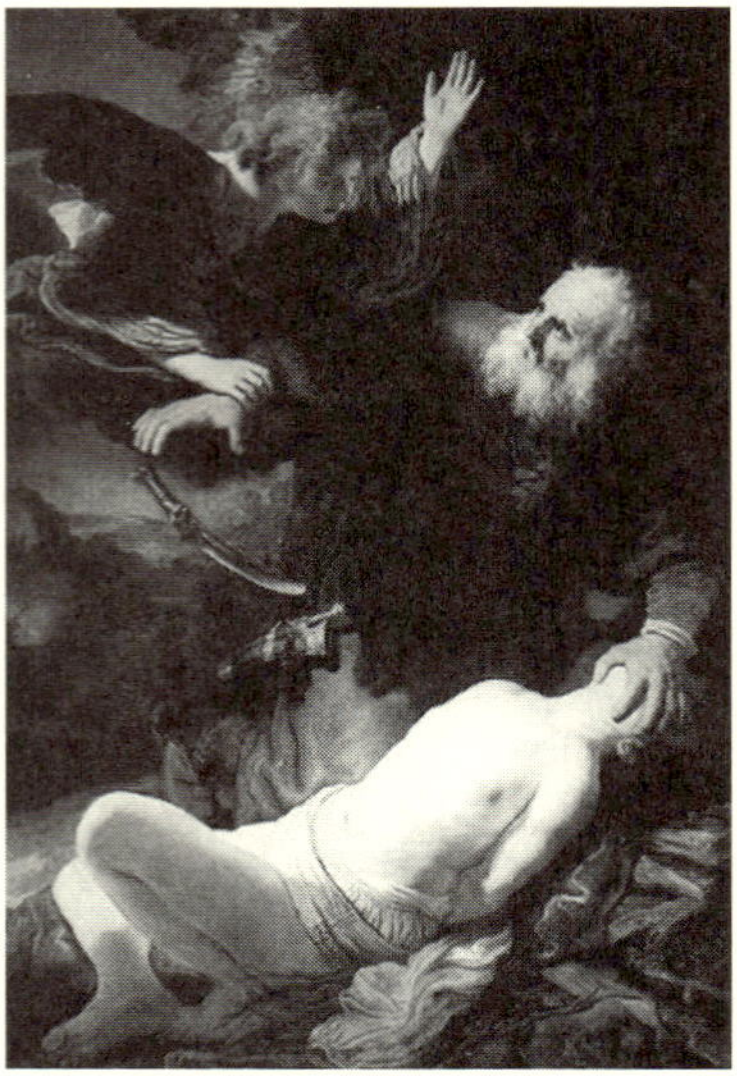

図5-2 『イサクの献供』 レンブラント筆　サンクト・ペテルブルク，エルミタージュ美術館蔵

> 他の神々の名を唱えてはならない。それを口にしてはならない。（同書二三章13b節）

は、第一戒と、

> 総て獣と寝る者は必ず死刑に処せられる。（同書二二章18節）

は、広義の第七戒と関連すると言えよう。このように「契約の書」の断言法的部分は、十戒の幾つかと重なるが、また全然別の言い方も出て来る。女魔法使いの処刑について語る二二章17節、初子を犠牲に供することを命ずる同28節などがその例である。

このうち、人間の長子を供犠として捧げる習慣は、時代が少し下ると動物犠牲で代替されるか（前七世紀のエホウィストによる『出エジプト記』一三12－13、三四19－20、前六－五世紀の『民数記』三44以下）、あるいは全面的に否定される（前八世紀の預言書『ミカ書』六7－8）が、有名なアブラハムによるイサク献供の物語（前八世紀のエロヒム資料の手になる『創世記』二二章）では依然、アンビヴァレントな形で生き続けているように思われる。[13] いずれにせよ前十二－十一世紀に遡る最古の法集成である「契約の書」には、おそらくカナンの人身御供の祭儀の影響（『詩篇』一〇六篇37－38節、『エゼキエル書』二三章37節以下）が未だ色濃く残っているのである。

さて純然たる祭儀規定である②⑤の部分は言うまでもないが、共同体の規則を述べた④においても、以上見たとおり、陰に陽に神との関係が基本に置かれていた。「寄留の他国人」「寡婦」「孤児」を苦しめる者には、ヤハウェの「怒りが燃え上がり」、質にとった「隣人の上着」を返さないものには、弱者に対して「憐れみ深い」神の報復が約束されていたのである。こうした神の応報は、最後の⑥の部分においては、次のように定式化される。

君たちは、君たちの神、ヤハウェに仕えねばならない。彼〔ヤハウェ〕は君のパンと水を祝福するであろう。わたしは君の中から病を取り除く。君の国には流産する女も不妊の女もいなくなる。わたしは君の天寿を全うさせよう。（同書二三章25－26節）

もし君が彼〔ヤハウェの使い〕の声に聞き従い、わたし〔ヤハウェ〕の語ることを総て行なうならば、わたしは君の敵に敵対し、仇に仇を報いる。わたしは、君の前にわたしの驚怖を送り、君が入って行く土地の民を総て混乱に陥れ、君の敵を総て敗走させる。（同書二三章22、27節）

ここでは神の業の重点が、イスラエル内部での弱者への「憐れみ」にではなく、全体としてのイスラエルの祝福と対外的保護に、移行している。しかも最後の引用において注意すべきは、古代思想の底流として本書が一貫して注目している、超越的なものへの「驚き」が、「敵」を「敗走させる」「驚怖（エーマー〔'êmāh〕）」として言表されている点であろう。このエーマーは、続く28節でツィルアー〔ṣir'āh〕と言い換えられているが、ツィルアーとは「蜂」ないし蜂が惹き起こす「恐慌」を指す。いずれにせよ、何らかの具体的な事物の背後に超越的な力を察知して、敵が驚き恐れる様が描かれているのである。

以上で、ヘブライの法集成のうち最も古い、また倫理思想の上からも重要な、「契約の書」について、その大綱は押さえたこととし、次に後の時代の法典として「申命記法」と「神聖法典」について、簡単に考察を補っておくこととしたい。

2 「申命記法」と「神聖法典」

「申命記法」の構成と成立

「申命記法」とは広義には『申命記』と同一である。狭義にはその中核部分、一二―二六章の律法部分を指す。狭義の申命記法の構成については、色々な見方が可能だが、今は十戒との対応に着目して整理しておきたい。すなわち、

① 第一・二戒に呼応する律法集（『申命記』一二章）
② 第三戒に呼応する律法集（一三章1節―一四章27節）
③ 第四戒に呼応する律法集（一四章28節―一六章17節）
④ 第五戒に呼応する律法集（一六章18節―一八章22節）
⑤ 第六戒に呼応する律法集（一九章1―13節、二〇章1節―二一章8節）
⑥ 第七戒に呼応する律法集（二二章9節―二三章19節）
⑦ 第八・九・十戒に呼応する律法集（二三章20節―二五章19節）

と、最後に

⑧　祭儀規定と祝福の約束（二六章）

に分けられる。これらは前六二二年のヨシヤ王の宗教改革[14]の綱領であり、『申命記』は全体として「律法（トーラー）[15]」、「律法の書[16]」、「モーセの律法の書[17]」、あるいはまた「契約（ベリース）の書[18]」などと呼ばれる。この最後の表現は『出エジプト記』のそれと紛らわしいが、申命記法全体の根本モティーフを表わす。申命記とは「契約神学」の文書なのである。その神学によれば、ヤハウェは民イスラエルに族長への約束の成就として土地を授与し、しかしこの授与とその他もろもろの恵みを、次のような諸要求と結び付けた。

唯一神への愛の律法

聞け、イスラエルよ。我らの神、ヤハウェは唯一の主である。君は心を尽くし、魂を尽くし、力を尽くして、君の神、ヤハウェを愛しなさい。（『申命記』六章4－5節）

これは、新約聖書でイエスが旧約聖書中「最大の戒め[19]」の第一に数える、唯一神への愛の律法である。これを筆頭に契約神学の諸要求は、①の礼拝の場所の指定から、⑧の祭司への告白に至る様々な祭儀規定の入れ子となって、②から⑦のあらゆる生の場面を包括する諸要求となる。例えば、律法とその主たる戒めは常にイスラエル人の眼前にあるべきであり[20]、それに従う場合には祝福が、従わない場合は呪いがもたらされる[21]と告げられる。

君が君の神、ヤハウェの御声に聞き従うならば、これらの祝福は総て君に臨み、実現するであろう。……しかし、もし君の神、ヤハウェの御声に聞き従わず、今日、私〔モーセ〕が命じる総ての戒めと掟を忠実に守

らないならば、これらの呪いはことごとく君に臨み、実現するであろう。(同書二八章2、15節)

なお『申命記』に続く『ヨシュア記』『士師記』『サムエル記』『列王記』から成る「申命記史書」は、いわゆる「申命記史家」が、「申命記法」と結び付けることによって、約束の地の獲得からバビロン捕囚までの長大な歴史を解釈しようとしたものである。すなわち、王国の滅亡と捕囚という破局が、ヤハウェの無力に由来するのではなく、倫理的律法を行なわないイスラエルの契約違反に対するヤハウェの罰であり呪いであるという、「申命記法」の契約神学に基づく、神義論的な歴史解釈がそこには見て取れるのである。(22)

「神聖法典」の構成と成立

「神聖法典」、すなわち『レビ記』一七—二六章にある法集成、の背後にあるのは、これとは幾分異なる構想である。この法典の主たる内容は、

① 供犠の規定と血を飲むことの禁止(『レビ記』一七章)
② 性的関係をめぐる諸規定(一八章)
③ 十戒と種々の法規定(一九章)
④ 死刑に関する規定(二〇章)
⑤ 祭司に関する規定(二一章1節—二二章16節)
⑥ 捧げ物の規定(二二章17—33節)
⑦ 祝祭の規定(二三章)

⑧　常夜灯と供えのパンの規定（二四章1－9節）
⑨　冒瀆の例と処罰（二四章10－23節）
⑩　安息の年とヨベルの年の規定（二五章）
⑪　祝福と呪いによる勧告（二六章）

となっている。この法典は後代——前六世紀の捕囚より前とするか以後とするか説は分かれるが——、モーセへの、またモーセを通してイスラエル人へのヤハウェの語りという形で書かれ、シナイ・ペリコーペの中に組み入れられたものと考えられる。ここで様々な規定が設けられる動機は、なかんずく次のような定式に見出される。

「聖なる者」

イスラエルの人々の共同体全体に告げてこう言いなさい。君たちは聖なる者（カードーシュ〔qāḏôš〕）と成りなさい。君たちの神、ヤハウェであるわたしが、聖なる者だからである。（『レビ記』一九章2節）

自らを聖《きよ》く保ち（カーダシュ〔qāḏaš〕の再帰強意形）、聖なる者と成りなさい。わたしは君たちの神、ヤハウェだからである。（同書二〇章7節）

この「聖」という言葉が繰り返されるため[23]、研究者はこの法典を「神聖法典」と呼ぶのだが、『申命記』の場合と同様[24]、戒めを守って聖なる者と成るならば命がもたらされる[25]。『申命記』（二八章）と類似した文脈で、告知の終わり（『レビ記』二六3以下）には、善い行ないの善き「実」と、悪い行ないへの罰、そしてここでもまた「驚怖（ベハーラー〔behālāh〕）」（同二六16）が語られる。ただ『申命記』と異なり、文字通り「祝福」と「呪い」という言葉は出て来ない。いずれにせよこの信賞必罰の応報を説く点で、神聖法典は前後の祭司資料の文脈からは浮き立っている。もちろん祭司資料もまた人々の行ないについて様々な指示を与える。例えば「ノアの戒め」(26)、神にしたがって歩み「全き者（ターミーム〔tāmîm〕）」となれ(27)、というアブラハムへの呼び掛け、それに続く割礼の戒め(28)、更にはなかんずく多くのシナイの祭儀規定などである。しかし祭司資料は、不従順によって招来される救済の消失の可能性について語ることは避けるのである。そもそもシナイ・ペリコーペにおいて祭司資料は、「契約」という概念も敬遠する。それに対して「神聖法典」では、「申命記法」や申命記史書におけると同様、人間の善い行為、あるいはなかんずく悪い行為の影響範囲と神からの応報をどう理解するか、という問題との格闘を見ることができる。これはバビロン捕囚に至る危機の時代に特に喚起された問題だったのである。

3　アガペー再考

隣人愛

以上、「申命記法」と「神聖法典」については、急ぎ足で辿って来たが、本章の考察を結ぶにあたって、後者の③の部分から次の一句を逸することはできない。

自分自身を愛するように、隣人を愛しなさい。(29)（『レビ記』一九章18節）

これは上述の『申命記』六章4－5節と並んで、イエスが「最大の戒め」に数え、「律法と預言者とが、この二つの戒めにかかっている(30)」と語った、枢要の戒めである。イエスはまた有名な山上の説教において、この戒めに触れ、次のようにも述べている。

「君の隣人を愛し、君の敵を憎め」と言われたのを、君たちは聞いている。しかしわたしは君たちに言う。自分の敵を愛し、迫害する者のために祈りなさい。（『マタイ福音書』五章43－44節。『ルカ福音書』六章27－28、35節も併照）

この「君の隣人を愛し」の背後に『レビ記』一九章18節があり、また「君の敵を憎め」という言い方は旧約のどこにもないことは、多くの註解者が指摘するとおりである[31]。だが寡聞の限りどの註解者も触れないが[32]、憎敵の箇所がないのみならず、『レビ記』一九章18節の「君の隣人を君自身と同じように愛しなさい」の前には実は、次の一句が先行していることに、我々は注目したいと思う。曰く、

心の中で君の身内の者を憎んではならない。……復讐してはならない。君の国の人々を恨んではならない。（『レビ記』一九章17－18節）

つまりここでは、「隣人」の中でも、「君」に悪いことをして、「憎」まれ「恨」まれている、本来は「復讐」の対象となる、つまり広義の《敵》が問題となっているのである。とすれば、敵を愛せよ、というのが、実は既に『レビ記』一九章18節の使信だったことになる[33]。

もちろん旧約は他方で憎敵の思いにも事欠かず[34]、また具体的な行為の勧めに留まって、イエスのような一般的な定式化や、「祈り」への内面化にまでは至ってはいない限り、愛敵思想の萌芽の形を擁すると言った方が、過不足のない表現になるだろう。しかし我々は既に「契約の書」において、奴隷、寄留の他国人、寡婦、孤児といった社会の底辺にいる人々への顧慮が、ヘブライの律法の基底にあることを確認した。それに相似た表現は、も

う一々の引用は割愛するが、「申命記法」や「神聖法典」にも頻出するのである。[35] そしてそれはまた「契約の書」では、文字通り「君の敵」をも、困窮のときには分け隔てなく「助け」る勧めに結実していたのであった。[36] 我々は、新約のキリスト教思想の革新性を図式的に強調しすぎないように注意しなければならない。旧約のヘブライ思想に既にアガペーのエートスに該当する愛敵の思想が、少なくとも萌芽の形で散見されることを率直に認めなければならないはずなのである。

神の愛・社会の底辺の者への眼差し・倫理の循環・愛敵の思想

二、三付言する。

先ず、このように自分にとって価値のない者をも分け隔てなく扱うアガペーの勧めは、その根拠を神の憐れみ・慈愛に持っている点を確認しておきたい。神が「憐れみ深い」から「貧」も返してやらねばならないのであった。[37] また「寄留の他国人を虐待してはならない」のは、イスラエルも出自を辿れば「エジプトの国で寄留の他国人であった」のに、神の慈愛によってそこから救い出されたからである。[38] 突き詰めたところ愛に収束する、人間の倫理的な行為の淵源が、このように神の愛にこそ存することは、前章で見た十戒にも通じ、ギリシアと著しい対照をなす点であろう。

そしてまた、そうした社会の底辺にいる奴隷やそれに準ずる者たちへの温かい眼差しは、自由民中心のギリシア倫理には乏しいものであると、一応指摘してよいであろう（この点については微妙なニュアンスもあり、本書第10章で再論する）。

さて第三に、倫理を本当に守るためには神と出会わねばならない、というのが十戒の基本姿勢だったが、本章で見た法集成では、むしろ神と出会うために倫理を守らねばならない、と考えられているように見える。すなわち、律法を守ることが神の祝福にあずかる方途なのである（この点は『詩篇』一篇、一九篇8－15節、一一五篇などの律法信仰にも共通する考え方で、旧約の発想法の他端となる）。いずれにせよ、旧約全体として、ここには論理的循環が指摘されてよいであろう。すなわち、律法を守らねば神と出会えないが、神と出会わねば本当の意味で律法を守ることができない、という循環にほかならない。これを全体としてどう解するか、はここでは宿題として残しておきたい（後述第Ⅲ部第9章3節参照）。

最後に付言すべきは、愛敵の思想が、律法の部分にだけ出て来るのではなく、諸書なかんずく『箴言』[39]において、新約[40]以上の先鋭さにおいて言表されることもある、ということである。次章では他の諸問題とともに、その『箴言』に注目したいと思う。

注

（1）『エレミヤ書』一八18：「彼らは言う。『我々はエレミヤに対して計略をめぐらそう。祭司から律法が、賢者から助言が、預言者から御言葉が失われることはない。舌をもって彼を打とう。彼の告げる言葉には全く耳を傾けまい』、と」。

（2）『箴言』六20：「わが子よ、父の戒めを守れ。母の教えをおろそかにするな」。同一三14：「賢人の教えは命の源。死の罠を避けさせる」。

（3）伝承やテクストが生まれる、固有の生活の場面を指す。本書第6章1節も参照。

（4）『出エジプト記』一九章－『民数記』一〇章。

（5）『出エジプト記』二四8、他に一九5、三四10、27。

（6）同書、二四3、7、他に一九8。

（7）M.Weber, *Das antike Judentum*, 1966(4), S.66f.［M・ウェーバー『古代ユダヤ教』Ⅰ（内田芳明訳）みすず書房、一九六二年、一〇三頁］

（8）中田一郎訳『原典訳　ハンムラビ「法典」』リトン社、一九九九年、三四頁、注89は、「彼自身が債務の担保として与えられたなら」という意訳を採る。

（9）H・J・ベッカー『古代オリエントの法と社会』［H. J. Boecker, *Recht und Gesetz im Alten Testament und im*

Alten Orient, 1976]（鈴木佳秀訳）、ヨルダン社、一九八九年、二五一頁。

(10)『ハンムラビ「法典」』前掲訳、三三頁。

(11) 現代における新しい倫理的徳目の創造を提唱される、今道友信『エコエティカ』講談社学術文庫、一九九〇年、一一〇頁以下は、「定刻性」「国際性」「語学と機器の習得」「エウトラペリア（気分転換）」と並べて、「フィロクセニア（異邦人愛）」を挙げる。古代から大国の狭間にあって国際的に開かざるを得なかったヘブライ人のこうした語り口は、日本のような閉鎖的になりがちだった社会に要請される徳の背景を示唆して、現代的射程も有するように思われる。

(12) 拙論「愛」（星野勉、三嶋輝夫、関根清三編『倫理思想辞典』山川出版社、一九九七年）二五－二七頁参照。

(13) この物語の解釈については、拙著『旧約聖書と哲学――現代の問いのなかの一神教』岩波書店、二〇〇八年、第一章参照。

(14)『列王記下』二二－二三章。

(15)『申命記』四8。

(16) 同書、一八61。

(17)『ヨシュア記』八31。

(18)『列王記下』二三2。二二8、11と比較。

(19)『マルコ福音書』一二28－34、『マタイ福音書』二二34－40、『ルカ福音書』一〇25－28。

(20)『申命記』六6－9、『ヨシュア記』一8。

(21) 上述の⑧や『申命記』二八章。

(22) これはM.Noth, *Überlieferungsgeschichtliche Studien* I, 1943［M・ノート『旧約聖書の歴史文学』（山我哲雄訳）日本キリスト教団出版局、一九八八年］が呈示した画期的主張であるが、神義論だけでなく、より積極的に神の加護の約束や、立ち帰りの呼び掛けが含まれるという修正案も提出されている。例えばG. von Rad, *Die Theologie des Alten Testaments*, Bd.I, 1960, S. 346-358［G・フォン・ラート『旧約聖書神学I』（荒井章三訳）、日本基督教団出版局、一九八〇年、四四四－四五七頁］等参照。

(23) 他にも二〇26、二二2等。

(24) 三〇15－20。

(25)『レビ記』一八5。

(26)『創世記』九1－7。

(27) 同書、一七1。

(28) 同書、一七9－14。

(29) 山我哲雄氏の注目すべき新訳は、「あなたは、あなたの隣人に対し、あなた自身と同じような者として友愛をもって接しなさい」となっている。岩波書店版旧約聖書『出エジプト記　レビ記』岩波書店、二〇〇〇年、三三一頁。その論拠については同頁、注13に詳しい。

(30)『マタイ福音書』二二40。

(31) E・シュヴァイツァー『マタイによる福音書』NTD註解第二巻（佐竹明訳）、一九七八年、一六七頁、J・シュニーヴィント『マタイによる福音書』NTD註解別巻（量義治訳）、一九八〇年、一四三頁等。

(32) 以下の議論の詳細については、拙著『旧約聖書の思想、24の断章』岩波書店、一九九八年、16－18章、なかんずく二一八頁以下［講談社学術文庫、二〇〇五年、二七二頁以下］参照。

(33) E. Otto, *Theologische Ethik des Alten Testaments*, 1994, S. 247 も、この箇所を愛敵のテクストと認め、「契約の書」の二三1－8、なかんずく4－5節から神聖法典の編集者が取って来たもの、と推測する。

(34) 『詩篇』一三九21－22、『イザヤ書』四一11－13、四九25－26等々。

(35) 『申命記』一〇18、一四21、29、一六11、14、二四17、19、20、21、二六12、13、二七19、『レビ記』一九10、33、34、二三22等。

(36) 『出エジプト記』二三4－5。

(37) 同書、二二25－26。

(38) 同書、二二20－23a。

(39) 『箴言』二五21－22。

(40) 『ロマ書』一二19－20。

第6章　前期知恵文書――『箴言』

1　知恵文書と『箴言』

知恵文書

ヘブライ語正典の第三区分を構成する「諸書」中、最も倫理思想と関わるのは「知恵文書（Weisheitsliteratur）」というジャンルである。外典・偽典の中にも、後期ユダヤ教の律法・知恵を伝える『ベン・シラの知恵（シラ書）』、ヘレニズム的色彩が点景される『ソロモンの知恵（知恵の書）』『第四マカベア書』等々、興味深い知恵の書は少なくないが、ここでは正典に限って論ずる。すると注目すべきは、前期の『箴言』、後期の『ヨブ記』『コーヘレス書』の三書に絞られる（『詩篇』の中にも三七、七三、一一九篇など少数の知恵の詩篇が存在するが、ここでは割愛する）。以下三章にわたってそれぞれについて見て行きたい。

知恵文書の生活の座

その作業に入る前にまだ一言ふれておきたいのは、イスラエルの知恵文書がそもそもどういう生活の場面で発生したのか、いわゆる生活の座（Sitz im Leben）の問題である。

知恵文書は古代世界の至る所に存在した。そしてメソポタミアやエジプトには学校があり、そこで読み書きに使われた粘土版やパピルスも多数残っている。そこでは社会生活の規則や生活習慣などについての知恵が、かなり系統的に教えられたようである。そこからイスラエルでも、学校で知恵が教えられたという推測がなされる(1)。『箴言』二五章1節の「書写」に携わった「ヒゼキヤ王の人々」や、『エレミヤ書』一八章18節における「助言」をする「知恵ある者」への言及などは、そうした知恵の教師の存在を暗示するものかもしれない。しかし確たる証拠はまだなく、もう少し自然発生的に、ソード(2)（sôd）において機知を交換し知恵比べをして楽しんだ、その名残《なごり》が記憶され次第に格言集として編まれていったのだと主張する学者もいる(3)。しかし両説は矛盾するものではなく、学校制度とは言わなくとも、何らかの意味で読み書きや掟・儀礼などを教える場がイスラエルにもあり、そういう場が設けられる以前はソードがその代わりをしていた、と想定できるであろう。

ではソードとは何か(4)。孤独な預言者エレミヤは、「戯れる者たちのソードに座ったことも、小躍りして喜んだこともない(5)」と嘆いている。ソードとは、民が楽しみにしている村人たちの夕べの「集《つど》い」のことである。一日の仕事を終え家で食事を済ませた男たちが、辺りが小暗くなる頃三々五々、村の一角に集って、一日の情報を交換しあい、互いの安否を確認し、また天候や収穫の見通しなどについて語り合う場、それがソードである。一頻りよもやま話に花が咲いた後、一座に沈黙が訪れる。それを見計らっていたように、突然誰かが立ち上がって語り出す。

「二つのことをあなたにお願いします。
私が死ぬ前にそれをかなえて下さい」（『箴言』三〇章7節）
どういう意味なのか、皆が思いをめぐらしているうちに、才気ある者がこれに応ずる。
「不実と虚偽とを私から遠ざけて下さい。
また貧しさも富も私に与えないで下さい」（同書三〇章8節）
第一の者がどういう脈絡で語り出したのか、人は知らない。これに応じた第二の者もそれを知らない。しかしそれはどうでもよいのである。こうして会話が動き出し、皆がこれに機転を働かして参加しながら、話が意味深い方向へと展開して行くのが面白いのだ。第三の者が続ける。
「私には不思議なことが三つある」（同書三〇章18節）
第四の者がまぜっ返して言う、
「いや、四つあるけれど、私はそれを知らない」（同書三〇章18節）
賢者として知られる老人が重々しく口を開く、
「天の鷲の道、岩の上の蛇の道」（同書三〇章19節）
ここで老人は詰まる。それを受けた若者が、

「海の真ん中の舟の道」（同書三〇章19節）

と続ける。うまいうまい、と皆が関心する。おどけた男が、

「乙女への男の道」（同書三〇章19節）

と続けて、どっと笑いがはじける。こうして最初に語り出した男が思いもよらなかった方向へと、一座の知恵が働いて、格言らしきものが出来上がる。

あるいはもっと簡単な機知の交換もある。一人が、

「足なえの垂れ下がった足のようなのは」（同書二六章7節）

と問いかけると、誰かが、

「愚か者が口にする『箴言』」（同書二六章7節）

と皮肉る。また別の男が

「王妃は六〇人、側妻は八〇人、乙女たちは数知れない」（『雅歌』六章8節）

と言うと、

「しかし汚れのない者、私の鳩はただ一人」（同書六章9節）

と続ける、恋する若者がいる。夜はふけて行く。一人また一人寝に帰り、その夜のソードは終わる。夜のしじまが辺りを包む。しかしその夜の上出来の格言を想い起こして家族に語る者もいれば、一人寝床の中でそれを反復して楽しむ者もいる。こうしていくつかの知恵の言葉は、人々の記憶に残り、翌日のソードでまた、あるいは繰り返され、あるいは練り上げられ、次第に語り継がれて行く。知恵文学のいくつかのものが生まれ伝承されて行った元来の生活の場はこれだ、と想定されるのである。そしていま引いた例のうちに既に、誠実さや情愛、中庸の徳の尊重、愚かさへの侮蔑といった、倫理的徳や悪徳への眼差しが見て取れるだろう。ではこれをもう少し系統的に整理するとどうなるであろうか。

徳目表としての『箴言』

知恵文書は、ヘブライ的な知恵の育成を通して善い行為の仕方・正しい人のあり方を探る文書、と一先ず定義できるであろう。その意味で優れてヘブライ的な倫理思想の収集と見なしうるのである。そこでは、寓話、対話、法廷論争、諺、動植物から徳・悪徳に至る一覧表等、様々な文学類型が用いられる。上に引いた『箴言』からの引用は概して諺や格言、対話などであったが、私見によれば、『箴言』全体を「徳目表」として読むことが可能なように思われる。「徳」に直接当たるヘブライ語はなく、神の輝かしい行為（テヒッラー〔t^{e}hillāh〕）をギリシア語七十人訳はアレテー〔aretē〕と訳しているので[6]、神の力強い行為についての叙述を「アレタロギー（Aretalogie）」と呼んだり、比較的短い、上述の十戒や、『詩篇』一五篇2－5節、『ヨブ記』三一章、また新約の『ロマ書』一章29－31節、『ガラテヤ書』五章19－23節などを「徳目表（Tugendkatalog）」、あるいはその逆の「悪徳表（Lasterkatalog）」といった類型に数えることが一般的だが、倫理思想として見た場合、『箴言』全体が、徳と悪徳の一覧、すなわち広義の「徳目表」と言えるかと思うのである。ただその徳目表は、かなり混乱

図6-1 『ソロモンの審判』 「知恵者」として知られるソロモンは、様々な名判決を下して人々を魅了したと言われる．プッサン筆　パリ，ルーヴル美術館蔵

し錯綜した形で述べられている。そこでこれを読み解くに際して、ギリシアの徳目表と比較する視点をここでは取り入れてみたい。ギリシア、特にアリストテレス『ニコマコス倫理学』の第三巻から第六巻の徳論は、哲学的に整理して徳について語っている。これと比較することによって、『箴言』の錯綜した叙述も秩序付けて再構成することが可能になると思われるし、またギリシアと対比したヘブライの徳論の特質もまた明らかとなるであろう。以下、このようなギリシアの徳目との比較の視点から、『箴言』を整理して読むことを試みたい。

『箴言』の構成

その作業に入る前に一言、『箴言』の構成についても触れておこう。これは起源と年代の異なる五つの部分から成り立っている。

①一－九章：綱領的な訓戒説教を集めた部分。

最も新しい時代の作と思われるが、その時代が前六世紀の捕囚期以前か、捕囚後初期かについては争われている。

②一〇章1節-二二章16節：「ソロモンの箴言集」という表題がついているが、どこをソロモンに帰するか決定はできない。いずれにせよ前十世紀、最も古い王国時代の作と想定される。

③二二章17節-二四章34節：「知恵ある者」の二つの格言集。

④二五-二九章：「ヒゼキヤ王の人々が書写した」「ソロモンの箴言集」続編。

⑤三〇-三一章：死海南方のエドムに主として由来する、四つの短い言葉。

このように『箴言』はかなり雑然と、年代や起源の異なる言葉を収集しているが、これをギリシアとの比較によって内容の上から整理しつつ、倫理的「徳目表」として読んで行こうというのが、ここでの視点である。これらの部分から成る『箴言』に沿って、知恵の基本について本章では学び、続く第7章では、より成立年代が降る『ヨブ記』をめぐって、知恵のその後の展開を辿り、『コーヘレス書』については、更に第8章で論ずることとしたい。

2　ギリシアと通ずる徳目

中庸・節制

「中庸」の徳は、何もアリストテレスの専売特許ではない。右に引いた、

貧しさも富も私に与えないで下さい。（『箴言』三〇章8節）

は、こう続く。

ただ、私に定められた分の食べ物で、私を養って下さい。
飽き足りれば、裏切り、
ヤハウェなど何者か、と言う恐れがあります。
貧しければ、盗みを働き、
私の神の御名を汚しかねません。（同書三〇章9節）

飽食と飢餓、富と貧しさという両極端は、共に神に背く危険をはらむ限り、その中間、「私に定められた分」相応の中庸がよいというのである。これは、

蜂蜜を食べ過ぎれば、うまさは失われる。
名誉を追い求めれば、名誉は失われる。（同書二五章27節）

のように、肉体的な快楽の行き過ぎを戒める節制の称揚ともなるし、名誉心に関わる中庸の勧めともなる。前者に関わる用例は他にも次のようなものがある。

1 支配者と共に食卓に着いたなら、
何に直面しているのかを、よく理解せよ。

2 あなたが食欲旺盛な人間なら、
自分の喉に、ナイフを突きつけよ。
3 供される珍味をむさぼるな、それは欺きのパンだ。
4 富を得ようとして労するな、
分別をもって、やめておくがよい。
5 目をそらすや否や、富は消え去る。
鷲のように翼を生やして、天に飛び去る。
6 強欲な者のパンを食べようとするな。
供される珍味を貪るな。
7 それは喉にある毛のようである。
彼は、「食べるがよい、飲むがよい」と言っても、
心はあなたのことを思ってはいない。
8 あなたは食べたものを吐き出すことになり、
あなたが親切に言ったことも、台無しになる。（同書二三章1－8節）

この比較的長い章句は、三つの段落に分かれる。1－3節は、支配者に招待された宴会で貪り食うことを戒め、4－5節は富を増やそうとすることの愚を説き、6－8節は若干不明確だが、「強欲な者」に招待されても、「貪」って食べ過ぎると、後で恨みを買う、の意に解されるだろう。なお7a節はギリシア語七十人訳による。「喉にある毛」は刺激となって嘔吐の原因となるが、この前後、二二章17節－二三章14節の並行テクストである

エジプトの「アメンエムオペトの教訓」の、「依存している者の持ち物を欲しがると……喉に詰まり、食道にとって吐剤となる」（二一4）と類似しているので、七十人訳を採用した。ヘブライ語のマソレット本文のままでも、「彼はその欲望が示すとおりの人間だ」であり、招待者が強欲な人で、供した物を後で惜しみ、あなたの言ったお世辞も無駄になるから、あなたはあまり食べ過ぎるな、という意味になるだろう。いずれにしても三段落とも、貪りを慎み節制することを勧めているのである。

以上、中庸を勧める諸断片のうち、三〇章は上述のとおりエドム起源であるし、二三章はエジプトの『箴言』と類似し、二五章は純イスラエル的と考えられるが、アリストテレスが徳目の根底と見なした「中庸」が、色々な民族の『箴言』でそれぞれ重視されることをここに確認しておきたい。しかし本書の主題は、ギリシアとヘブライであるから、あまり手を広げず、むしろアリストテレスが『ニコマコス倫理学』第三巻から第六巻にかけて列挙していた徳目のいずれが、ヘブライの『箴言』に更に見出されるか、その点に的を絞って見て行こう。

真実・情愛

「真実」と「情愛」も、『ニコマコス倫理学』第五巻の徳目に掲げられていたものである。

アリストテレスの言う「真実」とは「虚飾と卑下とに対する中庸」（『ニコマコス倫理学』第四巻7章 1127a13）であったが、上の引用で、吝嗇なのに御馳走を供する主人は虚飾家であり、ご馳走にあずかろうとしてこれにお世辞を言う客は自己を卑下していることになろう。むしろ、

嘘をつく舌によって財宝を積む者は、
吹き払われる息、死を求める者。（同書二一章6節）

であり、

王は、正しいことを語る唇を喜び迎え、
正直に語る人を、愛する。（同書一六章13節）

ことになるだろう。まことに、「真実」をヘブライの『箴言』も徳とするのである。

真実を語る唇はいつまでも確かなもの。嘘をつく舌は一瞬。
悪を耕す者の心には裏切りがある。
平和を勧める人の心には喜びがある。（同書一二章19－20節）

では「情愛（stergein）」についてはどうであろうか。アリストテレスは『ニコマコス倫理学』第四巻6章(7)で、「真実」と同様やはり「交際」の場面において、何にでも賛成する「御機嫌取り」と、何にでも異を唱える「気難し屋」の、「中間の状態」であると、「情愛」を定義していたが、第八・九巻では更に「愛（philia）」全般について多面的な考察を展開していたことは既に見たとおりである（第I部第3章7節参照）。ヘブライの『箴言』もこうした愛を多とし、様々な愛の望ましい形を語ることに余念がない。

あらわに戒めるのは、ひそかに愛するのにまさる。
愛する人の与える傷は忠実さの印、
憎む人は数多くの接吻を与える。（同書二七章5－6節）

とか、特に子供の教育においてだが、

鞭を控える者は自分の子を憎む者。
子を愛する人は熱心に諭しを与える。（同書一三章24節）

とかは、口当たりのよいことばかり言っているのが、愛ではないことを語る。

友の振りをする友もあり、
兄弟よりも愛し、親密になる人もある。（同書一八章24節）

しかし、

どのようなときにも、友を愛すれば、
苦難のときの兄弟が生まれる。（同書一七章17節）

そしてそうした兄弟こそ、肉の兄弟にまさる。

あなたの友人、父の友人を捨てるな。
災いの日に、あなたの兄弟の家には行くな。
近い隣人は遠い兄弟にまさる。（同書二七章10節）

と言われる所以である。こうして、

香油も香りも心を楽しませる。

友人の優しさは自分の考えにまさる。（同書二七章9節）

肥えた牛を食べて憎み合うよりは、
青菜の食事で愛し合う方がよい。（同書一五章17節）

というように愛が称揚される。更にこの愛の対象は、友人を超えて、「貧しい人」「弱者」「敵」にまで拡大されて行く。

友を侮ることは罪。貧しい人を憐れむことは幸い。（同書一四章21節）

貧しい人に与える人は欠乏することがない。
目を覆っている者は多くの呪いを受ける。（同書二八章27節）

弱者を憐れむ人はヤハウェに貸す人。
その行ないは必ず報いられる。（同書一九章17節）

弱い人の叫びに耳を閉ざす者は、
自分が呼び求める時が来ても答えは得られない。（同書二一章13節）

慈しみとまことは罪を贖う。
ヤハウェを畏れれば悪を避けることができる。

ヤハウェに喜ばれる道を歩む人を、

図6-2 『聖パウロの回心』 パウロはもともとユダヤ教徒で，最も律法に厳格なパリサイ派に属していた．キリスト教徒を迫害する側にあったが，回心してのちはイエス・キリストの福音を強烈に説いてまわるようになる．この絵は，ダマスコ途上でパウロがイエスの声を聞き，光に目を射られて，一時目が見えなくなった，その回心の光景を描いている．カラヴァッジョ筆　ローマ，サンタマリア・デル・ポポロ聖堂蔵

彼〔ヤハウェ〕は敵と和解させてくださる。（同書一六章6－7節）

もし君を憎む者が飢えているなら、パンを食べさせ、
渇いているなら水を飲ませよ。
君はこうして彼の頭に燃える炭火を積むことになり、
ヤハウェが君に報いてくださる。（同書二五章21－22節）

この最後の一句こそ、前章の終りに指摘した、新約以上に愛敵を語る代表的なテクストである。[8] この句は、新約のパウロにおいて変形して引用される。[9] パウロは終わりの一節を、《ヤハウェが君のために敵に報復する》という意味に取ろうとしてであろうが省略し、その前までを『申命記』の「復讐と報いは、わたし〔ヤハウェ〕のすること[10]」と結び付けて、そうした復讐の意味を強調しているのである。それに対して『箴言』の「報いる（シッラム〔šĭllam〕）」は、一九章17節の用法を鑑み、敵に報復するというよりも君の善行に褒賞をもって報いるの意に解する方が自然だろう。[11] また「頭に燃える炭火を積

む」とは、言わばお灸をすえることであり、敵がその熱さに耐え兼ねて敵意の兜を脱ぐように仕向けることである。とすれば「君」と「君を憎む」《敵》が、互いに憎しみを解いて共存することが神の定める善だ、というのが『箴言』の思想と言ってよい。敵を愛するアガペー（agapē）の思想は新約聖書によって発見されたという通説は、必ずしも正しくないのであって、旧約は憎敵の思いも色濃い（『詩篇』一三九21－22等）が、所々こうした透徹した愛敵の思想も語っていることに、前章に続いて注目しておきたい。(12)

穏和・正義

こうした敵をも愛する愛の思想が、穏和な性格と、社会の弱者をも掬《すく》い取る正義の貫徹を、重視することは見られる道理である。次に、これまたアリストテレスの徳目に数えられる、この二つの徳について見て行きたい。「穏和」は『ニコマコス倫理学』第四巻5章(13)によれば、「怒りに関する中庸」であり、「怒りんぼ」と「意気地なし（腑抜け）」の中間が穏和な人であった。

理由もなく他人と争うな、
あなたに悪事を働いていないなら。（同書三章30節）

もし「他人」が「あなたに悪事を働いて」いるならば、「争う」べきであり、それをしないなら「意気地なし」ということになるだろう。しかし「穏和に我々の対立せしめるものは、むしろ怒りの超過の方である。事実、その方が世間には多い(14)」というギリシアの洞察は、ヘブライにもそのまま当てはまる。『箴言』が語るのもほとんど、怒り過ぎないで穏和であることの勧めなのである。曰く、不遜な者らが町に騒動を起こす。
知恵ある人々は怒りを静める。（同書二九章8節）

愚か者は自分の感情をさらけ出す。
知恵ある人はそれを制し静める。（同書二九章11節）

忍耐によって英知は加わる。
短気な者はますます無知になる。（同書一四章29節）

柔らかな応答は憤りを静め
傷つける言葉は怒りを煽《あお》る。（同書一五章1節）

激しやすい人は諍《いさか》いを引き起こし、
穏やかに耐える人は争いを鎮める。（同書一五章18節）

ただヘブライの特徴は、こうして怒りを慎む穏和な人を、正義を神にゆだねる人と重ね合わす点にあるだろう。

悪事を働く者に怒りを覚えたり、
悪者のことに心を燃やすことはない。
悪い者には未来はない。悪者の灯は消える。（同書二四章19–20節）

と言われる。それに対し、

正しい人のためには、彼〔ヤハウェ〕は力を、
完全な道を歩く人のためには、盾を備えて、
裁きの道を守り、
その聖徒たちの道を見守ってくださる。（同書二章7－8節）

このように、正義は神から出るのである。[15] しかし正義はもちろん、独り神に委ねられるばかりでなく、人が自ら心して行なうべきものでもある。この点でヘブライの正義理解もギリシアのそれと重なって来る。もちろん『ニコマコス倫理学』（第五巻1－5章）のように、正義を一般的正義と特殊的正義に分け、後者を更に配分的・矯正的・相補（交換）的正義に分けて哲学的に分析するような叙述は、『箴言』に望むべくもない。[16] しかし「正しいとは、法にかなうということと、平等であるということとの両義を含む」[17] という、アリストテレスの正義論の基本は、『箴言』も共有するところなのである。例えば二九章は、そうした両義に目配りしている典型的な例である。

王は正義によって国を建てる。
しかし重税を取り立てる者が国を滅ぼす。（同書二九章4節）
正しい人は寄る辺のない者を正しく裁くことを知っている。
しかし悪者はそのような知識をわきまえない。（同書二九章7節）
貧しい者と虐げる者とは互いに出会う。

ヤハウェは、この両者に日の光を見させる。（同書二九章13節）

啓示（ハーゾーン〔hāzôn〕）がなければ、民はほしいままにふるまう。

しかし律法（トーラー〔tôrāh〕）を守る者は幸いである。（同書二九章18節）

「法を守る」ことは「正義」にかなっており、その正義はまた、虐げられた「貧しい者」、「寄る辺のない者」の権利を守ることである。なぜなら虐げられた者も、「虐げる者」も共に「日の光を見」るよう、平等に「ヤハウェ」によって命を与えられているからである。こうした平等の回復は、預言者的「啓示」が厳命し[18]、「律法」が定めるところであって[19]、『箴言』もまた、貧しい者に対する慈善の勧めといった形を含め、繰り返し語るところであった[20]。

機知・知恵

以上、微妙な異なりを見せながら、『ニコマコス倫理学』と『箴言』に共通する徳を洗って来たのだが、最後に「機知」と「知恵」についても簡単に見ておきたい。

「機知」についてももちろん、『ニコマコス倫理学』第四巻8章のような哲学的分析は、『箴言』のあずかり知るところではないが、『箴言』の所々に、ブラック・ユーモアも含めて機知の実例がちりばめられていることは、誰でも認めるところであろう。先に引いた、

足なえの垂れ下がった足のようなのは、

愚か者が口にする箴言。（同書二六章7節）

とか、

犬が自分の吐いたものに戻るように、
愚か者は自分の愚かさを繰り返す。(同書二六章11節)

などは、ブラック・ユーモアの類いで、眉をひそめる向きもあろうが、

いさかい好きな妻と一緒に家にいるよりは、
屋根の片隅に座っている方がよい。(同書二一章9節)

などは、繰り返し変奏され[21]、苦々しく語られているとも解せるが、「賢い妻はヤハウェからいただくもの[22]」、「しっかりした妻は真珠よりはるかに尊い[23]」といった肯定的表現と対照され、しかも『箴言』全体の結び[24]が良い妻に対する賛辞で終わることなどと考え合わせるなら、微笑ましい諧謔と読めるだろう[25]。さらには、

石は重く、砂も目方がかかる。
無知な者が不機嫌なのはどちらよりも重い。(同書二七章3節)

友人への祝福も、早朝に大声でするなら、
それは呪いと見なされる。(同書二七章14節)

乳脂を絞るとバターが出てくる。
鼻を絞ると血が出てくる。

怒りを絞ると争いが出てくる。（同書三〇章33節）

なども、どことなくおかしいが、これ以上機知に富んだ警句を解説するのは「野暮」[26]になろうから、ここでは以上の例をただ列挙するに留めたい。

さて『ニコマコス倫理学』の第三巻後半から第五巻にかけて「倫理的卓越性」を分析したアリストテレスは、続けて第六巻で「知的卓越性」について述べるのであった。狭義の「徳」は前者であろうが、「知恵」も「卓越性（aretē）」であるから広義の「徳（aretē）」に含めてよいであろう。しかし「知恵」について、知恵文書がふんだんに語っていることは言うまでもないので、ここでも典型的な例を二、三挙げるに留める。

愚か者は悪だくみを楽しみ、
英知ある人は知恵（ḥokmāh）を楽しむ。（同書一〇章23節）

若者を諭すのを控えてはならない。
鞭打っても、死ぬことはない。
鞭打てば、彼の魂を陰府から救うことになる。
わが子よ、あなたの心が知恵を得れば、
私の心は喜び祝う。
あなたの唇が公正に語れば、
私の腸《はらわた》は喜び躍る。（同書二三章13－16節）

なお付言すべきは、知恵も、

ヤハウェへの驚畏（ヤハウェを畏れること）は知恵の始め。
無知な者は知恵をも諭しをも侮る。（同書一章7節。九章10節併照。後述）

とか、

ヤハウェの知恵によって地の基は据えられ、
その英知によって天は設けられた。
その知識によって深淵は分かたれ、
雲は滴って露を置く。（同書三章19－20節）

のように、神との関係において考えられること、また、

無知な者の口には傲慢の杖。
知恵ある人の唇は自分を守る。（同書一四章3節）
知恵ある人は畏れによって悪を避け、
愚か者は高慢で自信をもつ。（同書一四章16節）

のように、知恵は倨傲さの対岸に位置することである。

3　ギリシアに固有の徳目

前節の最後の点は重要である。『ニコマコス倫理学』第三巻から第六巻は知恵を含めて、都合十二個の徳目を列挙しており、そのうち中庸・節制・真実・情愛・穏和・正義・機知・知恵の八つについては、『箴言』と共通していることを以上見て来たのだが、『箴言』の知恵が倨傲さと相容れないものであるならば、倨傲さをも包み込むような度量の大きさを重視するギリシアの徳目論と、ヘブライはここで袂を分かつのではないだろうか。すなわち、勇気・太っ腹・豪気・矜持という、残る四つの徳目については、『箴言』はこれを徳目に数えていないのではないか、と予想されるのである。

勇気・太っ腹

このうち「勇気」と「太っ腹」については、事態は微妙である。

知恵ある人は一人で勇士たちの町に上り
その頼みとする砦を落とすこともできる。（同書二一章22節）

知恵ある男は勇敢にふるまい
知識ある男は力を発揮する。（同書二四章5節）

などは、「恐怖ならびに平然に関しての中庸」（『ニコマコス倫理学』第三巻6章 1115a6-7）である「勇気」を、「知

恵」との関連で徳と見なしているようだし、

気前のよい人は自分も太り、
他を潤す人は自分も潤う。
穀物を売り惜しむ者は民の呪いを買い、
供する人の頭上には祝福が与えられる。（同書一一章25－26節）

は、「放漫」と「吝嗇」の間の「財貨についての中庸」（『ニコマコス倫理学』第四巻1章[27]）である「太っ腹」を是とする例と言えよう。しかし注目すべきは、これらについての用例が『箴言』中きわめて少ないことである。他の八つの徳目については、今まで列挙した例以外にも用例は数多《あまた》あるのだが[28]、「勇気」と「太っ腹」については、ここに挙げた二、三の例でほぼ尽くされるのである。

豪気・矜持

更に「豪気」と「矜持」については、全く用例が見つからないと言ってよい。「豪気」とは、国のために船団を送り出すような壮大な消費を言うのであり（『ニコマコス倫理学』第四巻2章）、上述のとおり、「貧しさも富も私に与えないで下さい。ただ、私に定められた分の食べ物で、私を養って下さい」（『箴言』三〇8）などと願うヘブライ人にとって、それは一般民衆の経済水準とも考え合わせると、考えがたいことであっただろう。

また「矜持」とは自己の価値の大きさを信じ、実際それに値すること（『ニコマコス倫理学』第四巻3章）だが、「軽蔑されて僕《しもべ》である方が、自ら高ぶってパンを欠くよりはよい」（『箴言』一二9）と実際的であり、かつ「彼（ヤハウエ」は嘲る者を嘲り、謙《へりくだ》る人に恵みを賜る」（三34）と宗教的なヘブライ人にとって、それはどうでもよいことなのかも知れない。

　高慢には恥が伴い
　謙遜には知恵が伴う。（同書一一章2節）

というように、ヘブライ人にとっては、ギリシア人のいわゆる「メガロプシュキアー〔megalopsychiā〕」（心の大きさ、矜持）よりも、「シェファル・ルーアハ〔šᵉp̱al rûaḥ〕」（心の低い〔こと〕、謙り）こそが徳であったように思われる。

我々は、ギリシアとヘブライに共通の徳、ギリシアに固有の徳について、見て来たのだが、以上の予断をもって、ここからヘブライに固有の徳についての考察へと進むことになる。

4　ヘブライに固有の徳目

謙　り

「謙り」と訳されるシェファル・ルーアハという言い方は、旧約中三例あるが、そのうち二例が『箴言』に出て来る（他は『イザヤ書』五七15）。一つは、

　貧しい人と共に謙っている方が
　傲慢な者と分捕り物を分け合うよりよい。（同書一六章19節）

という用例である。謙りは貧しさと結び付くこともあるけれど、元来、平和と良心を伴うものだから(29)、富よりも尊いというのが、ヘブライ的価値観なのである。傲慢はそれに対し、罵りと争いを惹起し(30)、人の教えを聞かず(31)、神を無視することなので(32)、破滅へと人を導くという(33)。「謙る者」についてのもう一つの用例は、

驕る者は低くされ
謙る者は誉れを受けるようになる。（同書二九章23節）

である。驕りは、分不相応の思い上がりであるから、何れ身の程を知らされ、「低くされる（シェファルと同語根のシャーフェール〔šāp̱ēl〕の使役形）」。それに対し謙りは、人間の分際を知っている限り、驕りより事実に即していて何れ「誉れ」とされる。「高慢（ザードーン〔zāḏôn〕）には恥が伴い、謙遜（ツァーヌーアウ〔ṣānûaʿ〕）には知恵が伴う」（一一2）という上述の言い方にも、その間の事情が語られている。ここには確かに、ソクラテスの「無知の知」（プラトン『ソクラテスの弁明』21A以下。本書第2章併照）を想い起こさせる面があるだろう。

自分を賢者と思い込んでいる者を見たか。
彼よりは愚か者の方がまだ希望が持てる。（同書二六章12節）

とか、

愚か者にはその無知にふさわしい答えをせよ。
彼が自分を賢者だと思い込まぬために。（同書二六章5節）

といった変奏にも、それは見られるところである。人は己の無知を知るべきであり、「高慢」な者はその「無知」の「知恵」を欠くがゆえに、「恥」を見ることになるのだ。

そしてそうした無知は、突き詰めたところ、神に比べてのことである。ソクラテスの場合、無知とは、「美にして善なること（kalon kagathon）については、何一つ知らない」（『ソクラテスの弁明』21d）という点に強調点があったのに対し、『箴言』では神の全知全能に対し、人の無知無能が対照される点に特色があるように見える。(34)

人の一歩一歩を定めるのはヤハウェである。
人は自らの道について何を理解していようか。（同書二〇章24節）

自分自身を知恵ある者と見るな。
ヤハウェを畏れ、悪を避けよ。（同書三章7節）

そしてヘブライ的「無知の知」の場合、「驕る者は低くされ(35)」るのは、それが事実誤認だからであるだけでなく、神の嫌悪するところだからでもある。(36)逆に「謙る者が誉れを受けるようになる(37)」のも、神がそれを嘉《よみ》するから、とも考えられるのである。(38)すなわち、

彼〔ヤハウェ〕は嘲る者を嘲り
謙る人に恵みを賜る。（同書三章34節）

のである。ここで「謙る」と訳したヘブライ語は、伝承本文ではアーニー〔ʿānî〕、マソレット学者の読み替えではアーナーヴ〔ʿānāw〕となっており、いずれにせよ「アナーヴァー〔ʿănāwāh：謙遜〕」の形容詞形である。

形容詞の方が多用されるが、[39] 次の二つの名詞の用例には、この語根の基本の意味が端的に表されている。

主を畏れて身を低くすること（アナーヴァー）によって、
富も名誉も命も従って来る。（同書二二章4節）

ヤハウェへの驚畏が知恵の訓戒。
謙遜（アナーヴァー）は栄誉に先立つ。（同書一五章33節。なお『箴言』中もう一つのアナーヴァーの用例は一八章12節）

「謙遜」とは結局、神の前に「身を低く」し「ヤハウェを畏れる」ことなのである。他の徳目についても適宜注目して来た点であるが、倫理的徳がこのように神との関係において考えられる点が、総じてギリシアに対するヘブライの徳目論の特色であるように思われる。次にこの点を、『箴言』の幾つかの章句に洗い直してみよう。

神信仰

どこにもヤハウェの目は注がれ、
悪人をも善人をも見張っている。（同書一五章3節）

と言われ、

ヤハウェを畏れることは、悪を憎むことである。

傲慢、驕り、悪の道、暴言を吐く口を、わたしは憎む。[40]（同書八章13節）

と語られるように、倫理的な善悪の基底に神の存在があるというのが、『箴言』の基本的理解である。そうした神の存在を認識し、

ヤハウェへの驚畏（イルアー〔yirʾāh〕：驚き・畏れ）が、知恵の訓戒。（同書一五章33a節）

となる。すなわち『箴言』においても、我々を超えたものへの「驚き」が基底となり出発点となる。有名な次の言い方は、その定式化となる。[41]

ヤハウェへの驚畏《イルアー》は、知恵の始め。（同書一章7節＝九章10節）

十戒をめぐって本書第4章6節でも見たとおり、原語イルアーは、普段気付かないでいた事に目を開いて、驚き且つ畏れる思いを指す。ここでは仮に「驚畏」と訳したが、同様の言い方は、『箴言』の二箇所のほか、『詩篇』一一一篇10節にも繰り返され、ヘブライの知恵の基本命題となる（他にも『コーヘレス書』一二13併照）。そしてこの「驚畏」に基づいて、人は罪の誘惑を避け（『箴言』一10以下）、長寿となり（同書、九11）、また明察を得る（『詩篇』一一一10）ことができるという。

こうした「驚畏」を欠く、

高慢なまなざし、傲慢な心は、
神に逆らう者の灯、罪。（『箴言』二一章4節）

それに対し、謙った、

ヤハウェへの驚畏にこそ、力強い信頼は宿り、
それは子らのための避け所となる。
ヤハウェへの驚畏は、命の源、
死の罠から逃れさせる。（同書一四章26－27節）

こうした神は、人の上辺の行為の善し悪しではなく、神に拠り頼む信仰の有無を問題とする。

人間の道は自分の目に清く見えるが、
ヤハウェはその心を調べられる。
あなたの業をヤハウェに委ねよ、
そうすれば、計画することは必ず成就する。（同書一六章2－3節。相似た言い方は二一章2節）

こうして上辺の善悪から、人を裁き報復することも、慎まねばならない。

「悪に報いてやろう」、と言ってはならない。
ヤハウェに望みをおけ、ヤハウェがあなたを救ってくださる。（同書二〇章22節）

ヤハウェは、信仰に基づく善に対しては幸いをもって報い、不信仰による悪には災いをもって報いる、応報の神なのである。

神に従う人は苦難に陥っても助け出され、
神に逆らう者が代わってそこに落とされる。（同書一一章8節）
神に従う人は食べてその望みを満たす。
神に逆らう者の腹は満たされることがない。（同書一三章25節。相似た言い方は一五章6節）

この世を司っている、こうした応報の神の働きを、この世の事象の背後に見抜くことが、知恵の真髄となる。

わたしを見出す者は命を見出し、
ヤハウェに喜び迎えていただくことができる。
わたしを見失う者は魂を損なう。
わたしを憎む者は死を愛する者。（同書八章35－36節）

ここで「わたし」として一人称で語り出しているのは、一－九章の訓戒説教に通じてそうだが、擬人化された「知恵」である。知恵を「見出す」者は応報の神の働きを知り、これに信頼することに応じて「命」を報いられるのに対し、そうでない者は「死」に至るというのである。

5　応報倫理をめぐって

応報についての知恵

応報倫理についての格言は、上に挙げた以外にも、枚挙に遑《いとま》がない。

善人は、ヤハウェに喜び迎えられる。
悪だくみをする者は、罰を受ける。（同書一二章2節）

死に捕えられた人を救い出さず
殺されそうになっている人を助けず
「できなかったのだ」などと言っても
心を調べる方は見抜いておられる。
魂を見守る方はご存じだ。
人の行ないに応じて報いを返される。（同書二四章11－12節）

弱者を憐れむ人はヤハウェに貸す人。
ヤハウェはその行ないに必ず報いてくださる。（同書一九章17節）

等々が、ほんのその一部である。こうした応報への信仰は、悪への報い・敵への復讐も神の手に委ねることを勧める。

義人は七度倒れても起き上がる。
悪者どもは災いに遭えば躓《つまず》く。

あなたの敵が倒れても喜んではならない。

彼が躓いても心を躍らせてはならない。
ヤハウェがそういうあなたを見て不快とされるなら、
彼への怒りを翻されるであろう。（同書二四章16－18節）

より端的には、

「人が私にするように、
私もその人に対してしよう。
それぞれの行ないに応じて報いよう」とは、
あなたの言うべきことではない。（同書二四章29節）

と諭されるのである。更にこうした応報は神自身が司るだけでなく、既に言わば因果の法則として事柄自体の中に組み込まれていると考えられる場合もある。

罪人たちを追いかけるのは、災い、
義人たちに対して報いるのは、幸い。（同書一三章21節）

正しい者たちを悪い道に惑わす者は、
自分の〔掘った〕穴に落ちる。
しかし誠実な人は幸福を継ぐ。（同書二八章10節）

応報の破れ

そもそもヘブライ語で、例えば倫理的「悪」を意味するラウ[42]〔raʿ〕はその結果としての「災い」をも意味し、[43]「正義」を指す[44]ツェダーカー〔ṣᵉḏāqāh〕はその結果としての「幸い」をも含意することなど[45]は、こうした善因善果悪因悪果の法則がヘブライでは余りに自明のことと考えられていたことの証とも取れると共に、[46]あるいは逆に、応報が機能しない場合があることを鑑みて、神を免罪する隠れた神義論とも解せるかも知れない。そして実際『箴言』中にも、悪が栄え正義が報われない現実への眼差しが、数は少ないが、散見されるのである。

悪人は何代経ようとも[47]罰を逃れえず、
義人たちの子孫は〔罰を〕免れる。（同書一一章21節）

一〇章から二二章の「ソロモンの『箴言』集」は、本章1節の分類によれば②にあたる。すなわち『箴言』中、最も古い部分であって、この一句も表向きは伝統的な因果の法則を謳っている。しかし「何代」か後の子孫で「罰」を受ける者があっても、一代では罰を免れる「悪人」がいる不条理への眼差しが、ここには既に潜んでいる可能性があるだろう。そして、いずれ罰せられるからやはり因果の法則は働いているのだと強弁することなく、応報の破れに対するより率直な認識、はっきりした不快感を表明しているのが、より後代の作と思われる、次の二句である。

泉が踏み汚され、水源が荒らされる。
神に従う人が、神に逆らう者の前によろめく。（同書二五章26節）

三つのことに大地は震え、

四つのことに耐ええない。
奴隷が王となること、
神を知らぬ者がパンに飽き足りること、
嫌われた女が夫を得ること、
女奴隷が女主人の代わりとなること。（同書三〇章21－23節）

こうして『箴言』の知恵は、応報の法則をこの世の事象の背後に認識することであったが、悪人が栄え義人が滅びる現実の世界を包括的に見ようとする限り、突き詰めたところ、応報の法則の破れをも率直に見詰めることへと進まざるを得ないであろう。そして、悪を見逃しにし善に報いない神の義を弁証する神義論をどうにかして形成することへとも、知恵は己を展開せざるを得ないように思われる。そのことを主題としたのが、『ヨブ記』『コーヘレス書』の二著に他ならない。こうして応報の破れという視点から後期知恵文学を読み進むことが、続く二章の課題となる。

6　『ニコマコス倫理学』と『箴言』の比較論要旨

本章は、前期知恵文学の『箴言』を徳目表として整理して読むことを課題とした。議論は多岐にわたったので、最後に論の大筋を要約して、次章につなげたい。

先ず『ニコマコス倫理学』は、都合十二個の徳目を列挙していたが、そのうち「中庸」「節制」「真実」「情愛」「穏和」「正義」「機知」「知恵」の八つは、『箴言』も重要な徳と見なしていることを確認した。これらについては、『箴言』中あまたの用例があったが、『ニコマコス倫理学』が更に挙げる「勇気」と「太っ腹」については、『箴言』の用例は極端に少なく、「豪気」と「矜持」となると、用例は皆無であった。『箴言』はそうしたギリシア的な「メガロプシュキアー」（心の大きさ）よりも、「シェファル・ルーアハ」（心の低さ）を、重視していた。「心の低さ・謙り」はギリシアに比べてヘブライに固有の徳であり、それは全知全能の「神への信仰」を重視する基本姿勢と通ずる。しかも倫理の地平においては、この神は、謙遜を嘉し傲慢を嫌い、善には幸いを悪には災いを報いる、「応報」の神である必要があり、この世の事象の背後に神の応報を洞察することこそ、前期知恵文書の主題となっていた。しかし前期の応報倫理にも既にかすかに綻《ほころ》びが見えていたが、より直截に因果応報が機能していない現実をあげつらった後期知恵文書は、この問題にどういう解釈を加えたであろうか。最後にこの点が、残された課題として確認されたのである。

注

（1）G・フォン・ラート『イスラエルの知恵』[G. von Rad, *Weisheit in Israel*, 1970]（勝村弘也訳）日本基督教団出版局、一九八八年、第一部第二章。
（2）『エレミヤ書』一五17、『エゼキエル書』一三9。
（3）L. Köhler, *Der Hebräische Mensch*, 1953, Kap.5.
（4）以下、拙著『旧約聖書の思想——二四の断章』岩波書店、一九九八年、九五–九七頁［講談社学術文庫、二〇〇五年、一二六–一三一頁］参照。
（5）『エレミヤ書』一五17。
（6）『イザヤ書』四二8、12、六三7、『ハバクク書』三3。
（7）アリストテレス『ニコマコス倫理学』四6、1126b11以下。
（8）以下、前掲拙著『旧約聖書の思想』岩波書店、二一一七頁［講談社学術文庫、二七一–二七二頁］参照。
（9）『ロマ書』一二19–20。
（10）『申命記』三二35。
（11）ただし『箴言』二〇22も併照。
（12）他に例えば、『レビ記』一九17–19。その解釈について

は、前掲拙著、岩波書店、二二五-二二九頁［講談社学術文庫、二六九-二七四頁］参照。

(13) アリストテレス『ニコマコス倫理学』四5、1125b26以下。

(14) 同書、四5、1126a29-30。

(15) 『箴言』二9、六33。

(16) 思惟を事とする論理学と、理解を事とする心理学は、二つの異なる認識方法だが、ギリシア人は前者に秀で、ヘブライ人は後者を得意とした、とかつてボーマンが比較したことが想起されよう。Th・ボーマン『ヘブライ人とギリシア人の思惟』［Th. Boman, *Das hebräische Denken im Vergleich mit dem Griechischen*, 1954.2.Aufl.］（上田重雄訳）新教出版社、一九五七年、三〇四頁以下参照。

(17) 『ニコマコス倫理学』五1、1129a34。

(18) 『イザヤ書』一17、23、一〇2、『エレミヤ書』二二3、七5-6等。

(19) 『申命記』一〇17-19、二七19、『レビ記』一九34等。

(20) 『箴言』八18、20、一〇2、一一4-5、18-19、一二28、一三6、一四34、二八8、27等。

(21) 同書、二一19、二五24。他にも一九13、二七15。

(22) 同書、一九14。

(23) 同書、三一10。

(24) 同書、三一10-31。

(25) 今道友信『エコエティカ』講談社学術文庫、一九九〇年、一二〇頁が指摘するとおり、「機知」と訳されるギリシア語eutraperiaは元来「巧みな転換」を意味し、ユーモアやウィットをもって「幸福に向けて気分を転換する考え方」だったことが、想起されよう。

(26) 『ニコマコス倫理学』四8、1128a9によれば、「野暮」とは、滑稽が度を超える「道化」の対極で、ひたすら堅苦しいことを指す。

(27) 同書、四1、1119b23以下。

(28) 上に挙げた用例以外にも『箴言』中に例えば、中庸・節制については、一二12、一六32、二三29-35、二五16-17、二七7、二八22、真実については、二14-15、21、四24、六16-19、八6-8、一一3、一二17、一四5、情愛は、一一17-19、一二28、一七9、二一13、三一26、穏和は、一二16、一四17、30、一六32、二二24、二五15、二九9、22、正義は、一3、二9、21、八6-8、一一3、一二5、一三23、一六8、二一3、機知は、一四4、一七10-12、14-16、28、二六17-25、三〇15-16、24-28、そして知恵については、一2-6、二1、一三15-16、一四1、18、一五14、20-21、一六16、21-23、一七27-28、一九2-3、一八15、二〇15、二一11、20、二三12、二四3-5、14、二八26、二九8-9、三一26等々、その例は文字通り枚挙に遑がないのである。

(29) 『箴言』一五16-17、一七1。

(30) 同書、七19、一三10、一六28-30。

(31) 同書、一五32。

(32) 同書、八13。

(33) 同書、一六18。

（34）もちろんギリシアにもこうした視点が全く欠けているわけではなく、第2章1節で見たソクラテス、更には遡って第1章3節で見たヘラクレイトスなどにも、神の知との対比があったことは、当該箇所を参照されたい。しかしギリシアの場合の強調点は、ヘブライほどそこに置かれていないことも事実であろう。

（35）『箴言』二九23。

（36）同書、三34、六16－19、一五25、一六5、二一4。

（37）同書、二九23。

（38）同書、三34、一五25、33、一八10、二二4。

（39）同書、中、アーナーヴ〔ʿānāw〕は、三34Q、一四21、一六19Qに、アーニー〔ʿānî〕は、三34K、一五15、二二22、三〇14、三一9、20に見られる。

（40）擬人化された「知恵」を指す。この段落の終わりを参照。

（41）E. Otto, *Theologische Ethik des Alten Testaments*, 1994, S. 162ff. は、古い知恵が経験的な観察からの「帰納」的手法によって語られたのに対し、『箴言』一－九章の新しい時代の知恵は、神への畏れという原理から「演繹」的に語られる、との対照を強調する。捕囚以後の「知恵は経験に出発するのではなく、イスラエルの神であり世界の創造者であるヤハウェへの信頼に出発するのである」(ibid., S. 162)。

（42）『創世記』二9、17、三5、22、六5、八21、『申命記』一五21、一七1等々。

（43）『創世記』四四34、四八16、『エレミヤ書』七6、二五7、四八16等々。

（44）『創世記』三〇33、『申命記』九4、5、6、『イザヤ書』四五23等々。

（45）『イザヤ書』四六12、13、五一6、五四14、『詩篇』二四5、九八2等々。

（46）K. Koch, *Um das Prinzip der Vergeltung in Religion und Recht des Alten Testaments*, 1972, S. 160ff.

（47）ヤード・レヤード〔yāḏ lᵉyāḏ〕は「確かに」と強調の意味にも取れるが、新共同訳と共に、「代々の子孫」と解す。

第7章 後期知恵文書──『ヨブ記』

1 『ヨブ記』の主題と構成

主題

「ヨブ記は、読者をつれて『あきらめ』の境地をくぐりぬけ、『神学者の神』に対する造反活動の現場まで導いてくれる、そういう書物である」[1]。つまり、義人が苦難を受けることもあるのが現実というものの理不尽さ、といった「あきらめ」を超えて、義人を嘉《よみ》し罪人を罰するはずの「神学者の神」は一体なにをしているのか、と率直な疑問をぶつけることが、後期知恵文書の代表作『ヨブ記』の主題と考えられる。前章で確認した知恵文書の鍵語で言えば、「応報倫理」が機能していないという現実を直視し、そのことに対する神の責任を問うこと、それがこの書物の主題なのである。

構　成

『ヨブ記』は四二章から成るが、始め（一—二章）と終わり（四二章7—17節）は、古い散文の民間説話で枠付けられる。その間に、劇的な詩文で、ヨブの嘆き（三章）が置かれ、三人の友人たち、エリファズ、ビルダデ、ツォファルと三度にわたっての論戦が繰り広げられる（四—一四章、一五—二一章、二二—二七章）。更に知恵の賛歌（二八章）とヨブの最後の長い演説（二九—三一章）が点景されるが、詩文の部分のクライマックスは、エリフの演説（三二—三七章）と、二度にわたる神の嵐の中からの答え（三八章1節—四〇章2節、四〇章6節—四一章34節）、そしてそれへのヨブの短い応答（四〇章3—5節、四二章1—6節）と言えよう。

枠物語のヨブ

枠の物語で最初に語られることは、義人ヨブといえども「理由もなく[2]神を畏れる（ヤーレー〔yārēʾ〕）か[3]」どうかを試すために、サタンが神の許可を得て、ヨブの富、子女、健康を完膚なく打ち砕くということである。しかし自分の子供たちがみな一瞬にして死んだ報を受けても、ヨブは、

　私は裸で母の胎を出た。裸でそこに帰ろう。ヤハウェは与え、ヤハウェは奪う。ヤハウェの御名はほめたたえられよ。（『ヨブ記』一章21節）

と語るだけである。また全身を腫れ物に冒され、それを見たヨブの妻が、神を呪って死ね、とまで言った時も、

　幸いを神から受けるのだから、災いも受けねばならない。（同書二章10節）

と、枠物語のヨブは飽くまで冷静で、神に従順である。

友人たちの非難

しかし論戦の部分になると、これとは全く逆に、激して胸を叩き神に挑《いど》む、反抗的なヨブの姿が現れる。そしてその反抗の切っ掛けとなるのが、牢固として抜き難い「応報倫理」的発想に基づいて、三人の友人たちがヨブにぶつける非難なのである。彼らは、ヨブがこれほどの苦難に出会うのは、それに見合う罪を犯したからに違いないと考え、悔い改めを迫る。例えばエリファズは、

考えてもみなさい。罪のない人が滅ぼされ、
正しい人が絶たれたことがあるかどうか。
私の見てきたところでは、
災いを耕し、労苦を蒔く者が、
災いと労苦を刈り取ることになっている。（同書四章7－8節）

と語り、ビルダデも、次のように諫《いさ》めるのである。

神が裁きを曲げられるだろうか。
全能者が正義を曲げられるだろうか。
あなたの子らが、
神に対して過ちを犯したからこそ、

図7-1　ヨブ　ボナ筆　バイオンヌ，ボナ美術館蔵

彼らをその罪の手にゆだねられたのだ。
あなたが神を捜し求め、
全能者に憐れみを乞うなら、
また、あなたが潔白な正しい人であるなら、
神は必ずあなたを顧み、
あなたの権利を認めて、
あなたの家を元どおりにしてくださる。（同書八章3－6節）

ヨブの反論

これに対してヨブは、自分に全く罪がないとは言わないけれども、(4) これほどの凄《すさ》まじい苦難に値するとはどうしても考えられない。そこで友に対しては、

私の苦悩を秤にかけ、
私を滅ぼそうとするものを、
総て天秤に載せるなら、
今や、それは海辺の砂よりも重いだろう。
私は言葉を失うほどだ。……
私に教えよ。
そうすれば、私は黙ろう。

私がどんな誤ちを犯したか、私に悟らせよ。……
もう一度、思い返してくれ。私の正しい訴えを。(同書六章2－3、24、29b節)

と抗弁し、神に対しては、

私が罪を犯したといっても、
人を見張るあなたに対して、私は何ができましょう。
なぜ、私をあなたの的《まと》とされるのですか。
私は重荷を負わなければならないのですか。
どうして、あなたは私の背きの罪を赦さず、
私の不義を除かれないのですか。(同書七章20－21節)

と哀訴するのである。そして次第に、神への哀訴は糾弾へと変わって行く。

私は神に言おう。
「私を罪ある者となさらないように。
なぜ私と争われるかを、知らせてください。
あなたが人を虐《しいた》げ、御手《みて》の業《わざ》を蔑《さげす》み、
悪者の謀《はかりごと》に光を添えることは、良いことでしょうか」。(同書一〇章2－3節)

あるいは、

私の不義と罪とはどれほどでしょうか。
私の背きの罪と咎とを私に知らせてください。
なぜ、あなたは御顔を隠し、
私をあなたの敵と見なされるのですか。(同書一三章23-24節)

そして終には、

全能者が私に答えるはずだ。
私と争う者が書いた訴状、
それを私は、しかと肩に担い、
冠のように我が身に結び付けよう。
私は我が歩みの数を彼に告げ、
君主のようにして彼に近づこう。(同書三一章35-37節)

と傲然と神に挑むのである。この最後の断章の「私と争う者」、および二度繰り返される「彼」を、論争をしかけるヨブの友人たちと取るならば、友人たちの倫理的断罪に対してここでヨブは身の潔白を弁じていることになるだろう。しかしこれらが単数で、複数の友人たちを指すには難があり、しかも四〇章2節には「全能者と争う者」という似た表現があることも鑑み、「全能者」自身を指すと解した方が自然だとすれば、この断章は、ヘブライでは例外的な、ヨブの「君主」のように傲然とした、神に対する挑発と読めるはずなのである。その場合、「訴状」を「肩に担う」のは、それでも身が害せられねば無罪が証明されるという神明裁判の慣習に則っていると解し得、神に訴えられても、自分の方が正しいと神に言い募る、ヨブの姿がここに浮き彫りにされるように思われる。「全能者が私に答える」時に、自分が受けた不当な苦難は回復されると期待し続けたヨブは、いつまでも「答え」ない「全能者」に焦《じ》れ、この最後の弁論において、隠れた全能者に向かって不遜なまでの挑発をするに至るのである。(5)(6)

2　キルケゴールの解釈

ヨブに対する讃美

こうしたヨブの姿勢に限りない共感を示した思想家に、S・キルケゴールがいる。キルケゴールは、一旦恋人レギーネとの婚約を破棄した後、彼女を受け取り直す希望を込めて書いた『反復』という謎めいた著作の中で、「ヨブのもとで、自分の探していたものを見つけたと思う。ヨブとその妻と三人の友人たちとのこの小さな円居《まどい》のなかには、……真理がギリシアの饗宴におけるよりも壮麗に、喜ばしく、真実に鳴り響いている(7)」と熱く語る。「僕の不幸な魂にとっては、ヨブの一語一語が食物であり、衣服であり、薬石で(8)」あって、「『旧約聖書』全篇を通じて、ヨブほど人間的な信頼と安心と率直さをもって近づくことのできる人物はありません(9)」と言う。なぜなら「彼にあってはすべてが人間的であるから(10)」。なぜ「人間的」なのか。謙虚に冷静に「ヤハウェは与え、ヤハウェは奪う。ヤハウェの御名はほめたたえられよ(11)」と語ったからだろうか。否、むしろ逆である、とキルケゴールは言う。「ヨブは、この言葉を最初に言いましたが、その後はくりかえしませんでした。ヨブの意義は、信仰に対する境界線争いが彼の内部で徹底的に戦いぬかれたということ、激情の強暴で好戦的な諸力の側からのあの巨大な反逆が彼の内部で演じられたということ、このことにほかならないのです(12)」。

超越の顕現

「ヨブは、いわば神と人間との間における大事件、サタンが神とヨブとの間に不信をまいたことに起因し、全体がひとつの試練であったということで終わる、広汎でおそるべき裁判事件における、人間の側からなされた内容豊かな告訴状なのです」[13]。そしてこの「『試練』というカテゴリーは、美的でもなければ、倫理的でもなく、また教義上のカテゴリーでもありません。それはまったく超越的なものです」[14]、と言われる。この「超越的」なものは「人間を神に対する純粋に個人的な対立関係に置く」[15]ものであり、『ヨブ記』三八章以下の「嵐」によって「効果」[16]的・象徴的に表現されていると考えられる。そして「嵐」の中での神顕現の内容よりも、またその後ヨブの所有物がかつてに倍された（ヨブ四二10）「反復」[17]の事態そのものよりも、キルケゴールは自らの上に、この「超越的」な「嵐」が到来することをひたすら翹望《ぎょうぼう》する。

「嵐とは、なんと素晴らしい効果をもたらすものでしょう！　普通ならば、懲らしめを受けると、人間はとかく硬化するものです。ところが、神が裁くと、人間は自分自身を失い、彼を教え育てようとする神の大きな愛のために苦痛を忘れます」[18]。「嵐は、……僕を良人であるにふさわしい人間にしてくれるでしょう。それは、僕の全人格を破砕し去るでしょう。僕は、その覚悟をしています。僕という人間は、自分でさえ見きわめもつかないほどになってしまうことでしょう」[19]。このように「嵐」を待ち望んで止まなかったキルケゴールは、この後、レギーネが別の人と婚約したことを知って後の部分を破棄し、いささか唐突な形でこの一連の草稿を終えるのであった。

いずれにせよ、ここには一つの典型的な『ヨブ記』の読み方が呈示されているのであって、それは、三八章以下の嵐の中からの神顕現に、総ての解決を見出す方向である。結局ヨブの苦悩は倫理的な懲罰ではなく、ここに至るための宗教的な「試練」であるというのである。

しかし倫理的な判断は、宗教にあって本当に中止されてよいのだろうか（これは、『創世記』二二章を論じた、キルケゴールの同時期の著作『おそれとおののき』のテーマでもあった）。『ヨブ記』三八章以下の嵐における神の顕現は、本当に総てを解決する内実を備えているのであろうか。こうした疑念が残る向きには、むしろ倫理性を重んじたC・G・ユング[20]の、次のような率直な問題提起の方が、あるいはより説得的に響くかも知れない。

3 ユングの解釈

ヨブの神に対する批判

ユングは、神の「無道徳[21]」な「闇の部分[22]」が『ヨブ記』に描かれている、と見る。「理由もなくヤハウェはヨブに数多い『傷』を負わせる[23]」。こうした「暴力[24]」的な「神は、道徳的判断を少しも気にかけない、あるいは自らを拘束する倫理を何ひとつ承認しない[25]」。「人が律法と契約を守ることを猜疑深く見張っていたヤハウェ[26]」は、「信義を破らない[27]」という自らの誓いの方はいとも簡単に破ってしまう。これは、「感じ易い現代人にとっては、世界の暗闇の淵が開いたような、足の下から地面が消え去ったような経験であろう。われわれが少なくともこれだけは神に期待するということがあるとすれば、それは、……道徳的無定見においてではなく、善、偉大、高貴という意味において、人間にまさることだからである[28]」。それに対し「恐らくヨブの最も偉大な点[29]」は、次のことを「はっきり見てとっている[30]」ところにある。すなわち、ヤハウェは「悪」であると共に「善」、「迫害者でありかつ助力者」、「ヤハウェは分裂しているのではなく、二律背反であり、この完全な内的矛盾こそ彼の凄まじい活力、彼の全能と全知の不可欠の前提をなしている[31]」と、はっきり認識している点だと言われる。そこで嵐からのヤハウェの顕現に対するヨブの応答はこうなる。

「ああ、私はつまらない者です。あなたに何と口答えできましょう。私はただ手を口に当てるばかりです。一度、私は語りましたが、もう口答えしません。二度と、私はくり返しません。」（『ヨブ記』四〇章4－5節）

ヨブのこの語り口を解釈してユングは、「ヨブはこのように惨めに小さく弱いが、今わが前に立つ超人間的存在が傷つきやすい性格であること、したがって批判的な思いを抱くことは常に控え、神なるものに対しても提出してよさそうに思われる道徳的要求のうちのあるものは、決して口にしないほうがよいということを承知している(32)」のだ、と述べるのである。

ヤハウェの暴力性

ではそもそも何故ヤハウェはヨブに、このような「暴力」を加え「傷」を負わせたのであろうか。ユングの推測はこうである。ヤハウェは過度に傷付き易く猜疑心が強いので、サタンにそそのかされると「呆れるばかりにやすやすと」「ヨブの真心」を疑ったのだ、と。(33)そして「ヨブを理由もなく無益な道徳的試練に遭わせ」たが、これは「強奪、殺人、故意の身体の損傷、そして正義の拒絶(34)」の行為であって、神が十戒で人に禁じた行為のうち「少なくとも三つをヤハウェ自ら紛れもなく破っている(35)」ことになる。

いずれにせよこの試練の果てに嵐の中からヤハウェは「半ば踏みにじられた蛆虫のような人間に向かって非難の言葉を轟かせる。『知識もなく言い分を述べて、神意を曇らせる者は誰か』（三八2）、と。ヤハウェのこの後に続く言葉を考えれば、ここで誰がどういう神意を曇らせるというのかと、いぶかしまずにはいられない(36)」というのが、ユングの見方となる。「ヤハウェの問いに対する答えはこうだ。自らの神意を曇らせる愚か者はヤハウェ自身である。彼は言わば逆ねじを食らわせ、自分がしたことについてヨブを責めるのである」[37]。「惨めな犠牲者に、七一行の長さを費やして、彼は世界創造者の権能を告げ知らせる。この上うんざりするほどこの権能に驚かしてもらう必要は、ヨブには全くない」[38]のにである。「ヤハウェは話しながら、ちっともヨブには触れないので、彼がどれほど自分のことに熱中しているかがすぐ分かる。このような全能と偉大さの強調は、ヨブのようにもうこれ以上納得させるということのあり得ない相手に対しては無意味」[39]であるというのに、云々。こうして、ヤハウェもユングにあっては散々である。

ユングの分析の評価

以上のユングの分析は、神という存在そのものと、あくまで『ヨブ記』の作者が思い描いた神と、その間の落差についての認識が少し混乱しているように思われる[40]。そしてその作者の意図は問わず、神そのものへの罵詈雑言となっている点で、キリスト教界が本書をあるいは瀆神的として批判し、あるいは非学問的として無視するのは故なきことではない。しかし『ヨブ記』三八章以下の神の答えが、倫理的には何ら答えになっていないのではないか、という率直な問題提起をした功績は、それにもかかわらず無視できないと言わなければならないだろう。

4　『ヨブ記』における応報倫理

応報のドグマ

実際、応報倫理の問題は結局『ヨブ記』においては解かれていないのではないだろうか。ヨブの友人たちは、善人には善い報い、悪人には悪い報いがあるはずだという応報のドグマに終始縛られたまま、ヨブの現実を見ずにこれを弾劾した。だが応報のドグマに縛られたままというならば、神がこのドグマを超えることを認めようとせず、神を糾弾し続けたヨブその人も、実はその域を一歩も出ていないことになる。自分の善に見合った報いをしてくれない神に対して「あなたは不正を働いた」（三六23。エリフによるヨブの発言の要約）、と言いつのるのだからである。こうした人間の側からの神観念に縛られている限り、人はそれを超越した神の現実を受け入れることができない。むしろ己の義を立て、そのことがますますありのままの神から離れる悪循環を惹き起こす。ヨブが、受けた災い以上に苦しんだのは、このようにして神を見失った混沌の闇であったように思われる（特に二六章以下）。とすれば、キルケゴールの言う「超越的」な「嵐」の中からの神顕現は、この悪循環の根を絶つものでなければならず、応報をめぐる神の自己弁護といったレヴェルではなくて、それを全く超えた事柄の真髄へと思いを馳せるものでなければならないだろう。

わたしが大地を据えたとき、
お前はどこにいたのか。
知っていたというなら、
理解していることを言ってみよ。
誰がその広がりを定めたか、を知っているのか。
誰がその上に測り縄を張ったのか。（『ヨブ記』三八章4－5節）

と天地創造の太古の時について語り出される所以である。存在する者が自分たちの世界にあらまほしい法則を、人間中心の幸福主義的希望に基づいて、神に強制することはできない。そうした人間に都合のよい観念の拵《こしら》えものの神ではなく、むしろ人間の思いを超越し、しかも人間を存在せしめている超越的根源としての神の語り、すなわち自己啓示は、創造の回顧となるべきだというのが、『ヨブ記』作者の理解であるだろう。

『ヨブ記』の結論

そしてまたここに至って、「ヨブといえども、理由もなく神を畏れるものか[41]」というサタンの問いに対する答えもまた明らかとなる。すなわち、通常幸いという見返りにおいて人は、愛と義の神と出会っているかの思いを抱く。しかし不当と思われるまでの災いを経験するとき、憎しみと不義の神という、人間普通の神観念からは形容矛盾の神と出会うか、あるいは愛と義の神を見失う状況へと陥る。そして神とすれ違うことが宗教的な人間にとって最大の苦痛である限り、それは災いの経験そのものに、優るとも劣らず耐え難い。人が「神を畏れる」「理由」は、「家と持ち物[42]」、「骨と肉[43]」が保たれるという「見返り[44]」にあるのだという、サタンの勘ぐりは必ずしも当たらないとしても、ヨブのような優れて宗教的な人間にとっても「神を畏れる」にはやはりそれなりの「理由」――こう言ってよければ、利己的事情――があるのであって、それは神と見《まみ》えていたい、という止み難い欲求であろう。そしてそれまでの幸いが破られ、常識的な応報の神観念が打破され、神を見失った絶望と葛藤の先に、むしろ真にリアルな神との出会いが起こった、というのが、『ヨブ記』全篇の結論と言うべきであろう（三八章以下）。そこで、

「私には理解できず、私の知識を超えた、
驚くべき御業を私はあげつらっておりました。……
あなたのことを、耳にしてはおりました。
しかし今、この目であなたを仰ぎ見ます。

それゆえ、私は塵と灰の上に伏し、
自分を退け、悔い改めます」。（同書四二章3、5－6節）

という告白がなされるのである。ここでまた、ギリシア・ヘブライの倫理の底流である、我々を超えたものへの「驚き（ペレー〔pele'〕）」が語られている。「驚くべき御業（ペラーオース〔pelā'ôṯ〕）」と訳された言葉は、ペレーの複数形であり、人智を超えた神のくすしき働きを指すのである。[45] これをしも、この理不尽な神に「批判的な思いを抱くこと」がタブーだと悟ったヨブの保身のポーズだという、上述ユングの読みは穿ち過ぎというものだろう。そもそもヤハウェが猜疑心ゆえにヨブへの災いを許した、というユングの深読みにも、テクスト上の直接的典拠はないのである。むしろヨブとてもそこに陥っていた観念的な神理解を、揺さぶるための「試練」[46]として、神は災いを与えたというのが、素直な読みというものであるだろう。苦難の教育的意義を説く、三二章から三七章に至るエリフの弁論は、その限りにおいて事態の解決の方向を正しく示唆しており、三八章以下の神顕現への導入として正当にもこの位置に置かれていると考えられるのである（また四二章7節以下の神の叱責が、三人の友人に限定されているのは、単に枠伝承がエリフの存在を知らなかったせいと言うよりも、『ヨブ記』全体の最終編纂者によっても、エリフの弁論が是とされていることの証左と見うるであろう）。

応報倫理の此岸へ

このように見て来るならば、『ヨブ記』の作者にとって神は、応報倫理を超えた存在の根拠であり、善悪の彼岸において辛うじて人と出会う、謎のような創造者ということになるだろう。だが、最後に注意しておかなければならないのは、これも飽くまで『ヨブ記』作者にとっての神理解だ[47]ということである。旧約はまだ別の様々な神理解、この謎の解き明かしを模索している。倫理思想の問題としての更なる問いは、果たしてこのような神の倫理的な正義は弁証されるのか否か、あるいは応報倫理の彼岸ではなく此岸にこそ顕れる神をも旧約は証言していないかどうか、という点に収斂するであろう。この点について、他の問題共々仕切り直して問い進むことが、最後に第Ⅲ部の課題となる。

注

(1) H・W・ヴォルフ『旧約聖書』〔H. W. Wolff, Bibel. *Das Alte Testament*, 1970〕（大串本亮訳）新教出版社、一九九一年、二二七頁。

(2) 原語ヒンナーム〔hinnām〕は、「恵む」「情けをかける」といった意味の動詞ハーナン〔hānan〕との関連を考えて、「見返りなしに」「無料で」といった意味に限定することもできる（『創世記』二九15、『イザヤ書』五二3、5等）が、「理由もなく」「いたずらに」といった、より一般的な意味に解する方が、ここでの文脈（後述）にも、また大方の用法（『ヨブ記』二3、九17、二二6、『サムエル記上』一九5、二五31、『列王記上』二31、『エレミヤ書』六10、一四23等々）にも合致する。

(3) 『ヨブ記』一9。

(4) 同書、七20-21、一〇14、一九4等。

(5) 同書、九34-35、一三3、15、21-22、一六20-21。

(6) この断章の解釈は、拙著『旧約聖書の思想――二四の断章』岩波書店、一九九八年、一八〇-一八一頁〔講談社学術文庫、二〇〇五年、二二五-二二七頁〕に基づく。

(7) S・キルケゴール（コンスタンティン・コンスタンティウスの偽名による）『反復　実験心理学のこころみ』（前田敬作訳）、『キルケゴール著作集』第五巻、白水社、一九六二年、二八九頁。

(8) 同書、三一五頁。

(9) 同書、三一六頁。

(10) 同頁。

(11) 『ヨブ記』一21。

(12) キルケゴール前掲書、三二三頁。

(13) 同書、三二三-三二四頁。

(14) 同書、三二四頁。

(15) 同書、三二五頁以下。

(16) 同書、三二六、三二八頁。

(17) 同書、三二五頁。

(18) 同書、三二六頁。
(19) 同書、三二八－三二九頁。
(20) C・G・ユング『ヨブへの答え』[C. G. Jung, *Antwort auf Hiob*, 1952]（野村美紀子訳）ヨルダン社、一九八一年。
(21) 同書、二一一頁。
(22) 同書、二二二頁。
(23) 同書、二一五頁。
(24) 同書、二二二頁。
(25) 同書、二一七頁。
(26) 同書、三〇頁。
(27) 同書、二九頁。
(28) 同書、三〇頁。
(29) 同書、二七頁。
(30) 同書、二七頁。
(31) 同書、二七－二八頁。
(32) 同書、二五頁。
(33) 同書、三七頁。
(34) 同書、三九頁。
(35) 同書、四〇頁。列挙されている四つのうち、後二者は十戒にはないので、「三つ」と言うより「二つ」と言うべきであろう。
(36) 同書、四一－四二頁。
(37) 同書、四三頁。
(38) 同書、四三頁。
(39) 同書、四四頁。
(40) ユング自身、序文（特に一五－一六頁）で神についての「イメージ」と「それが指し示す先験的なX」とを区別しているけれど、本文ではその点の分離が一貫していないのである。すなわち、「ヨブ記の著者」（三七頁）や「このドラマの作者」（五六頁）に言及しつつも、全篇を通じてヨブ時代のヤハウェのほかに、『詩篇』八九篇時代のヤハウェ（二九頁以下）、『箴言』時代のヤハウェ（五八頁以下）等、ヤハウェ自身の変遷を直接的に描くのである。
(41) 『ヨブ記』一9。
(42) 同書、一10。
(43) 同書、二5。
(44) 前註（2）参照。
(45) 『出エジプト記』一五11、『詩篇』七七15、一一九129等。
(46) 『ヨブ記』三四36のバーハーン〔bāḥān〕が鍵語となる。なお七18、一二11、二三10、三四3も併照。
(47) そしてまた厳密には、飽くまで論者による『ヨブ記』理解に基づく、と付け加えねばならない。より専門的で多面的な『ヨブ記』理解については、並木浩一『「ヨブ記」論集成』教文館、二〇〇三年を参照していただきたい。また同じ著者による『ヨブ記（箴言）』（旧約聖書Ⅻ）岩波書店、二〇〇四年は、詳細な解説・注釈ともども、著者多年の研究成果を盛り込んだ翻訳である。

第Ⅲ部

ギリシア・ヘブライ倫理の帰趨

第8章　ヘブライ宗教における応報倫理──『コーヘレス書』を中心に

1　驚きと応報

驚　き

序論で論じ、また本書の随所で指摘して来たとおり、古代の倫理思想の一つの大きな特色は、その「驚き」の思いの豊かさにあった。最後の三章および結語は、この「驚き」に立ち帰り、その意味を問い直すことを、終《つい》の課題とする。先ず第8・9章で、ヘブライの宗教倫理における「驚き」が、突き詰めたところ何処へ向かうのか、その帰趨を見定めておきたい(1)。そして第10章では、そうした宗教的信仰の象徴が指し示す事柄を、ギリシアの哲学的普遍的な理性の言説で反省し捉え返してみたい。そして両者相俟って結語で、そうした倫理思想の要諦が現代に語り掛けるものに、耳を傾けることができればと思うのである。

応報の神をめぐる問い

ヘブライにおいて「驚き」の主たる対象は、歴史を貫く神の業であった。倫理の問題との相関で言えば、倫理的善に対しては幸いを、悪に対しては禍を報いる、応報の神の業こそ、『箴言』作者が剔抉し、『詩篇』詩人が賛嘆してやまない、「驚畏」の的であった（後述、第8章1節）。しかし他方、現実の何処にそのような業が見られ、そのような応報倫理的な神の存在が確認されるのか。そうした反問もまた、この「驚き」の熱狂に水を差すかのように、『ヨブ記』等、傍らでささやかれ続けた。これは、義人が苦しみ、罪人が栄える苦難の歴史を経験したヘブライの人々が、その苦難の中でうめくように問うて来た問いだったのである。そしてこれはまた第2章で見たプラトンの場合にも――神の報いという要素は後景に退くとはいえ――、正義に正当な報いはあるのか、という形で鋭く問われた問題でもあった。恐らく国と時代を問わず、倫理ということを考えるとき、こうした応報の可能性ということは一般に広く問われて来たと言ってよいように思われる。

もっとも無神論的であり、とにもかくにも経済的に豊かな現代の日本では、あるいは馴染みのない問いのように思われるかも知れない。しかし果たしてそうだろうか。本章では敢えて現代の問題との繋ぎを意識して、こうした応報をめぐる問いとその答えが、新聞等の紙面に散見される事実の確認から入りたい。次の二つの例は、こうした問いが我々にも必ずしも縁遠いものではないことを証言する、典型的な、そしてまた対照的な例である。

現代の日本の場合

二〇〇一年一月、東京の新大久保駅で、酔っ払って線路に落ちた人を助けようとした二人の男性が巻き添えとなり、三人とも電車にはねられて死亡するという事故が起こった。その後の報道では、このような咄嗟の時に他人を助けようと行動した二人の男性の勇気が称えられると共に、一緒にホームで飲んでいて何度も相手に酒を買いに行かせ、彼が線路に落ちても助けようとしなかった第四の男性の非倫理性が、一部の週刊誌などで非難された。私は具体的な状況について正確なことは知らないけれども、ここで確認したいのは、正義の人たちが無駄に死んだかに見える運命の皮肉といった論調でこれが報道され、更には、神も仏もないのか、といった問いとともに語られたという事実である。そしてこのような皮肉を我々は実生活で往々にして目撃するのである。[2] 倫理的行為に報いる神などいるわけがない、といった漠然とした感じは、現代の大多数の日本人が共有しているように思われるのである。

しかし他方、いや、そうではない、という声もある。地下鉄サリン事件の一周忌に際して書かれた吉田秀和氏の文章を想起しておきたい。

> 先日もTVで地下鉄サリン事件の一周忌ということで、殉職した職員を弔う光景をみた。実にいたましい話である。あの人たちは生命を賭けて多くの人を救った。……偉い人たちである。
>
> 年をとって涙もろくなった私はそのまま見続けるのがむずかしくなり、スイッチを切った。切ったあとで、あの人たちの魂は浄福の天の国に行くのだろうか、そうであればよい、と思う一方で「お前は本当にそう信じるか?」という自分の一つの声をきく。
>
> そういう一切がつくり話だったとしたら、あの死は何をもって償われるのか。この不確かの中で、彼らがより大勢の人の危難を防いだ事実を思い、私はもう一度頭を下げる。(吉田秀和「音楽展望」『朝日新聞』一九九六年四月一八日夕刊)

現世で報われないなら、天国の神のもとで報われなければならない、という思いがこのように「不確か」さの中でつぶやかれることもあるのである。そしてこれは吉田氏に限らず、少なからぬ日本人の心のつぶやきではないだろうか。

この二つの典型的な例を想い起こすだけでも、応報の倫理的神が存在するのか、という問いが現代の日本人にとっても決して無縁でないことが知れるであろう。そして我々はこの問いを突き付けられてしばしば、こうした肯定的答えと否定的答えの間に引き裂かれるのではないだろうか。

カントのアンチノミーとその評価

西洋の倫理思想史に目を転ずるならば、こうした肯定的答えと否定的答えのアポリアを、徳福の一致に関する実践理性のアンチノミーとして論じたのは、周知のとおりカントであった。カントは『実践理性批判』の「弁証論」において、道徳と幸福は一致する、つまり倫理的行為は報われるというテーゼと、一致しない、つまり倫理的行為は報われないというアンチテーゼが、同等の権利をもって主張されるとした。そしてその理由を感性界と叡智界の区別のうちに見出し、そこから魂の不死と神の存在とを実践的要請として定立したのだった(3)。これは、応報倫理の是非を問う倫理思想の歴史上、古典的な議論だが、ここではこれ以上立ち入ることはしない。私はむしろ、道徳の自律性のためには、幸福の原理に従属するような質料的動機を排除し、形式の側からのみ意志の規定根拠を問うべきだとした、カント倫理学の出発点に比べ、ここでは幸福の概念を密輸入してカントは不整合を犯していると言わざるを得ないと思う。そうした応報の神を要請するのは「カントの時勢に対する妥協」であり、カントはむしろ理性の自発性としての「本来的自己……の底に神を見出すべきであった」、という和辻哲郎の批判(4)の当否についてはは今おくとしても、カントが不整合を犯している点は、認めざるを得ないように思われるのである。いずれにせよこのアポリアが自ずと、魂の不死や神の存在の問題とかかわらざるを得ないことは、ここで既に予感されることである。

ヘブライにおけるアポリア

さて倫理思想史上、このアポリアを、通時的にとはいえ、突き詰めるところまで突き詰めた最初の、そして恐らく最大の例が、ヘブライ思想である。前章までのおさらいをかねて、幾つかの関連章句を読んでおこう。

倫理的行為は報われるというテーゼは、例えば、『詩篇』詩人の信じるところであった。

まことにヤハウェは公義を愛し、ご自身の聖徒を見捨てない。
彼らは永遠に保たれるが、悪者どもの子孫は断ち切られる。（『詩篇』三七篇28節）

と、謳われていたとおりである。また『箴言』の作者も、

ヤハウェは義人を飢えさせない。
しかし悪人の願いを突き放す。（『箴言』一〇章3節）

ことを、自明の前提とした。善因善果悪因悪果の応報法則は、神が義である限りこの世を支配しているはずだ、というのが伝統的な知恵の主張だったのである。

しかし時代が降るにつれて、そんな法則は実際には機能していない、という冷徹な現実認識を踏まえ、こうした信仰に疑義が呈せられる。ヘレニズム期のニヒリスト・コーヘレスはこのことを次のように定式化した。

悪人の行ないに対する報いを受ける義人がおり、
義人の行ないに対する報いを受ける悪人がいる。

図8-1 『ロトとその娘』（部分）ルーカス・ファン・ライデン筆　パリ，ルーヴル美術館蔵

わたしは言う、これもまた空しい、と。
（『コーヘレス書』八章14節）

このようにヘブライの人々もまた、応報の倫理的神が存在するのか、という件《くだん》の問いの前で、肯定的答えと否定的答えの間に引き裂かれているのである。それではヘブライの人々は何を理由に、それぞれ相反する命題を主張したのだろうか。以下、少しく両命題の論拠を尋ねておきたい。

ヘブライにおけるテーゼ

まず、倫理的行為は報われる、というテーゼの論拠は、個人の場合も共同体の場合も、様々な実例が証明しているということだろう。男色と放蕩に身をやつしてソドミーの語源となったソドムの人々は、町ともども硫黄の火によって滅ぼされた。それに対し、彼らから神の使いを守るため自らの娘を犠牲にしようとしたロトは、家族とともにその難を逃れた[5]。七十人の兄弟を殺して王位についたアビメレクは、その報いとして女の投げ下ろした挽き臼で頭を砕かれて死んだ[6]。それに対しヒゼキヤは歴代の王の中でも特に敬虔な王として知られ[7]、「富と誉れに豊かに恵まれた[8]」と言われる。こうした応報の原理はあまりに自明のことと考えられたから、本書第6章でも見たとおり、ヘブライ語で倫理的「悪」を意味するラウ〔raʿ〕はその結果としての「災い」をも意味し、「正義」を指すツェダーカー〔ṣ^{e}dāqāh〕はその結果としての「幸い」をも、更には「罪」を表すアーヴォーン〔ʿāwôn〕は、その価である「禍」をも含意するのである。その上、神の応報の意志は、律法に具体化され、不法行為は償いと刑罰を要求された。「命には命を与えなければならない。目には目を。歯には歯を。……」[9]。こうして倫理への応報は法律的にも保証されるのだ。

もちろん義人が滅びるといったことも起こり得るが、これは同胞の罪に染まり[10]、先祖の罪を負わざるを得ない[11]、連帯責任の原則から説明される[12]。彼らも他者の不義に染まっており、完全な義人ではないのだから、滅びることもあり得るというわけである。以上が、テーゼが主張される、主たる論拠と言えるだろう。

ヘブライにおけるアンチテーゼ

それに対して、アンチテーゼの論拠はどうだろうか。先に引用した『詩篇』や『箴言』は前期知恵文学に属し、まだ知恵の危機を経験していない捕囚前の幸福な時代の作である。この時代のイスラエルは、複数の同格的集団によって構成されていた。民族社会学の用語を用いるならば、分節的（segmentär）な社会だったのである。そしてそこにはまだ連帯責任の原則が生きていた。しかし捕囚期以降、バビロニア等、巨大帝国が中央集権的に経済に介入してくると、この分節的な社会構造は崩れ、ヤハウェに背いて異教国家の宗教倫理に取り入る不義なる者たちが、言わば法の網の目をくぐって経済的に繁栄し、しからざる者たちはかえって没落するという事態が出来《しゅったい》した。この事態は、連帯責任の原則では説明がつかず、それに基づく単純な応報法則にむしろ悖《もと》るものである。人生の応報的教訓を語っていた古い知恵は、ここに危機にさらされることとなる。この現実を直視して、応報法則など嘘っぱちであると喝破したのが、上述『ヨブ記』と並ぶ、後期知恵文学の雄コーヘレスなのだった。彼は伝統に抗して、倫理的行為は報われないと主張した。そしてコーヘレスが因果応報の破れゆえの「空し」さ

図8-2　『バベルの塔』『創世記』11章に記されたれんが造りの塔．シンアル（バベル）の地に建てられたもので，天まで届かせようとした人間の愚かな思い上がりを描いている．ブリューゲル筆　ウィーン美術史美術館蔵

を指摘する時、そもそも「空し」さの淵源はこのような「報い」をする神にあると考えられる。等し並みに「義人も悪人も神は裁き[13]」、その「御業《みわざ》を人は見極めることができない[14]」ので、つまり神が不条理なので、空しいのである。

しかし、とそれでも人は言うかもしれない。この世で報われないなら、来世で義人は天国へ上り罪人は地獄に堕ちて、応報の辻褄は合うだろう、と。しかし、コーヘレスの冷徹な目はそのように魂の不死を前提する議論は結局、希望的観念のこしらえものにすぎないことを見抜くのである。

> 人の子の結末と獣の結末とは同じ結末。……まことに総ては空しい。……総てのものは塵から出て総てのものは塵に帰る。（『コーヘレス書』三章19－20節）

こうしてコーヘレスは来世を虚構して、現世の応報の破れの空しさを糊塗することをも、潔く拒否するに至る。倫理的行為は現世で報われないし、他にどこか報われる場所があるわけでもない、というのである。

2　コーヘレスとニーチェ

ニーチェのニヒリズムとの対比

さて以上のコーヘレスの認識を読むとき我々は、ニーチェのニヒリズムの本質論を想起し、それとの密接な連関に注目せざるを得ないであろう。ニーチェのニヒリズム理解には変転があるが、精神錯乱に陥る直前の円熟期（一八八七年秋－八八年春）に執筆されたと思われる断片には、こう書かれている。

> 心理学的状態としてのニヒリズムが到来せざるを得ないのは、第一に、我々が一切の生起の中に、実際にはそこにない「意味」を探求し、結局探求者が気力を失う時である。第二に、一切の生起の中に一つの全体性……を作り上げ、最高の支配・統治形態という……表象にふける時である。ニヒリズムはさらに第三の……形式を有する。……世界の彼岸にある一つの世界を真なる世界として捏造することである。だがこうした世界はただ心理学的欲求からこしらえられたものにすぎないこと……を悟るやいなや、ニヒリズムの最後の形式が生ずるのである。（デ・グロイター版ニーチェ全集[15]Ⅷ2巻11、クレーナー版『力への意志』[16]の12。傍点は原文のイタリックを写したものである。）

これは、ニーチェのニヒリズム理解の到達点として、ハイデッガー[17]なども重視する断片だが、ハイデッガーの注釈を参照しつつ若干の解説を試みておこう。第一の「意味」はニーチェ自身「目的」とも言い換え、ハイデッガーはその例として「永遠の平和」や「最大多数の最大幸福」といった包括的目的を挙げるのである。第二の「全体性」をハイデッガーは「万物を統治する一者に基づいた万物の統一化」と説明する。このように此岸の人生を意味づける目的や、世界を秩序づける統一性が、たといなくとも、最後に「逃げ道」として残っているのは、「彼岸の真なる世界」、つまり「彼岸の永遠の浄福」（ハイデッガー）といった観念の「こしらえもの」である。しかしこれも結局は「幻影」にすぎないことを認める時、人は一切が無価値だという感情に浸され、こうして最終的にニヒリズムが到来するというのが、ニーチェの洞察であった。

見られるとおり、コーヘレスは応報の神の働きなどどこにもないと喝破して第二の論点を満たしている。また来世の存在も否定して第三の論点を満たしている。しかもそこから「空の空、すべては空[18]」という結論に達するとき、第一の論点も満たしていると考えられるのである。「空」とは「益になるものがない[19]」の謂であり、押しなべて達成すべき「目的」が存在しないという認識[20]に他ならないからである。斯くして私見によれば、コーヘレスは語の十全の意味でニヒリストだという結論となる。

コーヘレス＝ニヒリスト?

このように言うと、疑問に思われる方があるいはあるかもしれない。つまり、ニヒリズムはヨーロッパ近代の人間中心主義の通時的《ディアクロニク》な所産であって、これを共時的《サンクロニク》に一般化して考えることは間違いだ、と。従来、旧約学者がコーヘレスを厭世主義者あるいは懐疑家と呼んでも、寡聞にしてニヒリストと呼ぶことがなかった理由は、主としてここにあるように思われる。

確かにニーチェの自覚においては、ニヒリズムは彼によって初めて発見された通時的なものだった[21]。しかしここでハイデッガーの次の指摘に注意したいのである。「ニヒリズムをもって単にある現代的な事柄だけが……考えられてはならない。ニヒリズムという名辞は、……遥かな過去に由来し……遠い未来に及ぶ歴史的運動を指している[22]」。つまりニヒリズムは、「人間の歴史に共時的に深く根差したものであるがゆえに、人間中心主義を押し立てた近代において通時的に鋭く露出してきた[23]」と考えられるのである。とすれば、古代のコーヘレスの思想を大胆にニヒリズムと規定して、彼が混乱した試行錯誤の中で語った事態を、現代の哲学が自覚的に反省し整理したニヒリズム思想との類比で読み解くことは、ニヒリズムを鋭く経験した現代の解釈者だからこそできる特権であるだろう。またそれをせねば、古代のテクストと同じ無自覚の迷路に迷い込むとすれば、これはむしろ現代の解釈者の義務とすら言えるのではないだろうか[24]。

いずれにせよ、いま問題としたいのは、そのニヒリストたちに通底する「神は死んだ」という認識である。「神は死んだ。……そして神を殺したのは我々だ」、と語ったのは周知の通りニーチェ[25]であり、このニーチェの言葉を、デカルト以来の主観主義的な形而上学が、キリスト教も含むヨーロッパの形而上学全体の終焉をもたらした、という意味に解釈したのはハイデッガー[26]だった。この伝で行くと、コーヘレスも、伝統的な神の死を告知し、その神を殺したのは応報倫理の思想だと解している、と言うことも又できるように思われるのである。ではコーヘレスは押しなべて神の存在を否定したのだろうか。そうではない。伝統的な応報の神の存在は、これを否定したが、それに代わる新しい神をコーヘレス自身模索したと言ってよいかと思う。では彼が発見した新しい神とは、どのような神であっただろうか。

3　コーヘレスによるニヒリズムの超克

隠れた神との出会い

次の一句が注目される。

私は知った、
人間には生きている間に楽しみ喜ぶ以外、他に良いことはない、と。
実際人が皆、食べかつ飲みかつ労苦の中に良きことを見出すならば、
それこそ神の賜物だ。……
神がこのことをされたのだ。（『コーヘレス書』三章12－14節）

このような人生のささやかな快楽において、コーヘレスはかろうじて、この隠れた神と出会っている。そして、唯ここにおいて人生の空しさは、微かだが画然と満たされている、というのが、この他にも三章22節、五章18節、八章15節、そして九章7節で繰り返して変奏される、コーヘレス書全編の結論のように思われるのである。

究極目的の無化

しかしここで何が起こっているのだろうか。コーヘレスは人生の意味も世界の秩序も、果ては彼岸の救いも、拒否した。そしてそれらを保証するかのような伝統的な応報の神の存在も否定した。それは、総てを包摂するような価値がないというニヒリズムの認識だった。しかしそうした包摂的価値がないままに、食べ物、飲み物、労

働といった相対的価値をその都度愛する時、その時、空しさから癒えていることを知ったというのである。もちろん、「それが一体何になろう」[27]、と究極目的を持ち出す発想に戻るならば、依然空しいのだ。究極的には、それは何の「益」にもならないのだから。しかし総てをそうした究極目的に照らし目的手段の系列に包摂する発想こそが、ニヒリズムを生み出す元凶だったのではないか。そのような発想に捕らわれている限り、目的手段の系列からはみ出るものに出会えず、しかもその目的は結局自分が設定したものだから、エゴイズムを超えて他者と出会うことができなくなる。新約聖書の場合について、八木誠一氏[28]がイエスに即して鋭く分析しておられるとおり、そのような袋小路で行き場を失った空虚さ、本来あるべき他者連関から疎外された生命の枯渇の感情こそが、空しさの当体だったのではないだろうか。実際コーヘレスは終始他者に出会っていないのだ。

エゴイズム

私は日の下で行われる一切の虐げを見た。
見よ、虐げられる者の涙を。彼らには慰める者がいない。……
私は生き存《なが》らえている人より、既に死んだ人の方にお祝いを申し上げる。……
これもまた空しく風を追うようなものだ。(同書四章1－4節)

ここには、究極目的に照らせば総ては空しい、というニヒリスティックな理解を盾に、死んだ方が幸いだといった逆説を弄《もてあそ》ぶだけで、結局は虐げられた他者のために労さずただ拱手傍観している、そういう知者の姿が図らずも露呈されている。ここに、現状の改革不可能なことを冷笑的に語って自分の属している富裕階級の特権は維持しようとした、保守的な厭世家としてのコーヘレス像を読んだクリューゼマン[29]は、さらにコーヘレスの後世に対する嫉妬を指摘する。

私は日の下で労した一切の労苦を憎んだ。

私は、そうして得たものを、後に来る者に残さねばならないからだ。……

これもまた空である。（同書二章18－19節）

このような嫉妬とは、八木氏の指摘されるとおり[30]、「エゴの充実と完成」を「自惚れ」ることが不可能になったエゴイストの「苦悩」に他ならないだろう。コーヘレスは嫉妬する以外後世には、自分の子も含めて関心を示さない[31]。親や隣人は視野にすら入って来ない。女性も概して軽蔑の対象でしかない[32]。その他たとい他者に関心を抱く場合もコーヘレスは結局、己の利益になるか否かというエゴイズムの視点でしか見ることができなかったように思われるのである。例えば「一人より二人の方がよい[33]」と言われるが、その理由は、「二人なら、一方が倒れても他方が助け起こしてくれる、二人で一緒に寝れば暖かく」て得だというわけである[34]。それゆえ、コーヘレスが応報の神を否定した先に発見した神は、己一個のエゴイスティックな快楽において辛うじて感じ取られる、他者を排除した神でしかなかった、と言わざるを得ないのではないだろうか。

コーヘレスの評価

コーヘレスは確かに、応報法則が破れた現実を冷徹に見据え、しかもエゴイズムに淵源するニヒリズムを、エゴイスティックな究極目的を言わば無化する発想の転換によって超克する方向を発見したように思われる。そこにコーヘレスの、ヘブライ思想史における画期的な意義がある。しかしそうした発想の転換は、包摂価値に照らせば空しいという認識を盾に、だから他者のために労することも空しいと嘯《うそぶ》いて、自己のエゴイズムを弁護するのをやめることであるはずだろう。また自分一己の包摂価値のもとに総てを目的手段の系列と化してエゴイズムの堡塁に身を固めることを脱することでもなければならない。むしろ己の価値観で支配できないありのままの他者と出会い、彼らとの生き生きとした共存への意欲に満たされることで、それはなくてはならないはずだろう。ところがこの点で我々は、コーヘレスの不徹底を指摘せざるを得ないのである。コーヘレスは終始エゴイズムを抜け出せず、他者については、これを排除するか、己の利益の問題に還元するか以外、遇する術を知らないからである。この点で遺憾ながらコーヘレスには決定的な限界があるということも、他方で我々は認めざるを得ないように思うのである。

驚　畏

『コーヘレス書』の末尾は、諸註解者[35]が認めるとおり、伝統的な神観に戻った編集者の言葉と思われるが、次のように結ばれる。

神を驚畏せよ（ヤーレー〔yārēʾ〕）。
神の諸々の命令（ミツヴォース〔miṣwôṯ〕）を守れ。
これが人間にとって総てである。
神は総ての業を、善であれ悪であれ、
総ての隠れたことを、裁かれるから。（同書一二章13–14節）

この編集者は、残念ながらコーヘレスの真意を捕らえ損ねている。あるいはコーヘレスの過激な問題提起に耐えられず、伝統的なドグマに戻って話を丸く収めようとしているかのようである。しかしむしろ「神」が「善であれ悪であれ」等し並みに「裁」く、そういう不条理な存在だから、真の「驚畏」に値せず「空しい」という一点にこだわり続けたのが、コーヘレスにほかならなかったのである。歴史における神の応報の業が「驚き」の対象だと主張するとき、そのような応報から逸れる現実をどう説明するのか。ヨブの三人の友人のように、応報ドグマから現実を切るのではなく、むしろ現実を飽くまで誠実に視野におさめつつ、そこからドグマの是非を見極める必要があるだろう。我々は伝統的な信仰を鵜呑みにするのではなく、敢えて現代のニヒリズムをも踏まえた視点から、この点をコーヘレスと共に問うて来たのである。しかしコーヘレスの答えと限界が以上のごとくであるならば、我々は、コーヘレスから目を上げ、ヘブライの他のテクストに、更に問いをぶつけて行かなければならない。そしてその問いとは、現実の応報の破れを率直に認めつつ、その意味を解き明かし、しかも他者関係をも視野に収めた、そのような新しい神がどこに求められるか、という点に行き着くはずであろう。この点の問い進みが、ヘブライズムをめぐる最終章である次章の課題となる。

注

（1）より詳しくは、拙論「応報の神は存在するか――贖罪思想の系譜と争点」（『聖書学論集』三一号、聖書学研究所、一九九八年）五―三九頁を参照されたい。また拙著『旧約聖書の思想――二四の断章』岩波書店、一九九八年、三三－四一頁［講談社学術文庫、二〇〇五年、五五－六六頁］も併照。

（2）一九九六年の二月、北海道の豊浜トンネルで起こった、悲惨な崩落事故についても、相似た報道のされ方がしたことについては、前掲拙著、岩波書店、三三頁［講談社学術文庫、五五－五六頁］等参照。

（3）I・カント『実践理性批判』［I. Kant, *Kritik der praktischen Vernunft*, 1788］第一部第二篇。

（4）和辻哲郎『カント　実践理性批判』岩波版全集、第九巻、一九六二年、二九三頁。

(5)『創世記』一九章。

(6)『士師記』九章。

(7)『列王記下』一八3－6。

(8)『歴代誌下』三二27。

(9)『出エジプト記』二一23－24。

(10)『イザヤ書』六5。

(11)『出エジプト記』二〇5、『申命記』五9。

(12) ただし『エレミヤ書』三一29、『エゼキエル書』一八2も併照。

(13)『コーヘレス書』三17。

(14) 同書、三11。

(15) Nietzsche-Werke, *Kritische Gesamtausgabe*, hrsg. von G. Coli und M. Montinari, Walter de Greyter, 1968ff.

(16) F.Nietzsche, *Der Wille zur Macht*, Kröners Taschenausgabe, Bd. 78, 1959.

(17) ハイデッガー『ニーチェ　Ⅱ』[M.Heidegger, *Nietzsche*, 1961, (3. Aufl.)]（薗田宗人訳）白水社、一九八六年、二五六頁以下。

(18)『コーヘレス書』一2。

(19) 同書、二11。

(20) 同書、四1－3。

(21) Nietsche, op. cit., Vorredl.

(22) ハイデッガー、前掲訳二九九頁。

(23) 柏原啓一「現代とニヒリズム」『新岩波講座　哲学』第一三巻、一九八六年）六一頁。

(24) このような視点からのコーヘレス全般についての読解の試みは、拙著『旧約における超越と象徴——解釈学的経験の系譜』東京大学出版会、一九九四年、一二五頁以下参照。本書では神の死の問題に限定して論ずる。

(25) F・ニーチェ『悦ばしき知識』[F. Nietzsche, *Die fröhliche Wissenschaft*, 1882]、断章一二五。

(26) M・ハイデッガー「ニーチェの言葉『神は死せり』」[M. Heidegger, Nietzsches Wort : Gott ist tod. 1936-40, in : id., Holzwege, 1950]

(27)『コーヘレス書』二2。

(28) 八木誠一『イエスとニヒリズム』青土社、一九七九年、特に九頁以下。

(29) F. Crüsemann, Die unveränderbare Welt, in: Gott der kleinen Leute. *Sozialgeschichtliche Bibelauslegung*, Bd. 1, 1979 [Hrsg., W. Schotroff und W. Stegemann].

(30) 八木誠一『イエス・キリストの探求』産報、一九七六年、一二一、四三頁。

(31)『コーヘレス書』六3。

(32) 同書、七26以下。

(33) 同書、四9。

(34) 同書、四10－11。

(35) A. Lauha, *Kohelet*, BK XIX, 1978, S. 221ff.; W. Zimmerli, *Prediger*, ATD16/1, 1980, S. 244ff. usw.

第9章　ヘブライの宗教倫理と贖罪思想——『イザヤ書』『第二イザヤ書』を中心に

前章で我々は、ヘブライの倫理思想の根底にある「驚き」の対象である神が、応報の業の現実の破れの先に洞見されるとしたコーヘレスの思想の革新性と、しかしまたエゴイズムを超え得ないその限界とを、確認した。本章は、その限界をも超えた応報の神を、ヘブライの他の文書に探索して行くことを課題とする。

1　イザヤの頑迷預言

頑迷預言

まず注目されるのが、捕囚前預言者たちだが、ここではその代表として前八世紀の預言者イザヤについて見ておきたいと思う。イザヤは預言者として神からの召命を受けた時、謎のような使命を与えられた。すなわち、民が「立ち帰って癒されることのないため(1)」に預言せよ、という使命である。ふつう預言というと、民の立ち帰りと癒しを目指すように思われるが、イザヤの預言活動は正にそれとは逆の使命を負っていたのである。この逆説

図9-1　イザヤの祈り　『パリ詩篇』の挿絵，ミニアチュール　パリ，国立図書館蔵

をどう解するのか。この点については、従来様々に論じられて来た。

一説によれば、イザヤは後に、自分の預言が民を頑迷にしかしないことを知って、それが当初からの課題だったかに召命記事に書き加えたという(2)。しかしこれでは、イザヤが随分姑息な改竄をしたことになって、イザヤ預言の基調である、人の目を恐れず誠実に神の言葉を伝える姿勢とあまりに懸け離れてしまう。またイザヤが実際、終始審判預言によって民を頑迷にすることを意図したとする学者もいるが(3)、イザヤ書に散見される救済預言の方は総て後代の付加に帰して済むのか、という問題が残るのである。そこで私は結論だけ記すならば、次のように解釈したいと思う。すなわち、《イザヤは主観的には民の悔い改めと神からの救済を意図して預言したけれど、その預言が客観的には結局、民の頑迷と神からの審判を結果した》と、このように解したいのである(4)。ではどうして預言の主観的意図と客観的結果の間に、このような食い違いが生じたのか。そこには様々な側面があり、色々な説明の仕方が可能かと思われるが(5)、ここではそのうち一つだけ、すなわち深層心理学的な説明を試みておきたい。

深層心理学的な説明

まず確認しておくべきは、イザヤの預言活動の具体的内容である。それを一言に要すれば、民の罪の糾弾だった、と言うことができるだろう。頑迷預言の使命に抵抗するかのように、イザヤは民が「立ち帰って癒される」ことを希望した。そのため、民が自分の罪に気づくように、イザヤは民の罪を糾弾し続けた。罪とは、弱者の権利を蔑ろにし[6]、暴力をふるうなどの社会的不正[7]、対外的には強国にすがって生き延びようとして神に頼らない不信仰[8]、結局神を無視した高ぶり等々だというのである[9]。ここには、既に見た律法や知恵文書が倫理的徳としていた、謙《へりくだ》りや弱者への顧慮の正に逆が、悪徳として、あるいは神関係における罪として、弾劾されているのである。こうした罪を暴き出し、それに民が気づくことを、イザヤは求めた。しかし民は罪を糾弾されればされるほど、預言者に反抗し頑迷になった。こうして預言者の意図とは逆に頑迷預言は成就し、民は結局立ち帰って癒されることがなかったのである。何故だろうか。この間の事情について一つの示唆を、深層心理学の知見は与えるように思われるのである。

C・G・ユングの『ヨブへの答え』[10]（一九五二年）や、これをキリスト教史全般の広汎な知識を踏まえて展開された湯浅泰雄氏[11]によれば、預言者は民の道徳的不正に終始固執した。けれども、民の罪は、あるいは総じて多くの犯罪というものは、無意識領域からの欲求の力を制御し得ない、意識の無力から起こっているのである。だが預言者のように意識の道徳的判断のみを頼りにしてそういう衝動を禁圧しようとすれば、むしろ自然悪の力を増大させ、その抑圧され溜まりに溜まった悪の力の爆発という形でより多くの道徳的悪を生み出す場合が少なくない。道徳的訓戒は、悪の大きな力にとらえられた人間に対しては無力である。《これは罪だ、そのことを認めよ》といった論理によって、悪の力が消滅するというものではない。悪はむしろ、そういった裁きではなく、むしろ忍耐強い愛の力によってこれを馴化し、矯正して行くほかはない。これが深層心理学のもたらした、罪とその癒しについての認識であった。

ユングや湯浅氏はイザヤに直接言及しているわけではないが、その認識はイザヤの頑迷預言が成就した事情について、有力な解説となっていないだろうか。すなわち罪というものが、無意識領域からの力への屈服だとすれば、自我意識はそれを己が罪とは認め難い。意識は己をむしろ無意識の力の犠牲者、あるいは更に社会制度や恵まれない家庭・教育などの被害者としか感じられず、責任をそちらに転嫁する傾向がある。だから民は、そのような自分たち被害者を加害者であるかのように断罪して、悔い改めよ、などと無理を言う預言者に対し、反発するだけであって、却って頑なとなった。これが、イザヤの頑迷預言が成就した事情についての、深層心理学からする説明となるだろう。

義の神

こうした預言者の義の神においては、他者関係の罪は自覚されることなく、したがってその関係の修復もあり得ない。結局そのような神に「立ち帰って癒されること」は起こらない。特殊な場合を除いて一般には、人は義の神とは出会い難い、人はそれほど強くない、と言っても過言ではないだろう。我々は真に「驚き」の対象となりうる神を、ヘブライ思想がどこに発見したかを、模索しているのだが、義の神でなければ、では愛の神はどうだろうか。そのような神との出会いを歌った代表的なものとして、我々はバテシェバ事件の際のダビデの詩篇を想い起こすのである。

2　ダビデにおける罪の赦し

バテシェバ事件

[右] 図9-2 『ダビデ像』 少年ダビデはペリシテ人の巨人ゴリアテを倒してサウル王に認められる.(『サムエル記上』17章) ベロッキオ作 フィレンツェ, バルジェルロ美術館蔵

[上] 図9-3 『浴後のバテシェバ』 ダビデ王への紹介の手紙を手に, バテシェバが浴後思いに沈む様が描かれている. (『サムエル記下』11章2–5) レンブラント筆 パリ, ルーヴル美術館蔵

ダビデのバテシェバ事件をめぐるテクストとして、『サムエル記下』一一－一二章の歴史叙述と、その時のダビデの心境を歌った『詩篇』五一篇が残されている。(12) そこに証言されているのは、旧約中最も忌むべき事件の一つである。要するに、ダビデ王の起こした姦淫殺人事件であって、ダビデは自分の忠実な武将ウリヤの美しい妻バテシェバと姦淫し、それを隠すために画策し、その画策が成功しないと見るや、ウリヤを戦場で殺させるのである。その後これを悔いたダビデに、預言者ナタンによって神からの罪の赦しの言葉が告げられる。ここからダビデの本当の煩悶が始まる。そしてその戦《おのの》きに満ちた煩悶をありのままに告白した比類のない詩が、『詩篇』五一篇なのである。今その一節一節を読んで行く

遑《いとま》がないが、三つのポイントだけはどうしても押さえておかなければならない。

罪の告白の起点

（1）まず確認しておくべきことは、この詩篇は文学類型としては罪の告白文だということである。『悪の象徴論』の中でこの詩篇もそうした告白文の一例として取り上げているP・リクールは、——先の深層心理学の認識と軌を一にするのだが——そもそも罪悪というものを理性によって「正当化できないもの」「告白できないもの」と位置付けている。[13] 悪を犯したという負い目の意識は、理性的には認め難い漠然とした盲目的な意識でしかなく、その経験全体が恐れと不安の情動の中に埋もれている。しかしこの情動がいったん告白の言葉によって外へと表現され、その閉塞状況を破られる時、たどたどしい象徴言語であれ、辛うじて言術（discours）において客観化されるということが起こるというのである。

しかしそもそもいかにして告白ということ自体は起こるのだろうか。リクールに補足して問わるべきはこの点だろう。そしてこの問いに、『詩篇』五一篇は明快に答えているように思われる。すなわち、罪の赦しが告知されて初めて告白もなされるというのが、その答えに外ならない。ナタンがダビデを当てこすった寓話を話しても、[14] ダビデは自分と関係ない話だと思っていた。[15] それほど罪は理性の認め難いものであり、自他に対して隠蔽しがちなものである。しかしナタンを通して神からの罪の赦しが告げられた時、[16] ダビデは赦された当のものが、実は罪であったことに気づき、それを認め告白する勇気を与えられた。こうして「私の罪は、常に私の前にある」[17] という認識が初めて彼のものとなったのである。罪はそれ自体としてはなかなか認め難いものであり、ただ弾劾されても人は無数の言い訳をするだけだろう。イザヤの頑迷預言で見た通り、それが弱い普通の人間の性《さが》なのであろう。だが弾劾ではなく赦免が語られる時、人は罪がそれだけで単独の概念なのではなく、赦しとの相関概念であったことを知るのである。すなわち、それまで漠然と悪いことをしたと思っていても、罪と呼ぶほどご大層なものではないと高をくくっていた、過去の行為が、赦されて初めて、完膚なく語の十全の意味で罪そのものであったと気づくものだということ。これがこの詩篇の一つのポイントのように思われる。

地平の融合としての解釈

（2）さてテクスト解釈とは、無色透明な解釈者によってテクストをして語らしめる作業であり、作者の元来の意図を正確に再現することを課題とする、という従来の歴史学的批判的解釈学の見解が、一種の幻想であることを鋭く指摘したのはH・G・ガダマーだった(18)。解釈者は自ずと、己の地平から固有の先入見をもってテクストに対さざるを得ない。その意味で無色透明とはなりえないのが、解釈者の現実の姿だというわけである。とすれば、我々は己の疑問・偏見を抑圧せず、敢えてこれを大胆にテクストにぶつけて行くことを恐れてはならないはずだ。それでテクストの地平が地崩れを起こすようなら、もともと大したテクストでなかったのであり、テクストへの信頼とは、都合の悪い疑念を隠し、納得しがたい所を無理に納得することによって、辛うじて保たれるものであってはならないだろう。テクストの側もたとい一部地崩れしても、解釈者の地平をも突き崩し、両者相俟ってより高い地平の融合に至る可能性を秘めていることへの信頼で、それはなければならないはずだ。そのようなテクストの地平との融合に至る対話が解釈でなければならない、というのが、ガダマーの哲学的解釈学の提唱だった。これはやはり極めて重要な指摘であって、ともすれば、従来の聖書解釈学は、信仰に撞着しそうな危ないテクストに対しては、そういう解釈者の側の疑問を抑圧してようやく正典としての面目を保たせるか、いわゆる歴史学的批判的方法による重箱の隅をつっつくような文献学的議論でお茶を濁す傾向が強かった。そうではなくて、大胆におかしいと思うことをテクストにぶつけて行って、それにテクストがどう答えるかを聞く、という対話の作業が、解釈には不可欠だと考えられるのである。

『詩篇』五一篇で、おかしい点は多々あるが[19]、今一番おかしい点を一つだけ取り上げておくと、それは、6節の「あなたに、ただあなたに罪を犯した（レヒャー・レバデヒャー・ハーターシー〔lᵉḵā lᵉḇadᵉḵā ḥāṭā'ṯî〕）」という言い方だろう。「あなた」というのはここでは神を指すが、たとい罪は神の名誉を汚す、あるいは殊に殺人の場合、神の被造物を亡き者にするという意味で、神に対して犯されるものだという面があるとしても、「ただあなたに罪を犯した」と言って済むはずがない。誰よりもウリヤに対して、ダビデは罪を犯したのである。それを敬虔面《づら》をして問題をすり替えている、それによって、ウリヤ殺しの責任を曖昧にごまかしているのではないか、という疑念はぬぐい切れないのである。

しかし註解者はなかなかそこを突いてくれない。罪とは神学的概念で、突き詰めたところ神に対して犯すものだ、その認識を語っているダビデは素晴らしい、などとお門違いの弁護をしてしまうのである[20]。しかしそれは嘘ではないか。こういう註解をする人は、ダビデとともに、敬虔を装った遁辞を弄しているだけであって、図らずもダビデの共犯者となっているのではないだろうか。

では、ここをどう解するのか。罪は対神関係の問題だから「ただあなたに」と言っているというのは、嘘である。と言って対人関係の罪を免罪されるための遁辞だというのも、前後の対人関係を顧慮した潔い告白と矛盾してしまう。とすると、残される可能性は二つだけであろう。一つは本文批判上これを読み替えるか除去する可能性、もう一つは、「ただあなたに」と普通訳されるレバデヒャー〔lᵉḇadᵉḵā〕というヘブライ語の、別の意味を探る可能性である。しかし前者は、ヘブライ語写本にもギリシア語・ラテン語などの古代語訳にも支持がないので、採れない。そこで最後に残されるのは、後者、つまり別の訳を探る可能性なのである。

レバデヒャーというのは、分離を意味するバド〔baḏ〕という名詞に前置詞レ〔lᵉ〕と人称接尾辞ヒャー〔ḵā〕

がついた形で、レバド〔$l^{e}\underline{b}a\underline{d}$〕の用例を洗うと旧約中全部で一五〇例ほどある。そしてそれらを検討すると元来「他から分離して特に」という意味であることに気づく。[21] つまりレバデヒャーは、「とりわけあなたに」とでも訳した方が、原意に沿っているのである。そしてこう訳すならば、「ただあなたに」と訳していたときのアポリアが解けるのである。これは、対人関係の罪を免罪されるための遁辞ではない。むしろ「とりわけあなたに、私は罪を犯し」という言い方には、ダビデの罪の当体である殺人の相手ウリヤへの思いが言外に込められているのである。「とりわけ」というのは、他に比べて殊に、の謂であって、神以外のその「他」とはウリヤを指すほかはないからである。つまり「ウリヤに私は罪を犯しました、そしてあなたが忠実な武将として私に与えてくださったウリヤに罪を犯したことによって、私はとりわけあなたにも罪を犯したのです」という告白が、この一句の意味ということになるだろう。

そして実際この詩篇全体を通じて、ダビデは16節で突然戦慄すべき過去を想い起こしてウリヤ殺害の「血の海」について語り、20節ではウリヤの遺志[22]をついだと思われる[23]「エルサレムの城壁」の建造にも言及するのである。そこではウリヤの名は語るにはあまりに重く、名指されはしない。しかしどうにかしてウリヤへの償いをしようとするダビデの思いは言外に脈打っているのである。赦しによって罪が知られ、罪が知られることによって裁きと償いへの思いが深まる。罪を認めるならば、「あなたが裁かれる時、あなたは清くあられる」[24]と語って、潔く罪の裁きに服することも、人は望むことができる。しかもそれらの経験を通してダビデは初めてウリヤという人に出会っているのである。それまで彼はウリヤを、自分の欲望による不始末を隠蔽し、王位に執着するための、単なる手段としてしか見ていなかった。しかしウリヤを抹殺した後かろうじてダビデは彼のことを思い、遅すぎるとはいえ彼と出会っているのである。これがこの詩篇の第二のポイントであろう。こうした行間に込められたダビデの真意は、「ただあなたに罪を犯した」という言い方が神学的で素晴らしいなどと話を丸く収めていては、決して見えて来ない意味であり、ダビデは遁辞を弄しているのではないか、といった率直な疑問を投げ掛けたからこそ返って来た、このテクストの答えなのである。例えばこういうことが、ガダマーのいう解釈者の地平とテクストの地平の融合という事態であるように思われる。

愛の神の発見と残る問題

（3）さてこの詩篇には更にもう一つ、第三番目のポイントがある。それはここでダビデが出会っているのは、独りウリヤだけではない、神とも初めてここで出合っているということである。

ダビデはそれまでどうにかして神と出会おうとして来た。例えば敬虔な祭儀行為(25)や見栄えのよい事業(26)によって神の歓心を買おうとした。しかし無駄だった。王としての説教や、人前で堂々と語れるような思想(27)を通してもやはり神と出会えなかった。しかしそうではなくて、自分の中のひそかで邪まな欲望(28)、惨めな自己正当化の願い(29)、人前で語れないような恥(30)(31)、そして何よりもそれらに衝き動かされて取り返しのつかないことをした負い目(32)と悔恨(33)、そういった自分に染み付いている(34)「罪(35)」としか名付けようのない、心の「秘められた所(36)」、そこで辛うじて神と出会ったというのが、ダビデのここでの発見なのである。それは、あの預言者イザヤのような義の神ではなく、愛の神、赦しの神との出会いであったと言ってもよいであろう。

我々はコーヘレスによって否定された意味での応報の神ではない、もっと新しい神を、しかもコーヘレスに見えていなかった他者関係にも開いた次元での神を、ヘブライの人々がどこに発見したかを探っているわけだが、ここでウリヤという他者との出会いの可能性も秘めた、新しい愛の神の発見に至ったと言ってよいように思われるのである。

しかしこれが旧約の神理解の到達点だと言い切れるだろうか。特に倫理思想の観点から見直すならば、ここにもまだ幾つかの疑問が残ることを、故意に無視することはできないはずである。すなわち、愛する妻を王に寝取られ、その地位を利用した王の画策によって殺されてしまったウリヤの無念はどうなるのか、その被った悪はどう償われるのか、このダビデの歌はあまりに虫のよい加害者の、神を笠に着た予断に基づくのではないか、彼は自らの犯した罪の責任をどう取るのか、そもそもこのように罪悪を罰せず闇雲に罪悪を赦す神の正義は如何にして弁証されるのか、等々の疑問を無理に抑圧し、これらの疑問に頬被《ほおかむ》りを決め込むわけにも行かないように思われるのである。

3　第二イザヤ書五三章の贖罪思想

預言者第二イザヤ

そこで最後に、こうした重い問いをかかえて、義か愛かどちらかに偏るのではなく、両者を統合するような神を我々は更に探し求めなければならない。そしてそうした神の発見を、我々はバビロン捕囚期以降の預言書、第二イザヤ書[37]のいわゆる「第四の僕《しもべ》の詩《うた》」[38]に見出すのである。

我々は第Ⅰ部の末尾で、ギリシア人が貴族ないし自由民の倫理を語ったのに対して、ヘブライ人は虐げられた奴隷ないし捕囚民の倫理を問題にしたことを指摘した。また第Ⅱ部の最初の二章では、十戒その他の律法に、実際エジプトでの奴隷状態から解放された民族としてのヘブライ人には、奴隷ないしそれに準ずる弱者に対して温かい眼差しが顕著であることを確認した。前一一－一〇世紀にサウル、ダビデ、ソロモンの時代に王国を建設し一旦繁栄しつつも、爾後ヘブライの歴史は、前九二六年の王国の南北分裂、前七二二年、北王国イスラエルの滅亡、そして前五八七年には終に南王国ユダの滅亡に至った。国を失ったヘブライ人たちは、バビロニアの地に捕囚民として連れて行かれ労役に服した。こうして再び奴隷状態に身をやつしつつ、己が民族を存亡の危機へと追いやった神ヤハウェの意図と、その苦難の中で人々の生きる道標としての倫理とを、模索し続けたのが、預言者第二イザヤだったのである。

苦難の僕と驚き

ここで先ず確認すべきことは、我々は彼の苦難の僕の詩において、また「驚き」という言葉に遭遇するということである。ここに、あの古代の「驚き」の一つの究極の姿が語られるのである。

彼は多くの国民たちを驚かせ（ナーザー〔nāzāh〕の使役形）、
彼のことで、王たちは口をつぐむであろう。
彼らは、かつて自分たちに語られたためしのないことを見、
かつて自分たちの聞いたためしのないことを悟ったからである。
誰が、我らの聞いたことを信じたか。
またヤハウェの御腕《みうで》は、誰に現れたか。（『イザヤ書』五二章15節－五三章1節）

ここで「彼」すなわち、神の僕、が誰かについては、数多の説がある。その詳細について、ここでは立ち入らないが、結論として私は、個人としては、将来現れるべきメシアと第二イザヤ自身を指し、集団としてはイスラエルの全体を含意すると考える。そうした複数の読み込みを許す象徴的な書き方がなされていると解するのである。(39)

いずれにせよ、ヘブライ人の「驚き」の対象は、突き詰めたところ神の業であったが、この神の僕において、

神の業は究極的な姿で「現われた」と言われる。その業こそ、周囲の「多くの国民たち」から、僕の身近にいた「我ら」に至る、総ての人を驚愕させたというのである。ではその「驚」くべき業の具体的内容とは何か。それは次の数節に集約される。

贖　罪

まことに我らの病を彼こそが負い、
我らの苦しみ、それを彼は担ったのだ。……
ところが彼こそは、我らの不義のゆえに刺し貫かれ、
我らの罪のゆえに砕かれていたのだ。
我らの平安のための懲罰は彼の上に。
彼の傷によって我ら自身は癒されたのだ。（同書五三章4－5節）

ここに、旧約聖書中独一無比の贖罪思想が語られている。すなわち、「苦難の僕」と呼ばれる義人である「彼」への苦難は、理不尽に下されるのではなく、贖罪的意図のもとに下されていたというのである。

ヴェーバーの「苦難の神義論」

これを神の視点から見直すならば、神は理不尽な苦難を与えるのではないから、その義が弁証されることとなる。いわゆる神義論の問題がここに登場するのである。ところがこの第二イザヤの神義論こそ「古代ユダヤ教史上唯一真に本格的な神義論」だと喝破して、これを「苦難の神義論（Theodizee des Leidens）」と命名したのは、

M・ヴェーバーだったが、[40] 彼はこの苦難の神義論を本格的神義論たらしめているのは、贖罪思想ではなく不当な苦難という認識だと主張する。しかし不当な苦難は、ヴェーバーも認めるように——また本書第7章で我々自身確認したとおり——、「ヨブの場合も同様」であって、第二イザヤの唯一本格的な神義論の要因とは考えられないのではないか。しかも単に不当な苦難を負わされたという消極的なことだけでは、惨めな「パーリア民族状況の栄光化」というヴェーバーの積極的な結論は出て来ないように思われる。むしろ贖罪という積極的な課題を負い遂げたからこそ、この僕は積極的に栄光化されると考えるべきではないだろうか。つまり第二イザヤの神義論は古代ユダヤ教史上唯一本格的な神義論だと考えられるが、それが本格的だと言える所以は、ヴェーバーの貶価《へんか》した贖罪思想にこそあるのではないだろうか。

旧約における贖罪思想の系譜

このように言うと、ヴェーバーにも異論があるだろう。つまり贖罪思想も旧約中他の所にもあって、第二イザヤの唯一本格的な神義論を唯一本格的たらしめる要因とは考えられない、と。実際ヴェーバーはそう考えている節《ふし》がある。[41] しかしここには、贖罪思想の系譜における画然たるレヴェル差についての認識が欠けているのではないか。

確かに『レビ記』などには、人の罪を負って捧げられる動物犠牲への言及がある。またモーセ[42]やエレミヤ[43]等々は、執り成しの祈りにおいて罪人の身代わりになることを願っている。これらも一種の贖罪思想に属すると言ってよいかもしれない。しかしこの『イザヤ書』五三章では、犠牲は動物でもなく、またモーセ等のようにただ願っているだけでもないのである。ここで初めて人間が現実に「己が命を注ぎ出して死に至[44]」ることが起こったのである。これは旧約の広義の贖罪思想の系譜において画期的な出来事であり、またこのような狭義の贖罪思想は旧約中他にどこにもない。第二イザヤ書こそ、独一無比の贖罪思想を擁しているのである。その意味で「唯一真に本格的な」贖罪思想こそ、「唯一真に本格的な」神義論を形成する要因となったと、我々は安んじて考えてよいはずなのである。

新約における贖罪思想

なお動物犠牲に始まり、執り成しの祈りという人間の犠牲の可能態、そしてこのイザヤ書五三章の人間犠牲の現実態を経て、新約聖書では、動物でもなく人間でもなく神自身が己が独り児を犠牲として捧げる究極的な形になると考えられていることを、ここで一言付言しておきたい。パウロやヨハネから引用しておこう。

主イエスは私たちの罪のために死に渡され、私たちが義と認められるために、よみがえられた。（『ロマ書』四章25節）

神はキリスト・イエスを、その血による、また信仰による、なだめの供え物として、公にお示しになった。それはご自身の義を現すためだ。というのは、今まで犯されて来た罪を、神の忍耐をもって見逃して来られたからだ。（同書三章25節）

私たちがまだ罪人であったとき、キリストが私たちのために死んでくださったことにより、神は私たちに対するご自身の愛を明らかにしておられる。（同書五章8節）

あるいは、

図9-4 『十字架のキリスト』 クラナハ筆　ミュンヘン，アルテ・ピナコテーク蔵

> 私たちが神を愛したのではなく、神が私たちを愛し、私たちの罪のために、なだめの供え物として御子を遣わされた。ここに愛があるのだ。（『ヨハネの第一の手紙』四章10節）

等々と言われる通りである。

愛と義の統合

ここでは、ヘブライの人々が「驚き」の真の対象とした、倫理的行為に報いる応報の神など本当に存在するのか、という、前章からのあのヘブライ思想の根幹を揺さぶる問いに対する一つの究極的な解答が示されていると言ってよいであろう。罪人が栄え、義人が苦しむ現実は、旧来の応報思想では説明できなかった。こうした現実を応報ドグマによっていたずらに糊塗するのでもなく、と言って、コーヘレスのように応報思想を全く否定し、他者関係における不義の現実は嘲笑するだけでもなく、エゴイスティックな個人の快楽に神を見出すのでもなく、あるいはまたイザヤのように、義による裁きの神を告げるだけでも、ダビデのように愛による赦しの神にすがるだけでもなく、応報の原理が機能しないこの世の現実をありのままに視野におさめつつ、それを言わば逆手に取って、正にそこでこそ現れる神の発見がここで語られているのである。すなわち、ただ愛をもって闇雲に赦すだけならば、神の義は弁証されないが、一人の人に多くの人の罪を代わって贖わせ、そのことによって義を貫徹し、しかも多くの人に対する赦しの愛を成就する神の発

見である。我々の経験する現実と齟齬しない真に驚くに足る神は存在するのか、という、あのヘブライの倫理思想の究極の問いに対して、旧約から新約に至る系譜が幾多の紆余曲折を経て辿り着いた、結論がここにある。すなわち、直接的な倫理的応報の神は存在しないが、代理贖罪という間接的な形で応報を貫徹する神が存在する、というのが、その結論の内容にほかならないのである。

4　贖罪思想をめぐる三つの批判とそれへの応答

啓蒙以降の思想史における贖罪思想批判

しかしこの結論こそがまた、最大の争点となるのである。応報思想に対するコーヘレスの批判を始めとし、十戒の広狭様々な解釈の方向など、聖書内部で相互に争点が存在することを見て来たが、代理贖罪の思想は、聖書外の、ことに啓蒙以降の思想史において正に争点となった。その代表的な批判を三つ顧み、且つそれにどう応答するか、その可能性を探って、結びとしたいと思う。

図9-5『四人の使徒』 左からヨハネ，ペテロ，マルコ，パウロ．デューラー筆　ミュンヘン，アルテ・ピナコテーク蔵

カント、若きヘーゲルの場合

第一に、I・カントが『宗教論』（一七九三年）、特にその第三・第四篇で繰り返し指摘し[45]、若き

G・W・F・ヘーゲルが「ベルン時代の断片44・46」（一七九五年頃）でそれに従った[46]、十字架批判の問題がある。すなわち、十字架の贖罪という考え方は、他人に罪を贖わすことによって、個人の倫理的責任を蔑ろにする、という批判である。

ニーチェの場合

第二に、F・ニーチェの批判は一層手厳しいものだった。彼は『道徳の系譜』（一八八七年）第一論文を中心に、弱者のルサンチマンの正当化のために捏造されたのが、十字架の神という戦慄すべきパラドックスであり、罪ある者、病める者を至福とし、あらゆる価値を転倒させる、薄気味の悪い誘惑だという[47]。

レヴィナスの場合

さらに第三に、二十世紀にはE・レヴィナスがユダヤ教の立場からキリスト教の十字架批判の論陣を張った。彼は『困難な自由』（一九六三年）の中のタルムードの註解において、自身のナチス体験を踏まえ、生き残った者は罪がないどころか、殺された者を押しのけて生き残った、赦されない罪人なのであり、被害者の代わりに証言し続けることを課せられていることを繰り返し指摘している。それに対して贖罪思想は、加害者が罪を赦され休心するためのイデオロギーとなるから、拒否さるべきだというのである[48]。

贖罪思想からの応答

これらはいずれも重い批判であり、贖罪思想の陥穽・落とし穴をよく突いたものと思われる。贖罪思想は、こうした批判に謙虚に聞きながら、しかしこの陥穽に落ちないためにどうしたらよいのか、答えることを強いられるはずなのである。

カント、若きヘーゲルに向けて

今個々の細かい議論は省いて結論だけ列挙するに留める。まず第一のカント・ヘーゲルの批判に対しては、確かに贖罪思想は下手をすれば、こうなることを認めるべきだろう。つまり罪人が己の倫理的責任を贖罪の僕に肩代わりさせただけで救われたかに安心する、独りよがりの自己弁護の道具とされる恐れがあることを、率直に認める必要があるだろう。しかしその恐れがあるからと言って、その思想全体を捨て去るのが性急にすぎることもまた事実であろう。むしろ、例えば、先に引用した『ヨハネの手紙』の前後には、「キリストは我々のために自らの命を捨てられた。それによって我々に愛が分かったのだ。だから我々も兄弟のために命を捨てるべきだ」(49)といった、能動的な行動の勧めが書かれているのである。罪の赦しに受動的に居直るのではなく、かえって赦しへの応答として、個人の倫理的責任が自覚される、そういう能動的な思想に贖罪思想はなり得るのであり、またならねばならないはずである。

ニーチェに向けて

また第二のニーチェに対しては、ここに一つの誤解があるだろうことを指摘しておかなければならない。すなわち、罪ある者、病める者はそれ自体で価値があるのではないということである。むしろ彼らは、罪を赦された者として、あるいは病を癒された者として、価値を与えられ、また価値を作り出して行くべきだというのが、聖書の思想なのである。それに対してニーチェの君主道徳においては、初めから罪のない高貴な者、病のない健康な者しか視野に入らず、罪ある者、病める者は切り捨てられるのではないだろうか。贖罪思想は、彼らをも担い取って、彼らへの赦しと癒しを告げるところにこそ真骨頂がある。またニーチェは高貴な者、強力な者を神に愛される者とも言い換えるが、君主道徳においては本質的に、神は必要ないのではないか。それに対して贖罪思想は、どこで人が神と出会うかを告げていたのである。それは、人前で堂々と語れるような高貴な哲学においてではなく、誰でもが心の深層に秘めているような、他人に言えない欲望、惨めで病的な思い、過去の過ちについての負い目と悔恨、そういった罪としか名付けようのない心の一隅をおいて他にないというのが、贖罪思想が指し示している事態だったのである。この点で、ダビデの詩篇の認識は生きており、ヘブライの多くのテクストに脈々と受け継がれているように思われる。例えば『創世記』のアブラハムの場合については、森有正氏[50]が見事な分析をされているとおりである。

レヴィナスに向けて

さて第三にレヴィナスの批判は、贖罪思想が、加害者あるいは罪人の罪を免罪し、彼らが徒に休心するためのイデオロギーとなる、したがって拒否さるべきではないか、というものだった。この問いは、レヴィナス自身ナチスの捕虜収容所に囚われ、家族を強制収容所で失うという苛酷な戦争体験を踏まえて発せられており、しかも『イザヤ書』五三章をラビの家にいる癩病人に限定して解釈しているということを思う時、まことに重い問いであり、軽々に反論を許さないものがある。しかし恐らくユダヤ教とキリスト教の相違点がここに集約的に現れているのもまた事実であろう。恐らくキリスト教は、このレヴィナスのユダヤ教的な言い方を次のように言い換えるはずである。すなわち、《生き残った者は赦された罪人として、被害者の代わりに証言し続けて行く感受性と能動性を持たねばならない。贖罪思想は、まさに加害者が自分の罪を赦されることによって罪を自覚する切っ掛けとして、拒否ではなく、受容さるべきである》。これがキリスト教の発想なのではないか。そしてこう考える限りにおいて、贖罪思想は拒否される謂れはなく、むしろレヴィナス流の問題提起を正面から受け止めつつ、それを乗り越える立場を闡明し得るのではないだろうか。

なおこの点は、第5章末尾で指摘した、旧約における倫理と宗教の論理的循環の問題と関わる。すなわち、律法を守らねば神と出会えないが、神と出会わねば本当の意味で律法を守ることができない、という循環である。ユダヤ教は、生き残った者をして、神から赦されていない罪人と見なし、一層の倫理的行為へと駆り立てるが、キリスト教は、そもそもそのような倫理的行為を可能とするのが、神とその赦しにおいて出会ったという宗教的信仰だ、と考えるのである。ユダヤ教・キリスト教それぞれの正典である旧約聖書には、もともと両方の要素が込められており、それらを共時的に見れば論理的循環とも見えるのである。あるいはまた、どちらの宗教の地平からテクストを解釈するかによって、相対立する論理が浮き立つというべきなのかも知れない[51]。

応答と課題

いずれにせよ贖罪思想によって、罪を忘れて休心するか、罪を自覚してその償いへと進むかは、この思想を受け入れる者一人一人に不断に問われる問いであり、各人が負い遂げていかねばならない課題であるだろう。その留保を付ける限り、これら三方向からの批判はクリアーされ、贖罪思想はそれなりに、ユダヤ・キリスト教倫理の根本問題に対する最終的解答たる意義を保持し続けるように思われるのである。

5　贖罪信仰と哲学

まとめよう。「驚き」を標榜するヘブライの倫理思想の根幹を揺るがす問題を私は、倫理的行為に報いる応報倫理的な神が果たして存在するのか、という問いに見出した。この問いは、コーヘレスのニヒリズムによって否定的に答えられたが、コーヘレスがこれに代えて持ち出して来た神は、他者連関を無視したエゴイスティックな快楽において感じ取られるというだけの代物だった。そこで我々は続いて『旧新約聖書』の他のテクストに、直接的な応報という「統一的秩序」が破綻しているというニヒリズムの冷徹な現実認識は踏まえつつも、しかし他者連関という人間の根本的な存在様式も視野に入れた新しい神観を模索せねばならなかったのである。イザヤやダビデ等の紆余曲折を経て、第二イザヤの五三章、そしてパウロを始めとする新約の諸書に至ってようやく、他者連関における応報の破れを前提としつつ、その破れにこそ他者の罪を負った贖罪的意味を見出す神が発見されたのである。パウロの引用にあったように、そこでこそ「ご自身の義を現」[52]わし、同時に「愛を明らかに」[53]する神と、人は出会ったのである。

しかし爾後の思想史においては、この贖罪の神こそが争点となった。今三つの代表的な批判を見、かつそれへの応答を試みたが、私は応答によって護教論を展開する積もりはない。批判は贖罪思想が陥り易い陥穽を指摘し、応答はその陥穽から逃れるための方途を示唆したにすぎない。如何なる思想も、それを信奉すれば真理の側に自動的に連れて行ってくれる安全な乗り物とはならないだろう。真理に赴くことが自明の約束事のように休心することなく、むしろ真理から逸れるか否かを人は不断に問い続けなければならない。その意味でこの三つの争点は、決着がついたのではなく、未来に開いたまま残るはずなのである。

そしてこのように問う姿勢は、神の僕の贖罪という事態を、文字通りに直解主義的に信仰して安心するのではなく、それが象徴的に指し示している事態へと突き進み、その意味を吟味する姿勢に通ずるであろう。この姿勢は、更に我々をしてもう一歩踏み込んで、次のような課題に取り組むことをも強いるのではないだろうか。すなわち、このヘブライ思想の終始神信仰に沿って語られていた事態を、特定の信仰を離れて哲学的普遍的な言葉で反省する、という課題である。[54] 最終章は、そうしたヘブライの信仰をギリシアの哲学で今一度洗い直す試みに充てたいと思う。そしてそのことはまた、ギリシアの「驚き」の特質を改めて闡明し、そして突き詰めたところへブライ・ギリシア両思想に底流するものを見極めることともなるはずである。

注

（1）『イザヤ書』六10。

（2）H. W. Hoffmann, *Die Intention der Verkündigung Jesajas*, 1974, S. 38–59.

（3）R. Killian, Jesaja 1–39, 1983, S. 128f.

（4）これは拙論「預言者に於ける絶望と希望——イザヤの罪理解を繞って」（『実存主義』八一号、一九七七年）の結論であり、その後ハルトマイアーも別の文脈で同様の主張をしている（C. Hardmeier, Jesajas Verkündigungsabsicht und Jahwes Verstockungsauftrag in Jes 6, *Die Botschaft und die Boten, Festschrift H. W. Wolff*, 1981）。

（5）色々な説明の仕方については、拙訳『イザヤ書』岩波書店、一九九七年、の「訳者解説」、なかんずく三三八頁以下を参照。

（6）『イザヤ書』一17、23、三12－14。

（7）同書、一15－16、21。

（8）同書、三〇1－5。

（9）同書、九8。

（10）C・G・ユング『ヨブへの答え』[C. G. Jung, *Antwort auf Hiob*, 1952]（野村美紀子訳）ヨルダン社、一九八一年。

（11）湯浅泰雄『ユングとキリスト教』人文書院、一九七八年（講談社学術文庫版、一九九六年）。

（12）なお、『詩篇』五一篇は表題ではそうなっているけれども、実際にはバテシェバ事件と関係ない、というのが、従来の旧約学の定説だったが、グールダーの研究（M.Goulder, *The Prayers of David*, 1990.）を詳細に検討した結果、私は両者ともにダビデのバテシェバ事件に関わるテクストと考える（拙著『旧約における超越と象徴——解釈学的経験の系譜』東京大学出版会、一九九四年、第三章第Ⅱ部）。ただこの点についての細かい文献学的議論は、ここでは総て割愛する。

（13）P. Ricoeur, *La symbolique du mal*, 1960, pp. 11–17.

（14）『サムエル記下』一二1－4。

（15）同書、一二5－6。

（16）同13節。

(17)『詩篇』五一5。

(18) H. G. Gadamer, *Wahrheit und Methode*, 1960, S. 263ff.

(19) 前掲拙著、二〇八－二〇九頁参照。

(20) 古典的なF. Delitzsch, *Biblischer Kommenatar über die Psalmen*, 1883 (4.Aufl.), S400. 以来の諸家。前掲拙著『超越と象徴』二三五頁参照。

(21)『創世記』二二28、『士師記』六37等々。

(22)『サムエル記下』一〇6、一一24、五6以下参照。

(23) より詳しくは、前掲拙著『超越と象徴』二六七－二六九頁参照。

(24)『詩篇』五一6。

(25) 同書、五一18。

(26) 同書、五一20節。

(27) 同書、五一14－15節。

(28)『サムエル記下』一一6以下。

(29) 同書、一一14節以下。

(30) 同書、一二14。

(31) 同書、一二12節。

(32)『詩篇』五一16。

(33) 同書、五一19節。

(34) 同書、五一7節。

(35) 同書、五一3－7節。

(36) 同書、五一8節。

(37)『イザヤ書』全六六章のうち、紀元前八世紀の預言者イザヤに帰せられるのは、三九章までで、四〇－五五章は前六世紀の捕囚期以降、五六－六六章は捕囚より後の六世紀末から五世紀にかけての無名の預言者のものとし、仮にこの預言者を第二・第三イザヤと呼ぶことは、十九世紀末からの聖書学の慣行となっている。「預言者、第二イザヤ」としなかったのは、第二・第三イザヤ書については、複雑な編集の問題があり、作者をひとり第二イザヤと言い切れないためである。第二イザヤ書の編集の問題の詳細については、前掲拙著、第五章参照。またイザヤ書全体の構成と編集については、拙訳『イザヤ書』岩波書店、一九九七年、解説を参照されたい。

(38)『イザヤ書』五二13－五三12。

(39) その研究史の詳細とそれへの批判、私見の論拠については、前掲拙著、四四七頁以下（第五章第Ⅱ部第1節）を参照。

(40) M・ヴェーバー『古代ユダヤ教』(M. Weber, *Das Antike Judentum*, 1920) 第Ⅱ部第7章。

(41) Weber, ibid., S. 390.

(42)『出エジプト記』三三32。

(43)『エレミヤ書』一一14、七16。

(44)『イザヤ書』五三12。

(45) I・カント『宗教論』(I. Kant, *Die Religion innerhalb der Grenzen der blossen Vernunft*, 1793)、第三篇「悪の原理に対する善の原理の勝利と地上における神の国の建設」、第四篇「善の原理の支配下における奉仕と偽奉仕について」、［『カント全集』第九巻（飯島宗享、宇都宮芳明訳）理想社、一九七四年］。

(46) Hegel's *Theologische Jugendschriften*, hrsg. v. H. Nohl,

1907, S. 50ff.

(47) F・ニーチェ『道徳の系譜』[F. Nietzsche, *Zur Genealogie der Moral*, 1887]、第一論文「『善と悪』・『よいとわるい』」(木場深定訳)、岩波文庫、一九四〇年。

(48) E・レヴィナス『困難な自由』[E. Lévinas, *Difficile Liberté*, 1963] II「註解・メシア的テクスト」(内田樹訳)、国文社、一九八五年。

(49) 『ヨハネの第一の手紙』三16。

(50) 森有正「アブラハムの信仰」『土の器に』日本基督教団出版局、一九七六年。

(51) なお、キリスト教のような宗教においては、驚きの感受性と共に、平安にも注目することに、ここで一言触れておきたい。驚きは、言わば緊張の状態であり、この緊張を解くことも必要だとすると、罪の赦しの平安といった、これを補完する要素も重要だと思われるのである。しかしヘッシェルのような『ユダヤ教の哲学』や、そもそも問い続ける姿勢を崩さない倫理学哲学の営みが、驚きという旗幟を鮮明にすることは、当然であり、『倫理思想』の要諦を論じた本書もその点を基本に据えたが、これを補完する要素も実は陰に陽にあってよいようにも思われる。

(52) 『ロマ書』三25。

(53) 同書、五8。

(54) ヘーゲル以降の批判を踏まえつつも、カントの「理性信仰」こそ、「啓蒙化された近代もしくは現代を生きる私たちにとって可能な、ぎりぎりの、宗教的態度」とする渡邊二郎氏(『人生の哲学』放送大学教育振興会、一九九八年、六一－六二頁)が鋭く指摘されるとおり、現代に「宗教倫理」を語る者も、「絶対的なものへの信仰的飛躍と、それからの懐疑的墜落という、二つのものの葛藤の苦悩」を、常に負って行くことを避けてはならないはずであろう。

第10章
愛と義をめぐるギリシア哲学の省察――アリストテレスに示唆を得て

前章で我々は、ヘブライズムの倫理が贖罪信仰へと究極することを見定めた。しかしここには象徴的信仰の色合いが濃厚であった。哲学的理性の次元でこれを反省し直し、象徴の特殊性を超えて一般的な言葉で解き明かすとどうなるであろうか。本章は、前二章のユダヤ・キリスト教の到達点を受けて、ギリシア的理性の立場からこの点を闡明《せんめい》することを課題とする。

神の僕が不当な苦難を負って死ぬことが贖罪死だとすれば、民衆の不当な讒訴にもかかわらずダイモニオンの声にしたがって従容として死についたソクラテスもまた、一種の贖罪の死を遂げた神の僕と言ってよいかも知れない。そして贖罪死の意味を哲学的に解明しうる射程を有するのは、彼の学統を受け継ぐアリストテレスの、愛をめぐる思索であろう。ここでは『ニコマコス倫理学』の第八・九巻を導きの糸として、愛がなぜ贖罪へと行き着かざるをえないか、その構造的な解明を目指したい。そしてそれは、愛とは何か、義との関係如何といった、倫理思想の根幹を改めて問うことともなるはずである。

1　愛についてのアリストテレスの思索

『ニコマコス倫理学』第八・九巻の考察要約

アリストテレスの愛についての考察は、既に本書第3章7節で概観したので、その簡単な復習から入りたい。アリストテレスは、正義を超えるものとして愛（philiā）を位置付けていた。「人々は愛し合っていれば、全く正義を必要としないが、正義の人であっても、なおその上に愛を必要とする。最高の正義は愛の性質を帯びている[1]」というのである。

さて愛の対象は、三つある。すなわち、「善いもの、快いもの、有用なもの[2]」。このうち後二者を愛する愛は、本来的な愛とは言えない。それは、自分にとっての快楽や有用性を愛する、「エゴイズム（philautos）[3]」に過ぎない。「それに対して、究極的な性質の愛は、善い人々、つまり徳において類似した人々の間における愛である。思うに、このような人たちのいずれも等しく願うところは、『善い人々である限りにおける相手方にとっての善』なのである[4]」。

さて「善い人々」は「相手方にとっての善」のみ願うべきであり、自己にとっての善は願ってはならないのだろうか。自己を利するエゴイズムは総じて非難さるべきなのか。アリストテレスの答えは、否であった。もし「欲情」、「魂の無分別（alogos）な部分」にしたがって「財貨、名誉、肉体的快楽」を貪るならば、そのエゴイズムは醜い奪い合いに至り、非難さるべきである。それに対し「分別（logos）に即して生き」、「理性（nūs）の統率力を持ち」、「およそ徳に即した諸々の事柄を……自分で占有し」ようとする場合には、その種のエゴイズムは非難されるどころか賞賛に値するはずだというのである[5]。

とすれば「相手方の善を願う」人も、自分にとっての善を願ってよいのであり、ロゴスに即する限り、むしろ「自己をこそ最も愛さなくてはならない」[6]。逆に「善い人々である限りにおける相手方にとっての善を願う」ということの意味も、友のエゴイズムに追従《ついじゅう》して、悪い人々が情念にしたがって欲するような快楽を与えることではなく、ロゴスに従った徳を高めることに配慮することなのである。こうして友の善を願うことと自己の善を願うことは、相ともに徳を高めることとして矛盾しないこととなる。

残る問題

以上が、第3章7節で概観したアリストテレスの愛論の要約となる。しかし、アリストテレスの豊かな思索の射程はもちろんこれに尽きるものではない。例えばエゴイズムを滅して「快いもの、有用なもの」を愛する愛も可能なのではないか。その是非についてアリストテレスはどう考えるのだろうか。なかんずく彼が「肉体的快楽」と「理性（nūs）の統率力」を対立させるのは、心身を分離する二元論的発想に立っているのか。そもそもnūsとは何を意味するか。こうした問いは、必ずしも主題として表立って議論されはしないが、アリストテレス自身意識していないわけではない。以下、こうした問い進みをめぐって、アリストテレスの文章の端々から窺えることを、時には行間にまで分け入って、再構成することを試みたい[7]。そのとき、贖罪論を哲学的に解明する方向も仄見えて来るのではあるまいか。

人となりを愛するということ

先ず、「快いもの、有用なもの」を愛する愛はエゴイズムの変型であって、本来的な愛ではない、と言われていた点について。では自分にとっての快楽や有用性を離れて、つまりエゴイズムを滅して、ひたすら相手の肉体の美しさや頭脳の優秀さを賛美することは、本来的な愛なのだろうか。恐らくそれも違うであろう。なぜなら結局それは相手の人間を一定の特質に抽象し、事物化することだからである。それは相手の「人となり（ēthos）」を愛することとはならない。[8] それに対し、本来的な形で愛する「善い人々」は「相手方の人々それ自身のゆえに」愛しているといった対比がなされる限り、[9] アリストテレスの議論は、こうした人間の事物化を拒否する視点をも包含していると解されるのである。[10]

ヌース

そしてこのような人間の超事物性を、アリストテレスはヌース（nūs）と呼んだのである。[11] ヌースは「理性」を指すだけでなく、『霊魂論』によれば、事物を超えた自発性であり、[12]『ニコマコス倫理学』によれば、行為の原理としての自由でもあり、[13] さらに神的（theion）なものとも言われる。[14] このようなヌースとしての人間は、単なる肉体を超えた精神だが、精神は肉体を離れては存在しえない。[15] その意味でアリストテレスの立場は、精神と肉体をただ截然《せつぜん》と分けるだけの、単純な心身二元論ではないのである。[16] 要するに人間の本性はヌースだが、ヌースとは「理性、自由、精神、すぐれた意味での個体であり、物質とは全く異質の存在であるが、肉体として具象化されなければ存在しえない」[17] ということになろう。

ところがアリストテレスの存在論によれば、或る存在者の善さは、その存在者の本性の活動（エネルゲイア）にある。[18] そして本性とは自然（フィシス）であり、自然に即して活動しているとき、その存在者は善いということになる。[19] とすると、善い人間とは、人間としての本性、すなわち、ヌースを実現している人ということになる。自然に即して理性的に生き、常に自由で自律的であるような人々、それが「善い人々」にほかならないのである。

ここに至って、先に「究極的な性質の愛」が、「善い人々」の間の愛であり、それは「善い人々である限りにおける相手方にとっての善」を願う[20]、と言われていたことの意味も、よりはっきりする。それは、相手を精神を離れた肉体として快楽や有用性の手段として利用することではない。そうした肉体への眼差しを排除しないが、それを理性で統御しつつ、相手を自律的な目的である人格・自由な主体として尊重し、しかも相手が理性にしたがって生き得るように配慮することと、このように言うことができるであろう。

相手方にとっての善を願うということ

ではそもそも何故「善い人々」はこのように配慮し、「相手方にとっての善」を願うのだろうか[21]。この点についてアリストテレスが語っている言葉は少ないが、それらを結び付けると、彼が前提としている、次のような人間の存在論的構造が見えて来るはずである。

血縁的な愛

アリストテレスは先ず愛の根源的な姿として、親子や兄弟の血縁的な愛を挙げる[22]。そして、「親は子を自分自身のように愛する。なぜなら自分から生まれた者は、言わば自分から離れ出て独立に存在する『第二の自己(heteros autos)』にほかならないから[23]」、と述べる。さらにまた、「兄弟も、お互いが同じ親から生まれ出たということによってお互いを愛する。つまり親への関係の同一性(tautotēs)が、お互いの間に同一なもの(tauto)を生ぜしめるから[24]」、と論ずるのである。そして、後者の愛については更に、「同じ親から生まれ、一緒に養育され、同じように教育された人々は、人となり(ēthos)において誰よりも似通っている[25]」、と精神的同一性に広げて語られる限り、またそもそもアリストテレスの人間理解が、上述の通り、精神と肉体を単純に分離する心身二元論ではない限り、血縁的な愛という原初のモデルにおいても、その肉体的生物的存在の同一性は精神の同一性へと比論されるのである。実際アリストテレスは、「兄弟の愛においては、親友仲間の愛におけると同じ諸特性が見出される。しかもそれは、彼らがいずれも善い人々であるとか、総じて互いに類似した人々であるときに、著しい」[26]、とも語るのである。[27]

友人・隣人への愛

ここから、原初の姿である血縁関係における愛を超えて、より広く友人関係や隣人関係における愛の領野が開けて来る。アリストテレスは『ニコマコス倫理学』第八巻11章で、暴君による専制政治においては、支配者と被支配者の間に「共通のもの（koinon）がない」から、愛はほとんど存在し得ない、と言う。[28] このことは、主人と奴隷の関係においても妥当するという。だがここで重要なのは、「人間である限りの奴隷については、彼に対する愛は存在しうる」[29]、と付言される点である。そして「奴隷である限りの」奴隷は「生命のある道具」に過ぎないが[30]、「人間である限りの奴隷」とは、先に確認した、手段とならない目的である人間という意味であると同時に、それ以上の意味を持つように思われる。その間の事情を推測させるのが、「幸福な人は友を必要とするか」を論じた第九巻9章である。

共同的な存在

この問いに対してアリストテレスは、幸福な人は自足的だと言っても孤立しているのではなく、友を必要とすると答え、色々な理由を挙げている。特に重要な理由は、「なぜなら、何びとといえども、独りぼっちで、総ての善いものを所有していたいとは思わないだろうから。思うに、人間は共同的な存在（politikon）であり、本性上、共に生きる存在（syzēn pephykon）だからである」[31]、との理由であろう。ところが、人間が「共に生きる」

とは、「畜群におけるように、同じ囲いの中で草を食む」[32]ことではなく、「言葉（logos）と思考（dianoia）の交わり（koinōnein）において、達成される」[33]事柄である。そうした交わりとは、次のような事態を指すことは想像に難くない[34]。すなわち、およそ人間が考えるとは、私が孤独に考えるのではなく、実は我々が共同で考えることである。私の貧しい思惟でさえ、私ひとりで考えたのではなく、過去の思想家、例えばアリストテレスから、現在の周囲の人々、家族・師友など、様々な人々の思惟との出会いの中で、培われ形成されて来るものである。そして今ここに在る私を理解するということも、そうした私を超えた広い他者の経験の中にまで入って行くことによって可能となる。エゴイストが孤独の中で自閉的に自己を理解したかに幻想するのは、こうした人間本来の共同存在性を隠蔽することによって虚構した錯覚にすぎず、彼は自己の存在基盤である他者を理解しないのだから、他者ばかりでなく自己をもまた正しく理解できるはずがない。むしろ人間は、自他を理解するために、本来の「共同的な存在」の定めに従い、そのような意味での愛の徳を陶冶《とうや》して行くことが不可欠なのである。総じて「人間である限り」の人間に対して開いて行くことが、人間の本性にかなっている。ところが本性を実現することが善であり、それが幸福であった[35]。したがって人が幸福であるためには、この意味での友が不可欠なのである。そしてだからこそ、血縁関係を超えて、奴隷すら「人間である限り」愛の対象となる、とアリストテレスは語っているのだと考えられるのである[36]。

2　博愛的公正と贖罪

博愛的公正さ

以上が、『ニコマコス倫理学』の第八・九巻の愛論の射程の大筋だが、最後に愛論と正義論の関係について考察を補いたい。そしてそれは、アリストテレスが随所で語るepieikeiaないしepieikēsという鍵語の解釈の問題ともなるはずである。

①epieikēsなこととは、正しい（dikaios）ことであり、ある種の正しいことよりも優れている。epieikēsな人は……杓子定規ではなく、たとい法が自分に有利であっても過少に取る人のことである。そのような状態（hexis）が、epieikeiaである。（『ニコマコス倫理学』第五巻10章 1137b3-1138a2）

②epieikēsな人は……総てのことを友のために行ない、自分自身のことは捨てて顧みない。（同書第九巻8章 1168a33-35）

③epieikēsな人は、正に為すべきことをする。理性（nūs）は、総て自分にとって最善のものを選び取り、epieikēsな人は理性に従うからである。（同書第九巻8章 1169a16-18）

④これら〔ご機嫌取りと気難し屋〕の中間の生き方が賞讃さるべきであり、……この生き方に特別の名前はないが、ほとんど愛（philia）と言ってもよいように思われる。このように生きる人が、epieikeiaを体現した友なのだから。（同書第四巻6章 1126b17-21）

すなわち、epieikeiaは、「宜しさ」「衡平」（高田三郎訳）、「公平な性向」「高尚な品性」（加藤信朗訳）、そして「慈しみ」「仁」（岩田靖夫[37]）等に訳され、epieikēsはその形容詞形だが、要するに公平無私と思いやりの両意を含んだ言葉のように見える。少し長いが、ここでは「博愛的公正さ」と訳して、その両義的含蓄を表わすこととしたい。

自己への不正

①の用例は、本書第3章で既に見た、配分的・矯正的・相補（交換）的という三つの正義をめぐる議論の補足の部分に出て来る。そうした法的正義を杓子定規に主張するのは形式主義者であって、「最高の正義は愛の性質を帯びている[38]」べきだとすれば、むしろ「博愛的公正さ」によって敢えて「過少に取る」ことの方が、より正義の内実にかなっている、というのである。しかし結局それは、正義を曲げ不正を受けることであり、更には不正な人間を増長させることにはならないか、というプラトンが例えば『国家』[39]篇で提出していた疑問[40]を、アリストテレスももちろん考慮しないわけではない。「博愛的公正さ」は自分を正当な価値以下に扱うことだから、アリストテレスは「自分で自分に対して不正の行為をすること[41]」とも言い換えているのである。では何故そのような不正を敢えて犯すのか。

先に見たとおり、人間の事物化を拒否する視点をアリストテレスの愛論が包含している限り、次のような解釈が可能であろう[42]。すなわち、「私の愛が欲望を持つ場合には、私は愛される者を私の我意に服従させようとしているのであり、結局、私は彼を事物に変えているのである。それ故、おそらく、全く利害を超越した愛のみが汝に触れることができるのであろう[43]」といった事態を、アリストテレスは眼差していたとの解釈である[44]。

他方、なぜ自己に不正を犯すかについて、アリストテレスが直接挙げている理由を見るならば、「博愛的に公正な（epieikēs）人は、他の善、例えば名声や、そのもの自体としての行為の美《うるわ》しさを一層多く取るから[45]」、ということになるだろう。つまり彼らは「分別（logos）に即して生き」、本当の「美しさを占有し[46]」ようとするのである。③のように語られる所以である。それに対し、彼らは「魂の無分別（alogos）な部分」にしたがって「財貨、名誉、肉体的快楽」などを貪ることはしないので、それらに対しては恬淡《てんたん》としている。そしてそれらについて過少に取ることを、真の自己に対する不正とは見ないのである。

理性的な同一性に基づく愛

しかし、とするならば実は、他者の「無分別な」我欲に唯々諾々としたがってその犠牲になることが「博愛」でないことも、見られる道理である。特に「相手方の人々それ自身のゆえに愛している」「善い人々」の友人関係においては、(47) そういう態度は④で言われていたとおり、「ご機嫌取り」であって、「気難し屋」同様、忌むべきことと言うべきだろう。「博愛的公正さ」は、時に相手の無分別な欲望を拒絶し、それをヘブライの預言者のように攻撃し破壊する厳しさをも包含するはずなのである。その時、相手の欲望の奴隷となるのでもなく、また相手を自分の欲望の手段とするのでもなく、分別に従った理性的な同一性に基づく愛が真に生起して来る、というのがアリストテレスの論意と考えられる。

贖罪の位置付け

ソクラテスの孫弟子であるアリストテレスは、直弟子のプラトン同様、正義の観点から見るならば不正と言うべきソクラテスの刑死の意味を、陰に陽に考えていたに違いない。それは丁度、ヘブライにおける第二イザヤの、またイエスの、弟子たちが、師の不当な苦難と死の意義に思いをめぐらしたことと、並行しつつ呼応する。そして後者がそこに、代理贖罪という人格神の意図を読み取った限りにおいて宗教的であり、またその師の不当な受苦に倣うことを勧める限りにおいて実践的なのに対し、前者は、どこで不正義が愛と相交わるかを、人間の存在論的構造に遡って分析する限り、優れて哲学的であり、また受苦の無批判的な模倣は、広い意味での権力への徒《いたずら》な追従になりかねないことを顧慮してであろう、これに歯止めをかける限り、理論的省察的であった。

フィリアーとアガペー

もちろんこうした理論的省察的な態度が、実践力に欠け、またアガペーに対するフィリアーの限界を露呈するものとも解しうる。すなわち、異質な者をも包み込んで原理的には万人に開くアガペーではなく、特に理性の同一性において優れた「善き人々」の仲間内でのフィリアーに留まるという限界である。上の解釈は、アリストテレスのヌースに、単なる「理性」に留まらない多様な意味を読み込んで、アリストテレスの愛論の射程を、あるいは深読みしすぎているかもしれない。第I部の末尾で提出したアリストテレスへの疑念はむしろ、「理性」に劣る「大衆」を侮蔑し、これを切り捨てる点にこそ存した。そしてヌースは確かに第一義的には「理性」を指し、『ニコマコス倫理学』の大方の用例もそうなのである。(48)

そもそも愛は理性に優れた「善い人々」の間で閉ざされるものであって、「悪い人々」はそこから締め出され切り捨てられるほかはないのだろうか。理性に重きを置く限り「悪い人々」が善くなる可能性は、最初から諦めざるを得ないのではないか。逆に「善い人々」は、理性に劣る人々の労働の上に「閑暇的な」幸福を享受し、善い人々の間の友情をのうのうと謳歌することにはならないか。そもそも理性という基準を持ち出さない限り、「善い人々」と「悪い人々」をそう截然と分けられないのではないか。一人の人の中で、その両方がせめぎ合うのが、人の現実の姿ではないか。

こうした批判は十分アリストテレスに向けられうるであろう。しかしアリストテレス解釈の問題としてその当否を問うことが、ここでの課題ではない。先に見て来たような、ヌースの多様性への眼差しと現代の他者論を踏まえて、アリストテレスに少なくとも可能的に如上の愛論の射程が含まれていることを抽出できれば、足りるのである。なぜなら、ヘブライの贖罪論の信仰の帰趨を、ギリシア的な哲学の言葉を参考にしつつ洗い直すことが、ここでの主題だったからである。

贖罪信仰の哲学的洗い直し

以上の議論の大筋を確認し、更に先へと進んでみよう。

アリストテレスの愛をめぐる哲学的省察は、親子や兄弟の血縁関係の愛から、友人や隣人、さらには奴隷に対する愛の形を分析し、自己は孤独に自己であるのではなく、他者への愛においてこそ自己となる存在論的構造を有することを明らかにした。彼はそれを「人間が共同的な存在である」と言い表したが、その「共同的」とは勝義には、「言葉と思考の交わりにおいて達成される」事態を指した。より具体的には、自他ともに理性的で、自由で自律的に生きうるよう配慮し合う関係を指した。しかしソクラテスに対するアテナイの民衆のように、また第二イザヤに対するイスラエルの民のように、そうした共同的関係の形成を阻害するような働き掛けを相手が仕掛けて来ることがある。その場合、それに仕返しをし敵対関係に陥るなら、共同性へと定められた人間自然の本性から背反し逸脱することであるから、人は飽くまで「自分の敵を愛し、迫害する者のために祈[49]」らざるを得ない。その先には、敵を愛し抜き、その罪を負って死ぬ、贖罪死へと至らざるを得ない場合もあるに違いない。

ヘブライの贖罪信仰の帰趨を、ギリシア的な哲学の言葉を参考にしつつ洗い直したとき見えて来る論理は、以上の通りであろう。

しかし更に一歩進んで、このヘブライ・ギリシアの相違点について、メタ宗教的な我々自身の哲学的視点から洗い直すとどうであろうか。

ここには、エゴイズムとその克服をめぐって、ヘブライとギリシアの相違点が顕著に露呈していることも、また事実であろう。ソクラテスと第二イザヤを比較してみよう。本章1節で見たとおり、アリストテレスは「分別に即して生き」、「知性の統率力を持ち」、「およそ徳に即した諸々の事柄を……自分で占有し」ようとする場合には、その種のエゴイズムは非難さるべきどころか、むしろ賞賛に値すると論じた後、そうした賞賛すべきエゴイストの犠牲の死といった究極的な位相について語り出すのである。すなわち、「知性はすべて自己にとっての最善なものを選ぶのであるし、善き人は知性の命ずるところに服する……。もとよりこのことは、善き人が友のためや祖国のために多くのことをなし、必要ならばそれらのために生命をも捨てるという一面のあることを否定するものではない。事実、彼は財貨とか名誉とか総じて人々の奪い合う諸々の善を放棄することを辞さない。ただしその際、行為の美しさを自分に占有しつつ――[50]」、というのである。

祖国アテナイの人々に向けて、「君は……ただ金銭をできるだけ多く自分のものにしたいというようなことにばかり気を遣っていて、恥ずかしくないのか。評判や地位については気にしても、思慮や真実に関しては気にかけず、霊魂をできるだけ優れた善いものにするということに、配慮も思案もしていないとは[51]」、と語り掛け、それがために迫害されて死んで行ったソクラテスこそ、「友のためや祖国のために」「生命をも捨てる」「善き人」の典型であるだろう。実際、「彼は財貨とか名誉とか総じて人々の奪い合う諸々の善を放棄することを辞」さず、ために自身証言するように、「公私いずれのことを行なう暇がなくて、ひどい貧乏をし[52]」たが、一貫して「大いなる美しさを自己のために選んで」、従容として刑死に赴いたと解されるのである。

ソクラテス、アリストテレスの受難理解にとって重要な論点を摘記するならば、以下のとおりである。

①善き人の犠牲の死は、財貨・名誉・肉体的快楽などを重んじる、世間の人の価値観から言えば受難であるけれども、そうした価値には恬淡とし、むしろロゴスやヌースにまつわる善さ・美しさを占有しようとする者にとっては、自分にとって真に美しいものを選び取ることにほかならない。

②したがって彼は、悪い意味でのそれとは次元を異にするとはいえ、あくまで自己を愛し利する、エゴイストなのである。

③またここには、理性的なロゴスやヌースの価値についての、揺るぎない信頼がある。

④以上は、ソクラテスに共有され、アリストテレスにおいて明示的に解説された思想と言えようが、特にソクラテスは死について次のような見通しも持っていた。すなわち、死は、深い眠りであれ、別の場所への移動であれ、「善い希望」に満ちている、と（プラトン『クリトン』40C以下）。

要するに、ギリシアの哲学者において、ソクラテス的な受難は善い意味でのエゴイズムの貫徹にほかならないのである。それに対して第9章3節で見たヘブライ的な第二イザヤの受難は、これと対照的である。

①第二イザヤにとって受難は、善きもの・美しきものの選択などではなかった。惨めで醜悪な、できれば避けたい、悪しきもの、苦難と絶望の死へと落とされること以外の何ものでもなかったのである。

②しかし同胞のために敢えてそこに落ちることによって、彼はエゴイズムを超えて行く。

③第二イザヤにおいて理性に対する信頼は、問題とならない。敢えて言えば、その意図の見えにくい神にすがる信仰が唯一の価値であった。

④総じてヘブライズムの来世は、神との交通も途絶える、無と絶望の場所としてイメージされることが一般的であり（『詩篇』八八60－13、『コーヘレス書』九10等）、そこに希望は抱き難い。

ギリシアの哲学においては、ソクラテスの場合もアリストテレスの場合も、ロゴスへの信頼があり、非ロゴス的な場面では受難しても構わないという、自己の死の意味への計算と自信があったのに対して、ヘブライの宗教においては、第二イザヤの場合でも、そして恐らくイエスの場合でも、受難に際して自己の死の無意味さに震撼させられつつ、絶望のうちに果てるのである（十字架上のイエスの最期の言葉は、「わが神、わが神、何故わたしをお見捨てになったのですか[53]」であった）。しかしそこで言わば計算と自信に基づいて「美しさを自分に占有」しようとする自己追求の逆転が、初めて起こるのではあるまいか。すなわち、生まれながらの人が追い続け、負い続ける自己追求のエゴイズム――それはしばしば哲学その他の理性の営みとなり、あるいは宗教においても、自己の悟りや救いの追求等の形を取る――からの解放が、ここで辛うじて起こり、哲学・悟道を超えた他力的宗教の地平が初めて拓かれると言うべきではあるまいか。

そしてそうしたエゴイズムの克服は、爾後の宗教教団において再生産されていく。すなわち、エゴイズムを放棄させられ、自分たちの罪を代わりに贖って死んで行った受難者への帰依、そこに表わされた神の救済の意志への信仰によって、彼らはそこで自分たちもまた空《むな》しく空《から》となって、エゴイズムを超えていることを経験するのではあるまいか。信仰念仏といった帰依者の他力的易行が、哲学探究や瞑想修行といった自力的難行を超えると言えるのは、唯この一点においてであろう。哲学はアリストテレスがいみじくも語っていたようにエゴイストの道であり、自己の悟りや神秘体験を追求する修行の道もルターや親鸞が鋭く察知したように、結局、宗教的といえども、エゴイズムの桎梏を脱し切れないディレンマを抱え込みがちである。それに対し、自己の罪にあるいは絶望し、無力の自己をあるいは放擲して、受難者の贖罪にすがる易行者は、その時おのずと、エゴイズムを超えていることを知るのであろう。しかしその間の事情についてこれ以上縷説することは、本書の課題を超えているので、以上に留めたい[54]。

3　象徴と直解

直解主義の危険

最後に視点を変えて、前章の終わりに指摘した哲学者の側からの三つの贖罪信仰批判をもう一度想い起こしておきたい。これらの批判に、実は共通の発想上の難点がなかったか、を翻って反省しておきたいのである。そしてそれはまた贖罪信仰の側にとっても他山の石となるはずなのだが、カント、ヘーゲルにしても、ニーチェ、レヴィナスの場合でも、イエスの十字架ということを余りに直解主義的に解し過ぎていなかったか。つまり文字通りに、ナザレのイエスが十字架で全人類の罪を負ったという風に解し、そのことの是非に集中しすぎていなかったか。それが彼らの発想上の難点だったのではないか。しかし現代の聖書学が歴史学的批判的方法で聖書を読み、その知見を踏まえて聖書解釈学やキリスト教神学が呈示した認識は、聖書に書かれていることもこの世の他の事柄と同様、語り得ぬ超越的な事柄を象徴的な言葉で指し示しているに過ぎないということだったはずである。十字架の贖罪ということもあくまで、人を生かしめている超越者の愛と義の統合を説く、一つの象徴にすぎないはずなのである。これを信仰する側も、また批判する側も、この象徴をしばしば固定的な事実と混同する陥穽に落ち易いことを、常に銘記しておかねばならないはずなのである。

冷戦後の価値の多様で移ろい易い現代、逆に宗教の教義を闇雲に信じ、その倫理に単純にすがろうとする傾向がある。要するにそれぞれの教典を非常に狭い意味で直解主義的に解し、自他に対して偏狭な、原理主義の傾向である。こうした原理主義が、世界中で跋扈しつつある。原理主義的な宗教を背景にしたテロや戦争が頻発する現代にあって、宗教者の側も哲学者の側も、象徴それ自身を固定化して直解するのではなく、あくまでそれが指し示している超越的な事柄こそが重要だという事実にいつも立ち帰り、そのことによって相互の寛容と自己相対化の自由さを養って行くことが、是非とも必要なように思われる。その意味でもやはり哲学的な象徴解読の試みが、宗教倫理に関わる場合に常に並行してなされねばならない。第8－9章の考察を本10章で補った、主たる理由はここに存したのである。

象徴言語の持つイメージの喚起力

しかしバランス上、一言付け加えるならば、それは、本書第4章でも指摘した点だが、信仰の扱う事柄は単なる象徴に過ぎないという認識だけでなく、掛け替えのない象徴であるということも考慮しなければならないという点である。ティリッヒ(55)の言うとおり、相対的象徴を通して以外、現世に棲む我々は絶対的超越を望み見ることができない。とすれば、象徴というものは超越に至るために、不完全であるとともに、唯一掛け替えのない手段だということである。そして愛と義をめぐって構築された凡百の抽象的思想体系よりも、一人の義人が我々のために死んだという具体的な象徴の方が、我々の心に与える衝撃が大きいという場面がある。哲学的解釈学はそのような象徴を解読して行くことによって、これに批判的メスを入れ、そこに混じり込んだ迷信的要素や固定化された教義を排除し、人間性を抑圧や束縛から解放し、こうしてこれを哲学的抽象的な論理に解体整理して行くわけだが、リクールなども指摘するとおり(56)、元来の象徴の持つイメージの喚起力を保持し、より純粋な形でそれを再獲得するように、その作業を進めて行くことに留意しなければならない。

その意味でも、ヘブライの宗教倫理の信仰による象徴への眼差しと、ギリシアの実践哲学の理性による普遍的な事象の分析は、互いの欠を補い合って、相補的な緊張関係を形成することが望まれるのである。「倫理思想」の要諦を古代の「ヘブライ」と「ギリシア」の場合に辿った本書の意図は、両者が単に爾後の西洋倫理思想の根底となる二大潮流だからというだけでなく、宗教と哲学、信仰と理性という、人間を超えたものとの相関で人間を捉える限り共に不可欠で、しかも相互に相補うべき両契機のあらまほしい在り方を、典型的な形で呈示しているからでもあったのである。

さて、人間が人間を超えたものとの関係にあることを、古代の人は繰り返し「驚き」をもって発見した。以上の考察は、序論以来随所で指摘して来たとおり倫理思想の源流を彩る、この「驚き」の意味を、もう一度見直すことへと我々を導くはずである。最後にこの点に駄目を押して、結びに代えたいと思う。

注

(1) 『ニコマコス倫理学』八1、1155a26-28。
(2) 同書、八2、1155b19。
(3) 同書、九8。
(4) 同書、八3、1156b7-9。
(5) 同書、九8、1168b15-36。
(6) 同書、九8、1168b10。
(7) その際、愛の神秘について現代に深い思索を展開したG・マルセル『存在の神秘』『形而上学的日記』、それらとアリストテレスを対比的に論じた岩田靖夫『アリストテレスの倫理思想』岩波書店、一九八五年、第八章の珠玉の考察に、裨益されるところ大であった。記して感謝したい。
(8) 『ニコマコス倫理学』八3、1156a10-24。
(9) 同書、八3、1156b10-11。
(10) G. Marcel, *Journal métaphysique*, 1935, pp. 64-65；岩田前掲書、二九四－二九六頁参照。
(11) 岩田前掲書、二九八－二九九頁は、「ヌース」には、「超事物的主体を暗示するシンボル」としての「ペルソナ」という局面があることを指摘する。
(12) 『霊魂論（De Anima）』一3, 407a9-10；三4, 429b9；三5, 430a15。
(13) 『ニコマコス倫理学』六2、1139a31-b5；七6、1150a1-5。
(14) 同書、十7、1177a15, 16, b28；十8、1178a22, 1179a22-23。
(15) 『霊魂論』二1、412b3-4；一1、403a5-7。
(16) 岩田前掲書、二九九頁。
(17) 同書、三〇〇頁。
(18) 『ニコマコス倫理学』一7、1097b26-27；『政治学』一2、

1253a23。

(19)『政治学』七3、1325b7-10。

(20)『ニコマコス倫理学』八3、1156b8-9。

(21)岩田前掲書、三〇四頁。

(22)『ニコマコス倫理学』八12、1161b16 以下。

(23)同書、八12、1161b27-29。

(24)同書、八12、1161b30-33。

(25)同書、八12、1162a12-13。

(26)同書、八12、1162a9-10。

(27)岩田氏（前掲書、三〇九頁）は、こうした事情を、次のように定式化する。「愛とは、人間と人間との一致（同一性の実現）であるが――人間とは単なる肉の塊りではなく、さればといって、全く肉を離れた独存する精神でもなく、肉化した精神（肉体として現われる精神）であるが故に――愛もまた、単なる肉の同一性ではなく、肉を離れた抽象的意識の同一性でもなく、肉の同一性そのもののうちに実現される精神の同一性である」。

(28)『ニコマコス倫理学』八11、1161a32-34。

(29)同書、八11、1161b。

(30)同書、八11、1161b3-4。

(31)同書、九9、1169b 16-19。

(32)同書、九9、1170b 13-14。

(33)同書、九9、1169b 10-12。

(34)このような交わり（communion）のことを、マルセルは「共同主体性（intersubjectivité）」と呼び、ブーバーは「我—汝関係」として捉え、更に和辻哲郎は「人と人との間柄の問題」として展開したと言ってよいだろう。アリストテレスは特に「言葉と思考」という理性的側面を強調するわけだが、以下その点を強調するマルセル（G. Marcel, *Le mystère del'être*, tome I, p. 13.）に導かれつつ、アリストテレスの真意を探ってみる。なお岩田前掲書、三一三頁以下の力強い思索も参照。

(35)『ニコマコス倫理学』一7、1097b24-33。

(36)このことを「愛の存在論的構造」として、岩田氏（前掲書、三一九頁）は次のようにまとめておられる。「愛とは、肉化した精神（ペルソナ）としての人間同士の一致である。この一致は、原初的には、血のつながりという事実的同一性にもとづいて生起するが、より本来的には、人間がロゴス的存在として、『主体的‐連帯的存在』であるところに由来する。つまり、人間は個であるが、本来、われわれのうちでの個なのであり、従って、個としての汝と個としての我の真なる一致の実現により、個としての自己存在は始めて充溢する。別言すれば、狭い意味での個であるかぎり、人間は欠如的（非本来的）状態にあるのであり、ペルソナとしての唯一性を保持しつつ、同じくペルソナとしての唯一性を保持する他者との間に同一性（tautotēs）を実現することにより、人間は始めて自己に存在根拠を与えることができるのである。この同一性もしくは共通性は、一方では、人間が『交わりをその本質とするロゴス』の所有者であるという点において、また、普く肉体的存在であるという点において、本性的であるが、他方では、人間がものという意味での客観的存在ではないという点において、事実であるとはいえない。この故に、愛は徳なのであり、さらに言えば、最高の徳なのである」。

(37) 岩田前掲書、三三二－三三三頁、注（44）。

(38) 『ニコマコス倫理学』八1、1155a28。

(39) 『国家』一、343C, 367C。

(40) 「お人好しの本尊のソクラテスよ、正しい人間はいつの場合にも不正な人間にひけをとるものだ」（『国家』343D）云々については、本書第2章参照。

(41) 『ニコマコス倫理学』五9、1136b19–20。

(42) 岩田前掲書、三三三頁。

(43) Marcel, *Journal métaphysique*, p. 18。

(44) 岩田前掲書、三三三－三三四頁は、この解釈を取る。

(45) 『ニコマコス倫理学』五9、1136b21–22。

(46) 同書、九8、1168b27。

(47) 同書、八3、1156b10–11。

(48) アリストテレスの愛論の構造を、岩田靖夫氏の見事な読解に導かれて辿って来た我々は、漸くこの点において、フィリアーがアガペーに行き着くとする岩田氏（三二八頁）と袂を分かつこととなるだろう。

(49) 『マタイ福音書』五章43－44節。

(50) 『ニコマコス倫理学』九8、1169a18–21。

(51) プラトン『ソクラテスの弁明』29DE。

(52) 同書、23BC。

(53) 『マタイ福音書』二七46＝『マルコ福音書』一五34。

(54) 詳しくは、拙著『旧約聖書と哲学』第二章「受難の逆説——第二イザヤとソクラテスを比較して」岩波書店、二〇〇八年を参照されたい。

(55) P. Tillich, *Wesen und Wandel des Glaubens*, in: ders., *Gesammelte Werke* Bd. VIII, 1970［P・ティリッヒ『信仰の本質と動態』（谷口美智雄訳）、新教出版社、一九六一年］

(56) P. Ricoeur, *De l'interprétation : Essai sur Freud*, 1965, p. 35. 拙著『旧約における超越と象徴——解釈学的経験の系譜』東京大学出版会、一九九四年、二七二頁併照。

結語　再び「驚き」をめぐって

以上10章にわたって、ギリシアとヘブライの様々な倫理思想を学んで来た。我々はそこに我々自身倫理の問題を考える上での豊かなヒントを見出しうるはずである。最後に、これらの思想に底流しつつ現代に語り掛ける最も本質的な点に絞って、それが何かを問うておきたい。それは緩く「驚き」といった辺りに集束するのではないか、というのが、本書の序論に始まり、本論の端々で指摘して来たことであった。最後にもう一度、「驚き」がこれらの思想にどう底流していたか、顧みて要約し、そしてそれが現代の倫理に何を語り掛けるか、展望を開いて、結語に代えたいと思うのである。

1　ギリシアとヘブライに底流するもの

ギリシアにおける「驚き」

先ず「ギリシアの実践哲学」において我々が確認したのは、イオニア学派タレスの「水」に始まり、アナクシマンドロスの「無限者」の発見、クセノファネスの擬人神観批判を経て、ヘラクレイトスの現象を貫く唯一者の探求に至るまで、一貫して、超越とそれに対する驚畏の思いに駆られて、人の生き方、すなわち、倫理が問われているということであった（第Ⅰ部第1章1－3節）。またイタリア・トラキア学派のデモクリトスも、自己を超えるものへの驚きの感受性に基づく「畏怖」の思いこそ、倫理的な「徳を包括するもの」と考えていた（第1章4－7節）。

そうした前史を踏まえて、ソクラテス＝プラトンの有名な、「驚き（thaumazein）が哲学の始まりである」という言い方も理解される必要があるだろう。もちろん『テアイテトス』の直接の文脈[1]では、知的好奇心としての「驚き」といった意味合いが濃いが、『饗宴』の他の脈絡[2]や『パイドロス』[3]では、イデアとの関連で「驚き」が語られ、超越に恋焦がれる思いとして「驚き」は位置付けられるのである（第2章）。それはそもそも、死刑を忌避する常識を覆すような、ソクラテスの倫理的判断に対する驚き（第2章4節以下）とも呼応するであろう。また「驚くことによって、人間は哲学を始めた」、というアリストテレス（『形而上学』[4]）も、『ニコマコス倫理学』の最終章では「神的なもの」の「観想」へと考察を締め括り、超越への驚きと熱い思いに基づく観想を、最高の倫理的徳として語っていると解される（第3章）。

ヘブライにおける「驚き」

「ヘブライの宗教倫理」において、超越者＝神への思いは当然一貫して基礎となる。しかもそれが「驚き」として意識されることは、ギリシアの場合以上に頻繁であった。先ず十戒の倫理的戒めの遵守が「神に対する驚畏の念（yirʾāh）[5]」に基づいて可能となるという認識が注目された（第Ⅱ部第4章）。「契約の書」や「神聖法典」もそれぞれの文脈で神への「驚怖」を語っていた（第5章）。『箴言』は「ヤハウェへの驚畏（yirʾāh）が知恵の始め[6]」と語り、そうした「驚き」こそ人をして神の前に「身を低く」させ、「謙遜」という倫理的徳を陶冶《とうや》するものと考えた（第6章）。応報倫理を貫徹しない神を傲慢なほど強く弾劾し続けたヨブも、最後に辿り着いたのは、人間の「知識を超えた、驚くべき御業（pᵉlāʾôṯ）をあげつらっていた」ことへの謙遜な「悔い改め[7]」であった（第7章）。

ヨブの「驚き」は言わば、応報倫理を超えた創造神へと向けられていた。しかしあくまで応報倫理の此岸に「現われ[8]」、人々を真に「驚かせ（nāzāh）[9]」る救済神は、コーヘレスやその編集者等々（第Ⅲ部第8章）、様々な模索の果てに、預言者第二イザヤによって究極的な形で発見されたように見える（第9章）。それは、苦難の僕に多くの人々の倫理的な罪を代わって贖わせることにより、義を貫徹するとともに、愛を成就する、代贖の神に対する驚愕と畏怖の思いの発見だったのである。こうした宗教色の色濃い象徴的言表が指し示しているものは、今一度哲学的に反省し直し読み解いて行く必要があるが、その象徴原語の持つ衝迫力もまた同時に保持されなければならない（第10章）。

その際何らかの超越的なものへの「驚き」は、一定の信仰へと狭隘《きょうあい》化される前の、人間の原初の思いとして、普遍的な広がりを持ち、しかもひとり古代ギリシア・ヘブライの人々の倫理的な思いに底流するだけでなく、非宗教的な現代の我々にも訴え掛ける、倫理の基盤たる意義を依然持ち続けているのではないだろうか。最後に現代人にとっての「驚き」の意味を、箇条書きにして考察を結ぶこととする。

2　現代に語り掛けるもの

贈り物

（1）古代の人々が驚いた、その対象とは自然と歴史における、人間を超えたものの働きであった。ギリシア人は主として自然においてその働きを看取し、ヘブライ人は歴史においてよりリアルにそれを感じたように見える。ギリシアもなるほどヘロドトスやトゥキュディデスの歴史記述を有するが、そこではむしろ人間を超えたものは括弧に入れられ、飽くまで人間界の出来事の因果連関を実証することに関心は集束して行く(10)。ギリシア人はむしろ、歴史よりも自然において、人間を超えたものと出会い、自然を自然たらしめている「無限者」に驚嘆して、その追求へと駆り立てられたように見えるのである。ヘブライ人も人間を含めた自然を、驚くべき神の創造の業として賛嘆した(11)。ただヘブライ人はそうした神の業を歴史においてより深く看て取った。そしてそれは、理不尽に見える苦難を負って死んだ人を通して働く、神の赦しの意志に収斂した。彼らは自らの生の基礎が、死に値する自分たちの罪にもかかわらず、それを赦す超越的な愛に存することを感得した。それは、直接的な創造の生の肯定を超えて、死に接した否定を経た深みと、倫理的な現実の破れに沿った具体性を、彼らの生命観に付与したようにも見える。いずれにせよ、このように我々を超えたものによって我々が生かされていることが、古代人の妄想ではなく現代にも通ずる事実である限り、その事実に改めて驚くことは、不可侵の尊厳を持つ生命を無限に尊重する思いを我々のうちに育てるはずであろう。人間の分際でこれを毀損することは、生命が贈り物として与えられている事実を誤認した不遜であり、越権であるという認識と、したがって「人を殺すことなどあり得ない」という共生への晴朗な意志を、我々の中に生じさせるのではないだろうか。まことにヘッシェル(12)が夙に指摘していたとおり、「おそらく人間の悲惨の本質はこれだ。すなわち、生命が贈り物であり、また同時に委託された物でもあることを、忘れてしまうこと」。

謙虚

（2）いや、生命が人間を超えたものから贈られ委託された物などというのは、古代人の幼稚な神話であり、じっさい人間自身の手でクローン人間すら作りうる時代になりつつあるではないか、という科学万能論者の反論に対しては、それこそ、科学の原理的な限界を見ていない神話に過ぎないことを指摘しなければならない。確かに現代の科学は、酵素を用いてＤＮＡを一定のウィルスなどに連結し、これを増殖させる手立てを発見した。しかし、科学に分かるのは原理的にそこまでなのである。何故こういう操作をするとＤＮＡが増殖されるのか、そもそも何故ＤＮＡなるものが既にここに存在しているのか、そのことについて科学は知り得ない。つまり、自然やそこに働く自然法則を既に存在しているものとして受け取ることしか、科学にはできない。そこに科学の限界があり、人間の限界がある。そして自然が、そこに働く法則が、なかんずく生命そのものが、所与のものとして与えられて在るということ自体、何と神秘に満ち満ち、驚くべきことであろう。

我々はここからも生命の尊厳への思いに目覚めるだろうし、また例えば、空気が水が太陽が所与のものとして与えられている事実を見過ごして、その独裁的な支配者であるかに、人間を、科学を見立てた僭越こそ、環境破壊の淵源であることに気付くはずであろう。更に言うならば、生命をただ与えられているだけで自ら作り出すことのできない人間はまた、他の所与の生物の生命を奪うことによってしか自らの生命を維持できないのであり、そうした生存にまつわる罪性を負った存在である。だからこそその根源的罪性を乗り越える筋道として倫理を自覚的に問わざるを得ない存在なのである。(13) こうして所与性をめぐる根源的な驚きは、人間の有限性と罪性に気付

かせ、分に応じた謙虚さを取り戻させるものとして、益々重要となるのではないか。(14)

謎解き

(3) 驚きとは、日常われわれが気付かない謎に気付いたときに生ずる感情である。その謎とは例えば、我々の生命そのものが、あるいはこれを生かしめている自然環境が、どうしてここに所与のものとして贈られてあるのか、という謎であり、我々がどこから生まれ来たり、どこへ逝いて行くのか分からない、という謎であり、あるいは更にそれを謎と思う思い自体が、如何にして私のなかに出来《しゅったい》するのか、という謎ともなろう。(15) そしてそうした謎への驚きは我々を自由にするということも、一つの論点かもしれない。すなわち、管理され固定化したレールに乗った日常の退屈さも一皮向けば、このような謎に満ち満ちていることへの驚きは、市場原理の中での功利的な競争から離れることも必要であり、欲望のヒステリアから下りて、静かに生を顧みることもまた大切であることに気付かせ、果てはその謎を解く心躍る冒険へと我々を誘い出すことになるだろう。我々の人生そのものが実は謎に満ちており、極上のミステリーであることに気付き、その謎解きに熱中する時を持てるならば、我々の人生はそれだけ根源に触れる感銘を増すはずであろう。(16)

愛

(4) 我々を超えたものに驚くということは、単に我々を謙虚にし、自他の生命や自然を尊重する感覚に目覚めさせ、また我々の人生に謎解きの面白さという彩《いろど》りを与えるだけでなく、更に第四に、そして倫理思想としては最も重要なことかもしれないが、我々をして、他者関係に開き愛ということを為さしめるという意味でも大切である。我々を超えたものが我々を共同に生かしめているということが我々の驚きの根源である。また他者それ自身が、我々の支配下に置けず、我々の予想を超えてぶつかってくるという意味で、驚きに満ちている。そして我々の生来のエゴイズムを超えて、彼と彼女との共生への愛が芽生えて来ること自体がまた驚きである。そしてあるいはその極点に、理不尽な苦難の果てに、他者を愛しつつ死んで行った人の、その死の謎が我々を驚かせ我々を震撼させる。こうした重畳の驚きに触れつつ、我々の心は愛を経験するのではないだろうか。歴史を通しての愛、自然を所与の恵みとして与える愛を感得することによって、人間自身もまたその受動的な愛の経験から能動的な愛の主体となる場面で、驚きと倫理は密接に結び付くのではないだろうか(17)。

超越

(5)「美徳なき時代(18)」の倫理学が応用倫理・約定法学に自己限定することは、理解できることである。そしてそのような外的な行為に関する法的約定を冷静に多様に設定して行くことが、複雑な現代社会にとって重要で有意義な仕事であることは言うまでもない。しかし他方、倫理学はそれだけでよいのか、という疑念も残らざるを得ないだろう(19)。敢えて人の内面に踏み込んで、倫理的な思いを陶冶して行かなければ、倫理は法的に外から人を無理に縛るだけで、形式的約定に堕し内実が見失われるほかはないのではないか。そのとき倫理は、いやいや遵守され、あわよくば背いて顧みられない、対人関係の束縛でしかなくなるであろう。といって、偽装された権力意志とも趣味の問題ともなりかねない一定の宗教的信仰の強要は、世俗化された現代の我々の多くがもはやそのままでは受け入れ難いところであろう。ところが、例えば上記(1)(2)などで示唆され、倫理の根拠を問うた第4章の考察などでも確認した点だが、無神論者ですら何らかの超越的原理としての「神」を信じ、そもそも我々の存立の基礎は我々自身にではなく我々を超えたものにあるとすれば、我々が広い意味での超越との関係にあるという点は、根源的事実として認めてよいのではないか。この根源的事実に対する「驚き」は、哲学的論証を超えた一定の信仰へと狭隘化され固定化される一歩手前に踏みとどまって、原初の感情としての普遍性を持ちつつ、しかも信仰へと自己限定する自由をも排除しない[20]。その意味で「驚き」は、倫理を超越と結ぶ結節点として、今日なお、あるいは今日ますます、有効な概念として浮かび上がって来るのではないだろうか。

以上五点が、古代の倫理思想の淵源である「驚き」が、現代に語り掛ける主たる要点かと考えられるが、この点をこれ以上展開することは、本書の課題を超えている。「まえがき」に記したとおり、本書はギリシアとヘブライの様々な倫理思想の豊かな内容を学ぶことをこそ主眼とし、その先に何を考えるかは、読者お一人お一人の自由な思索にゆだねられる事柄だからである。「驚き」についての以上の付言が、その思索のための一つの誘い水となること、それが筆者のささやかな、しかしひょっとすると分を超えた、願いであった。

注

（1）プラトン『テアイテトス』155D。
（2）『饗宴』210E。
（3）プラトン『パイドロス』250A。
（4）アリストテレス『形而上学』一2、982b11-13。
（5）『出エジプト記』二〇20≒『申命記』五29。
（6）『箴言』一7。
（7）『ヨブ記』四二3、6。
（8）『イザヤ書』五三1。
（9）同書、五二15。
（10）拙著『旧約における超越と象徴——解釈学的経験の系譜』東京大学出版会、一九九四年、第三章緒論参照。
（11）拙著『旧約聖書の思想——二四の断章』岩波書店、一九九八年、第四章参照。なおTh・ボーマン『ヘブライ人とギリシア人の思惟』[Th. Boman, *Das hebräische Denken im Vergleich mit dem Griechischen*, 1954. 2. Aufl.]（上田重雄訳）新教出版社、一九五七年、二八四－二八九頁は、ヘブライの創造信仰（『創世記』一－三章、『イザヤ書』四〇－五五章等）とギリシア、特にプラトンの創造神話（『ティマイオス』）を比較して、共に自然科学的領域ではなく宗教的領域に関わることを指摘した後、前者が世界と人間の生成を述べ、始原の創造に帰るとき人は最高の状態になると考えるのに対し、後者は存在について語って、永遠の世界に関与するとき人が理想境に達すると主張する、と対照を強調している。

（12） A. J.Heschel, *God in Search of Man. A Philosophy of Judaism*, 1955, p.352.［A・J・ヘッシェル『人間を探し求める神——ユダヤ教の哲学』（森泉弘次訳）教文館、一九九八年、四三一頁］。

（13） 渡邊二郎『現代人のための哲学』（放送大学教育振興会、二〇〇〇年）は著者の倫理学的思索の結晶でもあるが、「悪の問題」を総合的に考察した第八章の、次の目の醒めるような叙述を引用しておきたい。「他の動植物に対して殺生を行っているという……私たちの生存の、『罪深い』厳粛な事実に対する自覚と感謝の念を、たえず培っていなければならない。人間が、生命の大きな循環のなかに置き入れられ、みずからが創ったのではない存在する宇宙の一員として、そのなかに他の存在者とともに生み落とされ、投げ置かれ、それらと共生し、否、それらの生命に依存して初めて、みずからの生命の営みを遂行しえているという、『罪深い』厳然たる宿命を、私たちは、謙虚に受け止め、感謝の念とともに、たえず、そのことを想起しなければならないと思う」（一四〇－一四一頁）。

（14） 「超越的なもの」を倫理学に導入することを拒否した岩崎武雄氏の『倫理学』（有斐閣、一九七一年）が、人間の立場に留まりその「有限性の自覚」ということに倫理の原理を見出そうとしたとき（三〇二頁以下）、存在の、なかんずく生命の「神秘」への「驚き」ということを繰り返し強調された（三一五、三一七、三一九頁等）ことが想起される。

（15） 「我々自身が驚く能力を賦与されているという事実すら、我々を驚嘆の念で満たす」（A. J. Heschel, op. cit., p. 107.［ヘッシェル前掲訳、一九九八年、一四〇頁］。

（16） 環境倫理学の先駆となった『沈黙の春』（一九六四年）の著者、R・カーソンに、『センス・オブ・ワンダー』［*The Sense of Wonder*, 1965］という死後出版の小著がある（上遠恵子訳、新潮社、一九九六年）。そこで彼女は、「人間を超えた存在を認識し、畏れ、驚嘆する感性をはぐくみ育てていくことには、……人生に飽きて疲れたり、孤独にさいなまれること」（五〇頁）を免れさせる意義があり、「この感性は、やがて大人になるとやってくる倦怠と幻滅、わたしたちが自然という力の源泉から遠ざかること、つまらない人工的なものに夢中になることなどに対する、かわらぬ解毒剤になる」（二三頁）ことを指摘している。

（17） 人間の否定的側面をも顧慮し、宗教的に敢えてもう一歩踏み込むことを許すならば、ヘッシェルの次の言い方が示唆的であろう。ヘッシェルは殆どホロコーストに言及しないが（ibid., p. 170, 221［同訳、二一四、二七八頁］のみ）、ここでは稀にそれを暗示しつつ、しかもより広い視野から語っているのである。「人間は自足的であるという思想、人間の肥大化した自己意識は一つの一般化に基づいている。技術がいくつかの問題を解決しうるという事実から、技術はすべての問題を解決しうるという結論が導き出されたのだ。だがこの推論は誤りであることが明らかとなった。社会改革がすべての災いを癒し、世界からすべての悪を根絶する、と考えられた。だが結局我々は、預言者と聖者が常に知っていたこと、すなわち、パンと権力だけでは人類を救えないという事実、を発見した。神に対する畏怖だけが鎮めうる残虐行為への欲情と衝動が存在する。聖性のみが風穴をあけうる、窒息させるような利己主義の壁が人間にはある」（前掲訳二一三頁）。

(18) A・C・マッキンタイア『美徳なき時代』（篠崎栄訳みすず書房、一九九三年。

(19)『応用倫理学の勧め』（丸善ライブラリー、一九九四年）以来、わが国の応用倫理学のパイオニアとして幾多の業績を公にされて来た加藤尚武氏も、『現代倫理学入門』（講談社学術文庫、一九九七年、一八七－一八八頁）では、マッキンタイア流の共同体主義的な徳の倫理学への疑念を依然残しつつ、自由主義倫理学の愚行権の行き過ぎに対する懸念をも表明しておられる。氏の今後の倫理学の方向を示唆するものとして、刮目に値するだろう。なお同『倫理学の基礎』（放送大学教育振興会、一九九三年）一一章も併照。

(20)「現代社会における宗教の衰微を招いた元凶として世俗科学と反宗教哲学を挙げるのが慣わしとなっている。だがむしろ宗教そのものをその敗北の責任者として告発するほうが正直であろう。宗教が衰退したのは論破されたゆえではなく、時代との関連性を欠き、鋭敏な感受性を失い、自由を抑圧し、新鮮味を失ったためである」という宗教批判に筆を起こすヘッシェル（ibid., p.3［前掲訳、一四頁］）は、「宗教は人間の究極の問いに対する応答である」ことに注意を喚起し、そしてその問いとは、人間存在の哲学的な謎に対する根源的「驚き」に基づいてこそ生起することを、鮮やかに剔抉している。

著者略歴
1950年生まれ．東京大学大学院人文社会系研究科倫理学専攻博士課程修了．東京大学より博士（文学），ミュンヘン大学よりDr.Theol.　現在，東京大学大学院人文社会系研究科・文学部・教授

主要著訳書
Die Tritojesajanische Sammlung redaktionsgeschichtlich untersucht, BZAW 175, de Gruyter, 1989,『旧約における超越と象徴——解釈学的経験の系譜』（東京大学出版会，1994，和辻哲郎文化賞・日本学士院賞受賞），『倫理思想辞典』（共編著，山川出版社，1997），『イザヤ書』（岩波書店，1997），『旧約聖書の思想——24の断章』（岩波書店，1998／改訂版，講談社学術文庫，2005），*Transcendency and Symbols in the Old Testament : A Genealogy of the Hermeneutical Experiences*, BZAW 275, de Gruyter, 1999,『死生観と生命倫理』（編著，東京大学出版会，1999），『性と結婚』講座 現代キリスト教倫理 第2巻（編著，キリスト教団出版局，1999），『倫理思想の源流——ギリシアとヘブライの場合』（放送大学教育振興会，2001／改訂版，2005），『倫理の探索——聖書からのアプローチ』（中公新書，2002），『エレミヤ書』（岩波書店，2002），*A Comparative Study of the Origins of Ethical Thought: Hellenism and Hebraism*, Rowman & Littlefield Publishers, 2005,『応用倫理学事典』（共編著，丸善，2007），『旧約聖書と哲学——現代の問いのなかの一神教』（岩波書店，2008）ほか．

ギリシア・ヘブライの倫理思想

2011年3月28日　初　版

［検印廃止］

著　者　関根清三《せきねせいぞう》

発行所　財団法人　東京大学出版会
代表者　長谷川寿一
113-8654 東京都文京区本郷7-3-1 東大構内
http://www.utp.or.jp/
電話 03-3811-8814　Fax 03-3812-6958

装　幀　間村俊一
組　版　有限会社プログレス
印刷所　株式会社ヒライ
製本所　有限会社永澤製本所

ISBN 978-4-13-012059-3　Printed in Japan

索　引

配列は五十音順.

う

え

お

か

き

く

け

す

せ

そ

た

ち

つ

て

と

な

に

ぬ

ね，の

は

ひ

ふ

む

め

も

や

ゆ

よ

ら，り

古代ギリシア・ヘブライ年表

西暦	古代ギリシア	古代ヘブライ
紀元 前 2000 年 〜		**前2000年紀前半ないし後半：** **族長時代（Ⅰ）** アブラハム、イサク、ヤコブ（ヨセフ）
前 13 世紀		**前 13 世紀：出エジプト・荒野放浪時代（Ⅱ）** モーセ
前 12 世紀		**前 12–11 世紀：カナン侵入・征服時代（Ⅲ）** ヨシュア、士師
前 11 世紀		
前 10 世紀		**前 1012–926：統一王国時代（Ⅳ）** サウル王、ダビデ王、ソロモン王、ヤハウェ資料
前 9 世紀		**前 926–722：分立王国時代（Ⅴ）** 前 9 世紀前半：北イスラエル王国のオムリ王朝とエリヤ 前 9 世紀後半：北のエヒウ王朝とエリシャ
前 8 世紀	前 8 世紀前半：ギリシア各地にポリス成立 前 8 世紀中葉：ホメロス（生没年不詳） 前 750-550：大植民地時代始まる（ギリシア世界の拡大） 前 8 世紀後半：ヘシオドス（生没年不詳）	前 8 世紀前半：北にエロヒム資料 前 8 世紀半ば以降：北にアモスとホセア；南ユダ王国にミカとイザヤ
前 7 世紀	前 7 世紀前半：アテナイに貴族政成立 前 7 世紀中葉：貴族と平民の対立	**前 722–587：単立王国時代（Ⅵ）** 前 622：ヨシャ王の祭儀改革 前 7 世紀後半以降：ゼパニヤ、エレミヤ、ハバクク

西暦	古代ギリシア	古代ヘブライ
前6世紀	前594：ソロンの改革（貴族と平民の対立を調停） **前6世紀前半～前5世紀前半：イオニア学派** 前624-546頃：タレス 前610-557頃：アナクシマンドロス 前587-547頃：アナクシメネス 前560-470頃：クセノファネス 前535-475頃：ヘラクレイトス	前6世紀前半：エゼキエル **前587-538：バビロン捕囚時代（Ⅶ）** 前6世紀前半：神聖法典、祭司資料、哀歌、申命記史書、第二イザヤ **前538-333：ペルシア時代（Ⅷ）** 前6世紀後半以降：第二イザヤ、第三イザヤ、ハガイ、ゼカリヤ 前515：第二神殿建築
前5世紀	**前5世紀前半～前4世紀前半：イタリア・トラキア学派** 前515-450頃：パルメニデス 前490-430頃：エンペドクレス 前460-370頃：デモクリトス 〔前570頃-?：ピュタゴラス〕 前490：第1次ペルシア戦争（マラトンの戦い） 前480：第2次ペルシア戦争（サラミスの戦い） 前5世紀後半：ヘロドトス（生没年不詳） 前471-400：トゥキュディデス **前470-399：ソクラテス** **前5世紀後半～前4世紀前半：ソフィスト** 前500頃-400頃：プロタゴラス 前484頃-375頃：ゴルギアス 前483-？：ヒッピアス 前5-4世紀：トラシュマコス 前470-375頃：ヒポクラテス 前443-429：ペリクレス時代（アテナイの民主政確立） 前431-404：ペロポネソス戦争	前5世紀：エズラ、ネヘミヤの改革、ダニエル書
前4世紀	前428-354：クセノフォン **前427-347：プラトン**	

西暦	古代ギリシア	古代ヘブライ
前 4 世紀	前 385：プラトン「アカデメイア」設立 前 400-325：シノペのディオゲネス **前 384-322：アリストテレス** 前 335：アリストテレス「リュケイオン」設立 前 323：アレクサンドロス大王の死	**前 333-63：ヘレニズム時代（IX）** 前 4 世紀前半：エステル記、箴言、ヨブ記、コーヘレス書 前 4 世紀後半：歴代誌、エズラ記、ネヘミヤ記
前 3 世紀	前 360-270：ピュロン 前 341-270：エピクロス 前 335-263：ストア派のゼノン	
前 2 世紀		
前 1 世紀		**前 63-：ローマ時代・新約時代（X）**

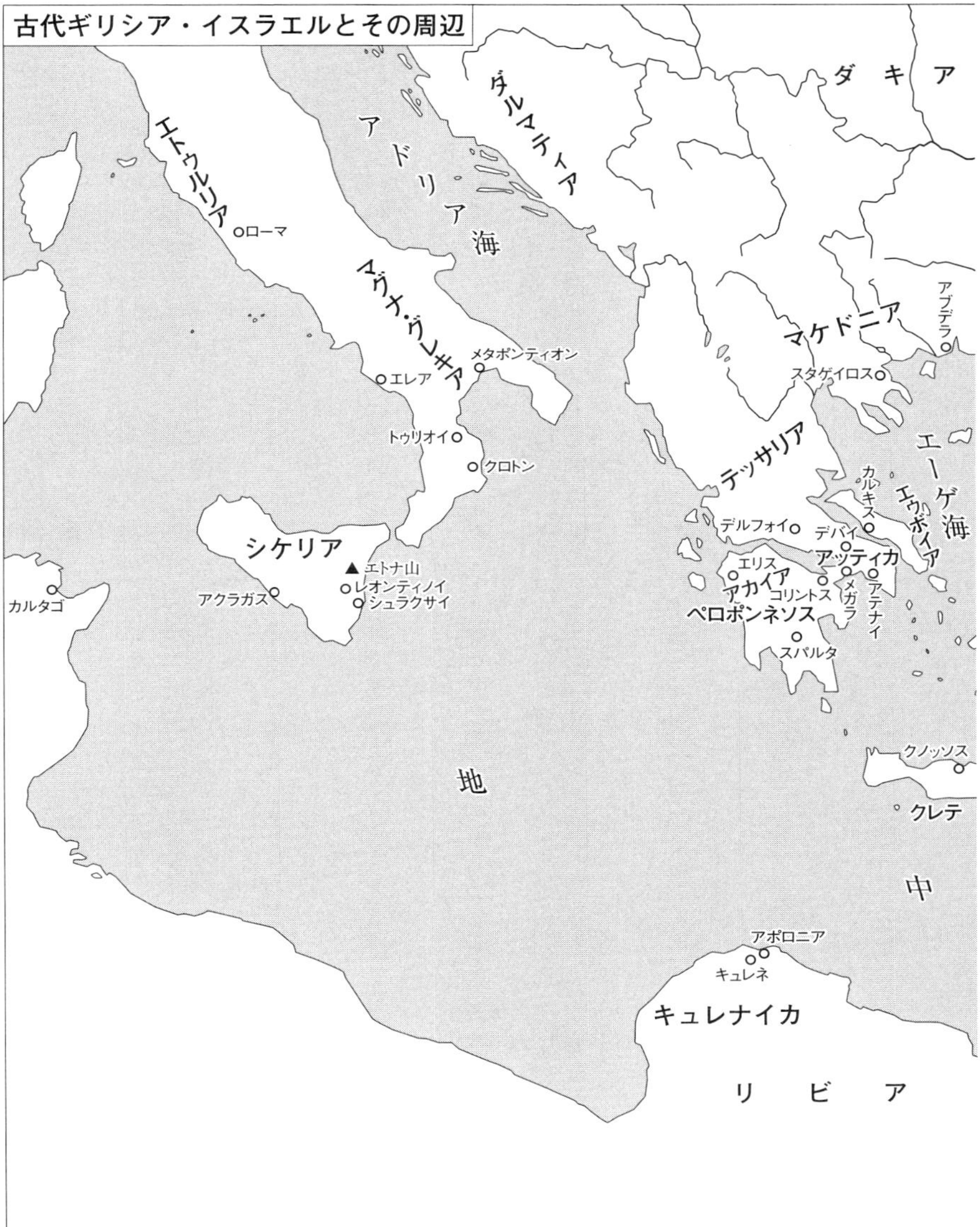

古代ギリシア・イスラエルとその周辺

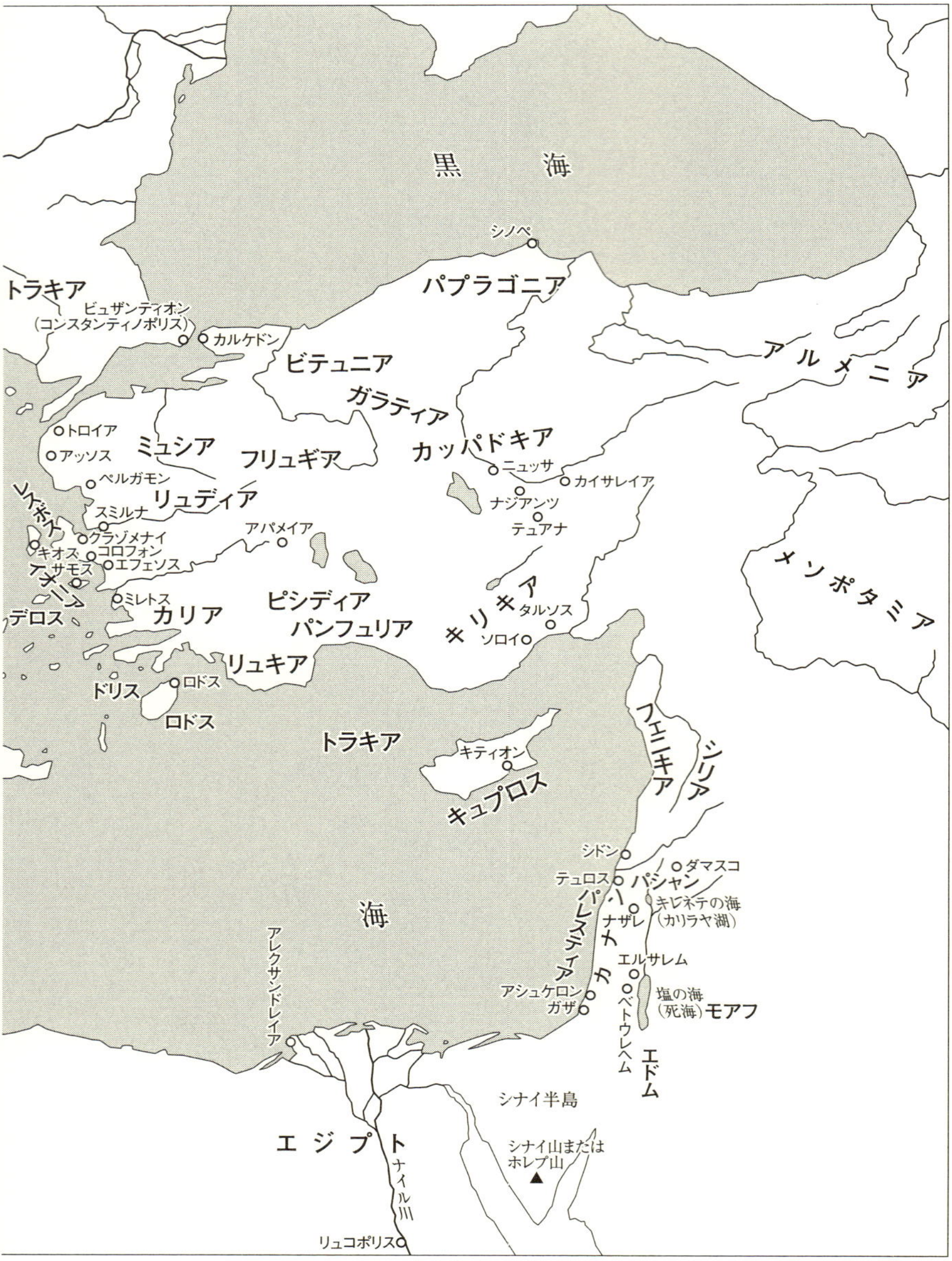

黒　海
シノペ
パプラゴニア
トラキア
ビュザンティオン
(コンスタンティノポリス)
カルケドン
ビテュニア
アルメニア
ガラティア
トロイア
アッソス
ミュシア
フリュギア
カッパドキア
ニュッサ
カイサレイア
ペルガモン
リュディア
ナジアンツ
テュアナ
レスボス
スミルナ
クラゾメナイ
アパメイア
キオス
コロフォン
サモス
エフェソス
イオニア
メソポタミア
ミレトス
ピシディア
デロス
カリア
パンフュリア
キリキア
タルソス
ソロイ
リュキア
ドリス
ロドス
ロドス
トラキア
フェニキア
シリア
キティオン
キュプロス
シドン
ダマスコ
テュロス
パシャン
キンネテの海
(ガリラヤ湖)
ナザレ
パレスティア
カナン
海
アレクサンドレイア
エルサレム
アシュケロン
ガザ
ベトウレヘム
塩の海
(死海)
モアブ
エドム
シナイ半島
エジプト
シナイ山または
ホレブ山
ナイル川
リュコポリス